作 者 简 介

尹卫东，1966年12月生于江苏镇江。1985年考入苏州大学，先后获法学学士、哲学硕士和哲学博士学位。现为复旦大学经济学博士后。承担并完成国家社科项目一项，参与国家、省、市社科项目多项，并先后获得江苏省哲学社会科学二等奖和三等奖。在省以上刊物发表学术论文30余篇，并著有《智慧的余思》、《流行歌曲赏析》等文化随笔。

国家社会科学基金项目研究成果

BAINIAN HUIMOU

ZHEXUE SHIYEZHONG DE XIFANG GUANLI SIXIANG LIUBIAN

百年回眸

哲学视野中的西方管理思想流变

尹卫东◎著

苏州大学出版社

内容提要

本书是一部管理哲学专著，旨在运用马克思关于历史与逻辑相统一的科学方法论，结合20世纪历史哲学和科学哲学的最新理论成果，研究和整理西方管理学诞生以来的管理思想史。通过逻辑学思路的运用，初步建立起对管理思想流变有着恰当反映的逻辑结构，即不仅勾勒出管理思想如何辩证运动的轨迹，而且解读何以会如此展开的内在根据，进而揭示管理学的本质和发展规律，为现代管理理论走出“丛林”探索一条途径。

图书在版编目(CIP)数据

百年回眸：哲学视野中的西方管理思想流变/尹卫东著.—苏州：苏州大学出版社，2004.4(2024.5重印)
国家社会科学基金项目研究成果
ISBN 978-7-81090-247-2

Ⅰ.百…　Ⅱ.尹…　Ⅲ.管理学—思想史
Ⅳ.C93-09

中国版本图书馆CIP数据核字(2004)第009744号

出版发行
苏州大学出版社
(苏州市十梓街1号　邮编　215006)
责任编辑
何桂林
印　　刷
苏州市古得堡数码印刷有限公司
(苏州市高新区御前路1号3幢　邮编　215011)

开本 880mm×1 230mm　1/32
印张 10.375　字数 238千
版次 2004年4月第1版　2024年5月第2次印刷
定价：25.00元

* 如有印装质量问题，可向本社调换　电话：0512—67481020

序　言

崔绪治

针对近年来哲学应用研究的蓬勃发展，以及哲学的形形色色的应用形态的出现，学术界对什么是哲学、什么才堪称真正的哲学，众说纷纭，歧义纷呈。其实，在以终结哲学的发展自诩、以哲学之王自命的黑格尔那里，其提供的答案也是自相矛盾的。他认为他完成了哲学、他的学说就是哲学；他同样明确而又坚定地表示，古往今来的学派及其纷繁的学说无一与哲学等同、无一即哲学自身，只有它们前后相继的发展及其所构成的历史才堪称哲学。无疑，这是相悖的两种主张，前者是虚妄的、后者才是科学的。在对构成哲学的知识背景的理解中，列宁几乎把当时的大多数学科囊括进去。哲学在古往今来的智慧中，在宇宙论、自然论、人学、认识论、知识论等等理解方式中展现着自己的深邃，从未凝定在某一固定模式上。也许这正是它得以万古常新的奥秘之一。今人若用某一模式作为裁定哲学的根据，则未免有削足适履之嫌；无视乃至否认林林总总的哲学的应用形态之存在，亦有失偏颇。

如同当年恩格斯所说，似乎与自然界相反，社会以与其时间的平方成正比的速度向前发展。今天，我们正经历

着一天等于二十年的历史巨变。时代精神之花显现为哲学形态的的多样性，是完全可以理解的。万古常青的社会生活实践，当今展现出丰富多彩的样态。在猴体解剖形式中尚处胚芽状态的管理学说，20世纪以来已蔚为大观成为显学。传统所概括的社会实践未将管理列为基本形式，未免也是一大缺憾。同时在现代化的历史呼声中，又深感管理现代化的孱弱。作为世界观和方法论而备受推崇的哲学又悬浮于半空之中曲高和寡，缺乏由天达地的阶梯。有鉴于此，如何促使管理现代化以匹配现代化建设并推动其发展，如何使高高在上的哲学回到人间并与最为广泛的社会实践实现有机结合，是上个世纪80年代初令我反复思索的问题。于是，我和一些有志于此的朋友和同仁于1984年在苏州大学召开了全国首次管理哲学研讨会。随即我和徐厚德同志拟就《现代管理哲学概论》一书，并得到了丁怀超同志的青睐，该书得以在安徽人民出版社出版。嗣后，我们又陆续出版了《现代管理哲学纲要》和《现代管理哲学》。

弹指一挥，20年过去了！

今天，管理哲学的研究亦远非当年草创时期的稚嫩样态。尹卫东博士呈献给世人的《百年回眸——哲学视野中的西方管理思想流变》这部著作，就是管理哲学的最新成果并代表着当今管理哲学研究的水准。

记得差不多也是将近20年前，我和当时一位风华正茂的学人论及中国文学史的状况。我作为一个门外汉，总觉得文学史也应该有自己的逻辑，而不应只是作者和作品的罗列。正如历史的编撰不应只是人物和事件的汇编一样，更重要的是有灵魂贯穿其中并展现其间的内在联系，用黑格尔的话说就是绝对观念的逻辑显现。

尹卫东博士的《百年回眸——哲学视野中的西方管理思想流变》这部著作，是一项宏大的工程。他要给实证的管理思想史以思辨，给抽象的管理哲学以实证。这对管理思想史是个再创造，对管理哲学研究来说，则无异是一项顶天立地的工作。他于1989年起就读我的研究生，先后获得了硕士学位和博士学位。他既勤于政务，又有着浓浓的学术情结，勤于笔耕，实属难能可贵。其著述涉猎广泛，无论何种课题均蕴涵哲理于其间——多中见一。

尹卫东博士的这部著作所承担的工程，实际上是对管理思想史的再造——它将扬弃迄今为止的有关优秀成果，酝酿出历史与逻辑有机统一的管理思想史——它不再是著作和人物的纷然杂陈，而是具有灵魂的生命过程；它还是一项管理哲学研究的极具基础性的工程——它提供给人们的将不再仅仅是僵硬的骨骼，而是兼备血肉的有机体。显然，这项工程绝非一人在短期内所能胜任。无论如何，尹卫东博士迈出了重要的第一步——尽管他对自己的工作还有所不满。我希望他持之以恒、锲而不舍地将此项研究进行下去；更祝愿他以不断的建树实现自己的宏愿！

目录 Contents

第一章 管理思想史研究的新方法论

瑞士经济学家肯德讲过一句脍炙人口的名言："19 世纪是工业世纪，20 世纪则作为管理世纪载入史册。"当 20 世纪悄然逝去，世界经济的战车在科技与管理两个巨轮驱动下驶入新世纪的时候，回眸一个世纪的管理风云，我们不得不惊叹这真是一个经济英雄辈出的世纪：差不多每一座产业王国中都活跃着一批妙手天成的管理艺术大师，卡内基、艾柯卡、松下幸之助、盛田昭夫、李嘉诚、比尔·盖茨……同时这也是管理思想巨匠灿若群星的世纪，泰罗、法约尔、福莱特、梅奥、巴纳德、孔茨、德鲁克……他们使几乎与人类文明一样悠久的管理，在这个世纪终于从经验走向科学。20 世纪之初管理理论的几株幼苗，经过百年的风雨浇灌，终于长成一片令人眼花缭乱的茂密丛林。当我们在惊叹与欢呼之际，

也不得不承认，相对于多姿多彩的管理实践和汗牛充栋的管理著作，对管理思想演变的总体回顾、深刻反思则显得尤为薄弱，有理论气势和思想魅力的管理史专著几乎是空谷足音。这种状况与其“显学”地位极不相称。在管理活动成为人类一项最基本活动的今天，管理思想史的研究有理由被置于一个更高的位置，也应该有一个大的突破。

第一节　管理思想史研究的落后样貌

伴随着改革开放的深入，“管理也是生产力”、“管理现代化是中国第五个现代化”，诸如此类的观念日渐深入人心，并逐步成为各级党政领导、工商企业经理等社会各界人士的共识。管理学也与经济学一道成为学术界最为显赫的学科之一，短短 20 年间，西方近百年的管理思潮、学术流派、理论观点在国内迅速地游走了一遍。国内学者对西方管理学的了解和熟悉，在整个自然科学与社会科学中名列前茅。然而，坦率地说，在管理科学诸学科群落中，管理思想史研究的整体水平比较落后。大多停留在简单介绍管理学家的生平著作和理论观点的层次上，迄今所见的国内数十部管理思想史著作，多属资料汇编，是以人名、书名至多是以分支理论为线索的简单分类归并。

国内管理思想史家首推孙耀君先生。20 世纪八九十年代，在管理学界和经济学界风行一时、影响甚大的国外经济管理名著丛书，其中相当一部分即是由其主译或领衔翻译的。这使孙先生既能得风气之先，又有扎实的资料功底，在推介、普及管理学说的基础性工作方面有一定贡献。然而平心而论，孙先生无论是早期的《西方管理思想史》，还是晚近的《管理思想发展史》，虽然所选著作、所列人物、所述观点皆中肯而有代表性，但缺乏对管理思想内在行程的深入挖掘，对规律机理的创造性阐发。故虽体系庞大，材料翔实，却远非体大思精，思想史的个性特点和理论韵味明显不足。对此，孙先生自己也有体认。在1987年出版的《西方管理思想史》一书中，专门补充一章概括自己对管理思想流程的认识，聊以弥补自己著作总体上的不足。在1999年问世的《管理思想发展史》中，他也坦承“以往有关管理思想发展的书籍和论文（包括我自己写的），往往侧重于评介管理思想史本身的内容，而对其实际应用，特别是在各国不同环境中的应用及其效果，很少涉及”。[①] 其实，对应用的重视，与对管理思想史发展规律的把握是两回事，但在这里可以看出，其管理思想史研究流于表层的痕迹没有淡化和改变。

另一部有一定影响的《西方管理思想史》，由从事管理理论研究和管理实践咨询的“双栖学者”郭咸纲先生所著，虽然该著作在一些具体论题和局部细节方面不乏精彩之笔、飞扬之思，如从管理学研究方法角度，梳理出管理学形成和发展的三条线索：“第一条是从具体的管理实践中总结出来的管理原理和方法……我们可以称之为应用管理学；第二条是以基本的人性假设出发构造的管理理论……我们称之为理论管理学；第三条是以MBA案例研究为主代表的管理学……我们称之为实验管理学”[②]，但总体上看平淡无奇，仍然是流于外在的描述，就事论事的把握，史料多而史识少。与该著者的自诩和编者的褒奖相差甚远。上述对国内管理思想史研究状况

① 孙耀君：《管理思想发展史》，山西人民出版社，1999年版，第3页。

② 郭咸刚：《西方管理思想史》，经济管理出版社，1999年版，第6～7页。

的评估，相信管理学界的同仁对个中情状会了然于胸。

就国外而言，西方学者得谙熟文化背景之优，占资料检索之利，特别是像丹尼尔·A. 雷恩、克劳德·小乔治和厄威克等学者，治管理思想史可说浸润其间数十年，孜孜矻矻，艰苦爬剔，对管理思想史料的占有和熟悉，都堪称一流。深厚的学术积累使他们对管理科学来龙去脉了如指掌、如数家珍。譬如，小乔治的《管理思想史》和厄威克的《管理备要》，在对管理思想史材料的钩沉梳理方面有诸多可圈可点之处，不仅对一些彪炳史册的大管理学家有详尽的阐述，对一些管理思想史上并不很知名，但在具体一些枝节方面有一得之见的"较次要的管理学家和批评家"，也都让出篇幅给予介绍，使这些管理学家们没有成为管理思想史上的"失踪者"，也让后人在研究管理思想史时，不致于因一些具体环节缺失而难以清晰地辨识全貌。

雷恩无疑是管理思想史的大家，其《管理思想的演变》以宏大的史家眼光，精辟论断，广为人誉(面世后已先后修订 3 次)。该书最优长、显著的特点，就是把管理思想的演化放在大文化背景中加以观照和探究，根据文化环境来研究管理。经济——社会——政治三维变量的引入，使人们对管理思想史的理解，冲破单学科就事论事的狭小天地，获得了类似科学哲学非常强调的"外史"视角，从而经常让人有一种跳出系统后"一览众山小"的豁然开朗，特别是通过经济、社会和政治环境透析管理思想的变迁，对管理思想的变化为什么在此时而非彼时，即对"突变"关节点有较强的解释力。如人际关系学派对科学管理发难，为什么恰恰在 20 世纪 30 年代，而不是此前或更后，显然单就理论本身而言是很难解释清楚的，因为泰罗制的缺憾在此前很久就暴露了。而雷恩从大文化视角的分析就颇让人豁然开朗。他认为，从经济因素看，1929 年的大危机使资本主义世界经济产生了强烈地震，进而引发人们心理地震，人们对资本主义世界的未来再也不是无条件的盲目乐观，相反感到单靠个人的奋斗和努力并不能解决一切问题，无助感、渺小感乃至幻灭感的滋生，使人们对群体归属、心理抚慰和心灵安顿产生渴望。从社会文化因素看，20 世纪 30 年代正是人本主义，特别是存在主义大行其道的时期，以人为本、对人的价值格外重视和强调的哲学思潮，构成这个阶段管理学的哲学底蕴。政治上则是所谓"从一个罗斯福到另一个罗斯福"，即从完全要求经济放任转向企求政府"有形的手"搀扶社会一道前行。很显然，没有这种宏观背景分析，我们对管理思想变迁的理解既不可能全面，更不可能深刻。这是雷恩对管理思想史研究的重大贡献。更值得称道的是，他还提出要通过管理思想史的研究，"不仅了解管理思想的过去和现在，而且也要说明它为什么是如此过来的"①。这说明他对管理思想变迁的内在因素也是有所考虑的，遗憾的是他这一学术目标并没有得到充分实现。深究其因，至关重要的一点是，尽管他用了许多学科方法，但缺少哲学方法，特别是像黑格尔——马克思那种具有博大历史深邃感的逻辑学方法。这样，雷恩的研究只能是实证层面的探究，未上升到理论思维的整体把握，思想史在其学术视野里尚未构成十分严密的整体性，自然也无法呈现出辩证的运动。

此外，对管理思想史有较高造诣也颇多建树的占部都美，其《现代管理论》在某种意义上也是一部管理思想史著作，其中对诸管理学派、理论的评点有许多令人击节叹服的真知灼见，但由于对理论之间过渡性的探讨较为粗疏，时常让人有未能将珍珠串成项链之遗憾。

纵观国内外思想史研究，虽然绝非乏善可陈，不过具有高

① 丹尼尔·A. 雷恩:《管理思想的演变》，中国社会科学出版社，1986 年版，第 2 页。

屋建瓴的理论统摄力的著作，实属凤毛麟角。基本上是对管理思想史外在表象作孤立、断续的描述，远没有达到对整个管理思想历程作内在逻辑的流贯而完整的把握，远不具备理论的形态。在某种意义上甚至可以说，管理思想史这门学科还仅处于前科学状态。这与管理学自身的成熟程度，与管理学在经济与社会生活中的广泛影响都是不相称的。

管理思想史研究的落后状态细究起来有三个方面的原因。

一是史的价值认同问题。中国是一个有着悠久史官文化传统的国度，对史的研究向来高度重视，史籍之发达在古代堪称世界诸文明之冠，也留下诸如“读史明鉴”、“以史为镜，可以知兴衰”之类格言。但这些对史的关注更多是在治国平天下的层面上展开的。所以，人们对管理科学现实功用有直接感受，而对应用型学科的“史”，天然认为是可有可无的“务虚”。这实在是一个认识上的误区。对管理思想史的了解，无疑可以使人们更好地接受管理科学这门学科的特定训练。如果说具体的管理理论更多的是阐述怎样管理的技术论问题，管理思想史则主要回答前后相继的管理理论是如何演进和因何嬗变的，更注重“必须通过寻找原因，才能赋予事实可以理解的性质”①，更多地体现“无用之用”。管理思想史之“用”，对管理实践者而言，更大的价值不在于做什么、怎么做，而在于知道为何这样做；对管理科学的研究者来说，则在于贯注一种广博的整体感和深宏的历史感，通过对管理科学统揽全局的把握，能够从更广阔的背景中探寻管理科学发展的内在脉络，从而在对历史的回顾中把握未来走向。对此，雷恩也有深刻体会，针对管理思想史在西方也被忽视、研究缺少深度的状况，

① 克罗齐：《历史的理论与实践》，转引自《现代西方历史哲学译文集》，上海译文出版社，1984 年版，第 305 页。

他大声疾呼“通过研究管理思想的演变，就能了解到管理思想及其研究方法的起源，追溯其发展过程，透析每个时期的文化环境，从而给我们提供一个能加快知识综合进程的概念轮廓。研究过去有助于更合理和更有条理地了解现在。不了解历史，个人只能依靠自己的有限经验作为思考和行动的依据。因此，历史可以使理解力强的人们在制定决策模型时具有更多的可选择方案和解决办法。研究过去，可以促进思想上的适应能力，以及为必然出现的改变作好精神上的准备”①。对管理思想史的价值认识不够，必然使“板凳坐得十年冷”的功夫下得不足。恩格斯说：“即使只是在一个单独的历史实例上，发展唯物主义的观点，也是一项要求多年冷静钻研的科学工作，因为很明显，在这里只说空话是无济于事的，只有靠大量的、批判地审查过的、充分地掌握了的历史材料，才能解决这样的任务。”②由于害怕下这样的功夫，我们对管理思想的研究只能是浮光掠影地扫描，生吞活剥式地交代，停留在编与述的水平上。至少目前国内所谓管理思想史研究还大抵如此，而这又是造成管理思想史学科地位不高，难以发挥应有学科功能的根由。

二是史的理论自觉问题。史的研究在本质上应是理论的创造，史与论的凝结，既要求有真实的客观内容，又要求有研究者自己的理解和见识。唯有如此，管理思想史才能呈现夺人心魄、动人心弦的理论魅力，才不会因过多地陷入“是怎样”和“不是怎样”的无谓纠缠而丧失宏大的历史感。坦率地说，现在管理思想史界整体上缺乏理论素养，特别是历史哲学的必要训练。相当多的研究者基于实证科学的背景，过多地执着于追求“纯客观”的历史原貌，拘泥于具体甚至琐屑材料而

① 雷恩：《管理思想的演变》，第 3 页。

② 《马克思恩格斯全集》第 13 卷，第 527 页。

不能出。历史在他们那里只是僵死的史料，而不是活生生的精神生命；是作者和作品的罗列，而不是流淌着的思想。他们不懂得思想在历史中的作用，正像原因在科学中所起的作用。爱因斯坦曾经说过："是理论决定我们能够观察到的东西，并使我们从感觉印象推论出基本现象。"①遗憾的是，理论意识的缺乏，不仅使管理思想史学科自身鲜有独标一帜的思想创造，而且对其他学科成熟的理论成果也耽于隔膜而无法借鉴和运用。其实，黑格尔在《哲学史讲演录》、《美学》中给我们留下过用逻辑学思路研究思想史的理论遗产，马克思运用辩证逻辑的方法在《资本论》中所取得的巨大成功更堪称典范。我国一些学者在哲学史的撰写中也曾有过积极的尝试，如张尚仁先生的《欧洲认识史概要》。遗憾的是，黑格尔—马克思的逻辑学思路，虽然是较为成熟的科学方法论，但在其他科学领域并没有引起应有的重视，更不用说积极的应用。就笔者所见，20世纪80年代后期王钟陵先生在文学史的研究中首先运用了这一方法，并取得较大成功，尔后跨学科运用这一方法几乎未再出现。

三是史的研究方法问题。纵览林林总总管理思想史的著作，笔者感到著述者普遍缺乏方法论意识。就笔者所见，只有雷恩专门提到其所运用的科学方法论。在《管理思想的演变》一书中，他运用了分析法、综合法和跨学科方法等，在研究作出重大贡献的人物及其背景、思想和影响时使用了分析法；在研究管理学发展趋向、哪些变数发生作用时，使用了综合法。为了能够从文化历史的角度来看待管理思想，则利用了经济史、社会史、社会学、心理学、政治学和文化人类学。然而，国外学者大多执著于实证方法论。国内学者口头上似乎对马克思主义哲学方法异常重视，然贴标签者众，得精髓者少。最常

① 《爱因斯坦文集》第一卷，商务印书馆，1976年版，第221页。

见的是编年史的方法，也即聚焦于所谓代表人物的代表作，作平面的介绍；其他方法还有如“以偏概全”的举例式，以意识形态术语来替代学术分析的“政治批判法”，等等。这样就使得管理思想史研究著作面目几同“克隆”，充斥陈词滥调，根本谈不上理论体系的创构。管理思想史的研究，如果不从观念到方法有一个大改变，管理思想史是难以企及完备的理论形态的。

第二节　史的自觉与理论创造

科学意义上的管理思想史，其得以成立的内在依据，绝不在于它对以往管理思想史料的罗列，对过去管理学说的复述，而在于对陈编故纸的整理中贯穿一股思想的力量，在于对“史”的哲学沉思中开掘出管理思想内在逻辑的有机进程。否则，它就会因缺乏撼人的思想力度和理论魅力而不配享有独立学科的殊荣，并使得这门学科的研究水准囿于实证的层次。

如前所述，当前管理思想史研究中最大的弊端在于有史料史实而无史见史识。改变这种思想史“有史无思想”的落后状态，无疑需要多方面的努力。而首先要能从陈旧的历史观束缚中解放出来，在关于历史认识的理论方面有所创新。如何看待历史存在是一个历史哲学问题，历史哲学的进步是20世纪历史学研究最重要的创获。得益于历史哲学的刷新，不仅史学界，而且许多学科重写学说史之风盛行，一批面貌一新的历史著作，由于历史哲学的运用与进化而横空出世。

反观管理思想史的修治，应该说当前占统治地位的是实证主义史学观。管理科学的经验、实证特点，决定了管理思想史的编纂对实证主义的历史观有着本能的亲近和认同，而且又由于缺乏历史哲学的内在自觉，很自然地把一种材料的简

单汇编，理所当然地认为是对史学客观性原则的尊奉。因为实证主义的史学信念是“史料第一”，历史学家应该让史料本身来说话，不妄加猜测，也不随意概括，不妄作褒贬，也不感情用事。在这种史学观看来，历史的意义在于历史事实本身，只要把历史事实搞清楚了，如实地说明了历史，历史的意义就会自动显示出来。这种史学观有其坚持和维护科学研究客观性、独立性的一面，但问题也很大。历史真是“一门不折不扣的科学”吗？历史真的能像自然科学一样被纯客观地认识吗？人们认识历史能否完全做到价值中立或者价值祛除呢？20世纪分析的历史哲学正是从这个问题引申开去，拓展了一个全新的学术领域，也给我们如何撰写历史许多有益的思想启迪。

当代美国历史学家卡尔·贝克尔曾以“人人都是他自己的历史学家”为题，发表了一篇著名演说，提出了“两种历史存在的观点”。他认为“我们承认有两种历史：一种是一度发生过的实实在在的一系列事件，另一种是我们所肯定的并且保持在记忆中的意识上一系列事件。第一种是绝对的和不变的，不管我们对它怎样做法和说法，它是什么便是什么；第二种是相对的，老是跟着知识的增减或精炼而变化的。这两种系列事件或多或少是相应的，我们的目的便是求这种相应尽量确切；但是事件的实在的一系列，在我们看来，只存在于我们所肯定并且保持在记忆中的那意识上的一系列之中。这便是为什么我不得不把历史和历史知识等同起来。为了一切实用的宗旨，对我们和对目前一时来说，历史便是我所知道的历史”①。应该说，这是非常深刻的。事实上，历史有两层基本涵义，一是作为过去史实的历史，二是作为对过去史实思考、

① 田汝康、金重远主编：《当代西方史学流派文选》，上海人民出版社，1982年版，第260页。

理解和解释的历史，即所谓历史本体和历史认识两个方面。历史本体是唯一的、永恒的，它一旦被创造出来，就无可改变，而对历史的认识则是丰富多样、不断变化的。从本体的角度言，历史是客观的，它是一种独立的和外在的东西，不再为人的意志和行为所左右。对历史，无论我们做什么，都不能改变或增损它的分毫。但从认识的角度言，历史又是主观的，历史只存在于人的记忆和思考之中。历史怎样，取决于人们对它的记忆和思考，同样一部历史，不同的时代、不同的社会，乃至不同的人对其会有截然不同甚至尖锐对立的看法。应该说，认识历史就是要完整准确地把握历史的本体。不幸的是，人类无论怎样努力，也无法克服与生俱来的主观认识上的局限，无法甚至也无须摆脱主观认识的偏好。人所知道的历史始终只是某时某地他所能达到的历史认识，而不是绝对永恒的历史本体。

正是站在历史两重性的高度上，以克罗齐、柯林武德为代表的分析历史学家们从这里打响了历史学第二次独立的枪声。他们反对 19 世纪客观主义和如实直书的信条，认为这纯粹是一种不切实际的幻想。任何历史学家都从某种观念或理论出发去观察历史，史实既然被挑选出来，就必定受到理论的“污染”，按照某种观点去选择史料，解释史实，就没有纯客观的史实。沃尔什在《历史哲学导论》中就曾说过，历史思维中主观因素的作用，不同于在科学思维中的作用，历史思维中极为突出的特征是它的选择性。历史中主观色彩远胜于科学，而无法得到科学中的那种客观，并造成对同一问题的意见分歧。他进而富有诗意地指出：“生活在文明社会中的大都会感到为了自己现实活动的目的需要去描绘过去的图景；他们对过去感到好奇并力图重建这过去，因为他们希望从那里发现他们自己的志趣和利益。既然他们看到的历史取决于他们的观点，这种需要就总是在某种程度上得到满足的。从这里我

们可以得出结论说，历史之光并不投射在‘客观的’事件上，而是投射在写历史的人身上，历史照亮的不是过去，而是现在。毫无疑问，这就是为何每一代人都觉得有必要重写他们的历史的缘故。”[①]克罗齐认为，历史是活生生的精神生命，编年史只是僵尸般的文献汇编。史实已先独立存在，经过人的思考才显现出意义，史实及其意义是在思想或精神活动中同时产生的，史实与思想结合在一起才构成一个历史判断。一个历史学家如果没有哲学的头脑、理论思辨和分析能力，他对文献再熟悉，搜集的材料再多，搞出来的也只是资料汇编，而不是真正的历史；在对思想价值的重视上，他们与思辨历史学家并无二致。写过《西方的没落》的斯宾格勒就曾宣称：“一切真正的历史著作都是哲学，除非它纯粹是一种蚂蚁工作。”[②]柯林武德也提出，历史学家不能仅仅关心历史事件，而应关心事件背后的思想，因为人只有具有某种思想，才能采取某种行动，思想在历史中所起的作用，正像原因在科学中所起的作用一样，思想就是历史的原因，如果毫无思想地消极对待证据和材料，那只不过是摘抄、复述和编排文件资料，他称之为“剪刀加浆糊”的历史学。在他看来，这种历史学根本就不是历史学，因为它并不满足科学的必要条件，即它只涉及到外在史实，而没有透过材料发现历史行动的思想，这样历史依旧成为没有可以理解的东西。在他们看来，真正的史学，绝非以剪贴为能事，史学是过去思想的重演，史学的目的就在于把过去的思想组织为一套发展体系。史学的价值就在于具有发人深思的力量，“历史学家是以他所提出来的原因而知名的”[③]。

---

① 转引自刘昶：《人心中的历史》，四川人民出版社，1987年版，第177页。

② 奥·斯宾格勒：《西方的没落》，商务印书馆，1963年版，第67～68页。

③ 爱得华·霍列特·卡尔：《历史是什么》，商务印书馆，1981年版，第96页。

对历史相对性的深刻体认，对历史折射思想光芒的推崇，必然导致史学研究对理论创造的深切呼唤。与19世纪历史学家“无史料斯无历史”的看法相反，当代历史理论认为：“没有理论，历史是不可能想像的。”①英国历史学家赫勒说：“编史工作不应用指导性原则，是无法进行的。”②历史的意义是由理论提供的，历史是根据理论进行陈述。理论越完善，叙述就越引人沉思。历史事实不再被看作是独立外在的本体或实在，理论在历史研究中被赋予了优先的地位。

从这样的历史哲学高度出发，很自然得出一个结论：史的研究其实就是一种理论创造。体现在写作中，便是论从史出，史中析论，史与论的璧合。至于思想史的撰写，则更应该体现理论的严密性、逻辑的连贯性和思想的启发性，把尊重历史与发挥个人主体创造性充分结合起来。尊重历史，就是研究者应最大程度占有史料，尽力逼近历史的真实面貌，绝不能无视研究对象的客观性，片面强调理论的重要性和优先性，作天马行空的自我阐释或随心所欲地去制造历史，更不可违背史德，出于个人私欲曲学阿世。有史无论是低能，而以论代史则是虚矫。恩格斯曾经这样称赞过马克思在《资本论》中的研究态度：“他没有一个地方以事实去迁就自己的理论，相反地，他力图把自己的理论表现为事实的结果。”③

发挥主体创造性，就是要求研究者不能完全陷入资料而不能出，而要努力透过史料证据从中辨析出过去的思想。在把握浩繁资料的同时，更要挖掘史料证据所没有告诉我们的东西。恰如柯林武德所说：“历史不是抄袭那些经过考订的最完善的史料，而是做出自己的结论。”④优秀历史学家的优秀之处，就在于他在史的研究中有高度自觉的理论追求，特别是

①、②、④　转引自刘昶：《人心中的历史》，第199、200页、第162页。

③　《马克思恩格斯全集》第16卷，第257页。

宝贵的穿透历史的思想力量。管理思想史研究，不能仅停留于管理材料的表象，而要依托于历史进行积极的理论创造，探究史料的意义。

这两方面中任何一个方面的偏颇，都有碍于思想史研究客观性与创造性的统一。这里，大哲学家黑格尔既给后人留下了许多弥足珍贵的思想遗产，又有不少令人扼腕的教训。黑格尔关于哲学史本身就是哲学的观点，无疑就体现了一种依傍历史进行理论创造的自觉和努力。他以哲学的方式撰写了一部区别于古往今来哲学史的著作——《哲学史讲演录》。在这部具有很强理论色彩的著作中，他多次阐述过哲学史就是哲学的思想。他说："同时这个导言虽只涉及哲学史，但所说的话也同样适用于哲学本身。"①在考察哲学史性质时，他更加明确地说："我们将要特别藉此对于哲学史同哲学这门科学本身的关系有所认识，这将是最有兴趣的一点。这就是说，哲学史将不只是表示它内容的外在的偶然的事实，而乃是昭示这内容——那看来好像只属于历史的内容——本身就是属于哲学这门科学。换言之，哲学的本身就是科学的，因而本质上它就是哲学这门科学。"② 所谓"属于哲学这门科学"，在他看来哲学史不应是庞杂资料的汇编，而是"一个有机的进展的全体，一个理性的关系，唯有这样，哲学史才会达到科学的尊严。[哲学是理性的知识，它的发展史本身应当是合理的，哲学史本身就应当是哲学的]"③。基于这种认识，黑格尔进而深刻地指出："哲学是认识具体事物发展的科学。"④ 总之，黑格尔认为在数千年的人类认识发展过程中，由许许多多哲学家参与创造的哲学史，是一个具有内在逻辑的发展进程，并且他以杰出的哲学天才勾勒出了这个进程，尽管是唯心主义的。

①、②、③、④　黑格尔：《哲学史讲演录》，商务印书馆，1983 年版，第 6 页、12 页、第 12～13、32 页。

也正因为此，他有资格骄傲地宣称《哲学史讲演录》就是哲学著作，“在哲学史里我们所研究的就是哲学本身。”①也正有鉴于此，恩格斯在评论马克思的《政治经济学批判》一书的文章中，就曾高度肯定黑格尔在历史研究中体现的理论气势和哲学研究中所贯注的宏大历史感。

当然，黑格尔的失误也是显而易见的，关于历史与逻辑关系他是倒置的。他说：“在哲学史上，逻辑理念的不同阶段是以前后相继的不同的哲学体系的姿态而出现的”，②就是说，是逻辑理念的发展显现为哲学史的发展。他又说：“历史上的那些哲学系统的次序，与理论里的那些概念规定的逻辑推演的次序是相同的。”③他认为，“如果我们能够对哲学史里面出现的各个系统的基本概念，完全剥掉它们的外在形态和特殊应用，我们就可以得到理念自身发展的各个不同的阶段的逻辑概念了。反之，如果掌握了逻辑的进程，我们亦可从它里面的各主要环节得到历史现象的进程。”④在黑格尔看来，哲学史不过是精神愈益丰富地认识自己的历史，因而他所关心的乃是理念自身的发展。他的《哲学史讲演录》所体现的历史与逻辑的统一，乃是一种哲学史符合逻辑概念的过程。他甚至还强调说：“我们必须指出，有些概念乃是在逻辑上有而在哲学史上却没有的。”⑤放肆地以先验的逻辑顺序去剪裁历史，于是逻辑与历史便分离了。然而对他的唯心主义作唯物主义思想的颠倒之后，这些论述所内蕴的宝贵的方法论价值，无疑是一笔丰厚的值得我们记取的理论遗产。

---

①、③、④、⑤　黑格尔：《哲学史讲演录》，第 24 页、34 页、34 页、331 页。

②　黑格尔：《小逻辑》，商务印书馆，1988 年版，第 190 页。

第三节　多维视野与整体把握

管理思想史的研究要具有高屋建瓴的理论气势，摆脱“蚂蚁式”工作的情状，当然需要一种把史的研究作为理论创造的高度自觉，同时也取决于沉潜钻研史料的功夫，特别是一种对材料的高明的驾驭能力。缺乏对历史真实的深度认知与感受，重建管理思想史的工作很容易重犯思辨哲学曾犯过的错误，用各种观念图解历史，武断地宰割历史材料。

气势磅礴的理论创造必须和艰苦细致的史料工作结合在一起，并要求在驾驭历史素材时有一种宏大的整体视野。[①]因为理论的创造必然要求对历史材料的整体性把握。从横向上说，人类社会经济文化生活的各个侧面，本是一个相互联系的有机系统，管理的认识活动，从来都是整体的文化活动中的一个重要的组成部分。从纵向上说，管理思想的发展又是一个环环相扣、有内在逻辑线索可觅的有机进程。由于上述横向、纵向两个方面的原因，所以，对管理思想演变过程的把握，必须强调整体把握的原则。管理思想史研究中的整体性，可以区分为以下几个层次。

1. 就个别具有代表性的管理学家而言，要求对其全部至少主要著作作客观而全面的研究。这项工作可分三个层次推进。首先，应通读这些管理学家的著作，边读边摘录下一些有代表性的观点，以供相互比较分析，在这种比较分析的基础上，形成一些或明确或模糊的总体性看法。比如，在谈到西方

---

① 王钟陵教授在《中国中古诗歌史》一书中，曾提出整体性分层把握史料的重要方法论原则，对笔者如何研究管理思想史，特别是撰写本节有很大的启发作用，特此感谢。

管理理论的整体面貌时，不少人人云亦云，拾人牙慧，不加分析地接受孔茨“打丛林战”的比喻，强调各个“学派”之间的争论。事实上，只要认真研读各学派代表人物的著作，不难发现，尽管争论确实存在，但它们大多是研究层次不同或研究方向不同的直接反映，而不是同一问题上截然不同的观点的对立。相互补充渗透远远多于相互排斥对立，各个学派不断出现新观点和新的研究课题时，管理理论正在趋于合流。

然后，在通读的基础上，再对不同时期的管理学代表著作细化研究。一方面，以求形成一些总括这一时期管理学发展的想法。另一方面，再选定在管理思想史上值得加以论述的管理学家，并确定他们各自应在何种角度和程度上被加以论述，在完成这些工作之后，再对那些被确定应加以研究的管理学家作全方位的深度研究。这样，通过从宏观到微观渐次下降的过程，就可以确定重要管理学家在管理思想史上的具体方位。对于确定要研究的管理学家，一般还需要对其著作加以分类，一位管理学家的著作在被作了恰当的分类后，不仅他的著作所涉及的范围及其偏重可以看得很清楚，而且他的思想演化也就清楚了，包括他的贡献、影响和不足大多能了然于目，了然于心，从而为全面地而不是片面地把握一个管理学家奠定基础。①

2. 就一个时代而言，整体性要求有着两个方面的规定性。一方面，从横向上说，对任何一个时代，我们不仅应该重点注意那些领时代风骚的大管理学家，而且也应该注意其他

① 博士论文原先的构想是分上下两篇，上篇主要着意从高层次范畴变迁来把握管理思想的运动，下篇则通过对一个个代表学派和人物的评判，展现管理思想实在的历史进程。由于不容延宕的答辩期限，加上攻读方向要求，最后成稿的只是上篇，即初步建立起了对管理史运动有着恰当反映的逻辑结构，而下篇虽未成文，但所做的工作为思想史上升为理论形态，提供了较为坚实的基础，故这里关于下篇研究中的一些想法特意存留，以备忘。

一些次要的管理学家，从而达到对一个时代管理思想史全貌的把握。目前，管理思想史著作，基本上停留在对一些较为重要的管理学家作一种孤立的评述。虽然不同管理学时代的代表确实是由那些大管理学家来担当的，但我们要想对管理思想史的轮廓有一个高屋建瓴的鸟瞰，对于管理思想史的细节，也应尽力了解。在这样审视的基础上，对管理思想史的几个高峰的详细观照方能更加透彻。时间有过滤的功能，我们后世所仰望的只能是几座最巍峨的高山，在当时实际上是群峰连绵，只孤立地研读其著作，而不能对其同时代的学者有所旁骛，就会因缺少比较的视野而使断论有失公允和辩证。只要读一读如《管理备要》这类著作，就会发现，我们所知的大家毕竟寥若晨星，他们同时代的战友还是为数不少的，如该书所列举的管理科学的 70 位先驱者中，我们耳熟能详的最多也就 20 人左右。总之，一部厚实的管理思想史，应该有一个相当大的覆盖面，并且还应将这一时期产生的代表着当时潮流的管理理论同当时管理实践结合在一起加以论述。

另一方面，从纵向上说，整体性要求我们必须流贯地把握历史，不能跳过任何一个时代。因为任何一个管理学时代，既然是客观存在，就都有自己在管理思想史上存在的权利。即使是一些管理思想相对平庸的、没有大家产生的过渡时代，我们也应正视它、研究它，因为它是客观存在的，以后的管理思想史正是由这一阶段发展出来的。比如，产业革命至科学管理诞生这一时期，虽然就思想家角度而言，没有出现一流的管理学说大家，但就总体思想史的重要性而言，后世的管理思想几乎在这里都能找到萌芽，特别是这一阶段孕育了古典管理科学理论。笔者认为这是一个虽没有出现思想大家，但出现重要思想的阶段。因而专辟一章梳理了这一阶段的管理思想史。

值得一提的是，纵向的整体性，还要求我们对一些比较重要的分支理论作专门的细化梳理。比如,对组织理论、领导理论、决策理论,都应该历史地、深入地、具体地作专线梳理。

3. 研究管理还必须确定宏观环境的分析框架,即不仅将管理思想的变迁置放在社会、经济、政治乃至哲学文化思潮等多棱镜下透视,还要把握管理与社会大文化的相互渗透。需要说明的是,这种外部的因素,并不是科学哲学所讲的“外史”概念。“外史”是著名科学哲学家拉卡拉斯在研究科学史时一直倡导和使用的一个重要方法。他认为,科学增长的合理方法或者根本原因要由科学发现的内在逻辑说明,但“外部历史对根据内部历史所解释的历史事件的速度、地点、选择等问题,提供非理性的说明;或者当历史与其合理重建有出入时,对为什么产生出入提供丰富的经验说明。”①但外在环境实际上也是管理思想变迁的内在因素,更进一步说,外部因素经常转化为内部因素,并直接构成管理思想变化的动因。尤其是管理学由一个时代向另一个时代跃变时,外在环境的变化往往起着既是导火线,又是炸药的作用。比如,人的行为是过去和现在文化力量的产物,管理学也是过去和现在的经济、社会和政治力量的产物。我们在研究管理思想史时,应该对管理思想所处的特定时代氛围、经济文化环境有较为深入的了解。这样对管理思想史流变才会有全面的把握,对其变化有更深入的意会。

首先是经济环境。企业作为宏观经济环境的一个微观细胞,它的发展必然同宏观经济息息相关。我国著名管理学家芮明杰先生曾提出,企业外部环境有四大类因素的变动,对企业内部资源配置过程影响较大,即经济周期性波动,市场结构的变动,制度变迁与政策效应的影响,以及政府、竞争对手及

① 伊·拉卡托斯:《科学研究纲领方法论》,上海译文出版社,1986 年版,第163 页。

消费者。① 应该讲这概括得比较全面。的确，微观企业的行为调整和管理变迁中许多问题要想讲清楚，恰恰需要宏观的视野。例如，正式组织研究为什么在20世纪20年代开始兴盛，按照钱德勒的观点，19世纪后半期工业的发展已创建了庞大企业，公司规模扩大，要求在公司的活动与人员之间的联系建立一种正式结构。又如，随着资本主义经济的发展，企业规模愈益扩大，企业组织开始也发生了深刻的变化，突出表现在股份制公司大量涌现。而由此带来的企业所有者的分散化，企业规模的巨型化和经营内容的复杂化，又推动着资本主义企业的所有权和经营权加速分离，并逐步出现一个专门管理者阶层和由这一阶层的人员组成的专门管理机构。这导致经理角色理论应运而生。还有，二战后企业高层战略理论兴盛一时，与企业在市场中面临的变数有着越来越多的直接关系。可以讲缺乏宏观经济变量，我们即使廓清了管理理论的内部矛盾，也不能有效解释以往固有矛盾为何在那个特定时刻成为一个时代与另一个时代的转折点。

其次是科学技术发展。科学技术作为社会生产力当中的一个基本要素，既是企业资源配置的内在变量，又是一个外在变量。就内在变量而言，它通过对技术创新的追求而推动企业组织创新；就外在变量而言，它通过应对外部同类企业技术进步而促进企业管理变革。因而，科学技术不仅制约着企业生产的具体方式，而且决定着企业生产的组织与管理。适应生产技术过程的变化，企业组织和管理也不断嬗变。如20世纪90年代名噪一时的公司再造（Reengineering）理论就是信息技术高度发展的一个结果。迈克尔·哈默和詹姆斯·钱皮在《公司再造》一书中提出，工业革命以来，亚当·斯密的分工理论始终主宰着当今社会中的一切组织，大部分企业都建立

① 参见芮明杰：《管理创新》，上海译文出版社，1997版，第79～82页。

在效率低下的功能组织上。企业改造是根据当今工商时代发展和信息社会的要求，利用信息革命与技术发展的成果，彻底改变企业的本质，抛开分工的旧包袱，将活生生拆开的组织结构、生产、营销、财务等按照自然跨部门的作业流程，重新组装回去。显然，这样一种重新组装是对过去组织赖以运作的体系与程序的一种革命。而这种理论之所以受到重视，流程的改革之所以在实践中风行，就在于信息技术的发展使得效率不一定产生于分工，而有可能产生于整合之中。①

再次是相关科学文化理论发展对管理科学的影响。管理学诞生伊始就具有现代理论的特点，即高度的综合性，尤其在发展过程中不断融合、吸取其他学科的养料。管理学发展在某种意义上就是一个跨学科化的过程。这是因为，一方面，管理的研究同其他一切科学研究一样，需要在一定的方法论指导下进行，因而科学研究一般方法论的发展变化，必然对管理理论的发展产生影响。例如，早期的科学管理理论受牛顿的机械力学的影响，带有浓厚的机械的、技术的特点；晚近后现代主义兴起，管理学说则受到反中心、反逻辑、反理性思潮的影响，权变理论、企业文化理论风云一时。另一方面，由于管理对象的多样性、复杂性，其发展过程中不断吸纳其他学科的养料，以增加自身学科的适应性和解释力，从而使管理学带有明显的跨学科特点。例如，20 世纪 30 年代以后，由于社会学、心理学、文化人类学等崛起并向其他学科渗入，促进了管理学注重研究人群关系，人的动机和需要的行为科学学派乘势兴起；第二次世界大战以后，由于系统理论、数学以及后来电子计算机技术向管理学渗入，又促进了现代管理学中数量学派的兴起。

---

① 参见芮明杰:《管理创新》，第 35～36 页。

第四节　历时态的逻辑学思路

任何科学都要用一定的思维形式来把握和表现自己的研究对象。作为研究成果的标志就是把事物的本质、规律表现为一系列的范畴、概念，并按一定的逻辑联系把这些范畴、概念组织起来，进行判断、推理，形成一种理论。也就是说，只有这些概念、范畴和命题间的有机联系得到了深入的说明和论证，才算是具备了理论的形态，这门学科方才达到科学的应有水准。管理思想史上升到理论形态，同样在于超越单纯外部现象和事件的描摹，通过揭示管理思想的辩证运动，展现其发展的基本线索，达到对事物本质和规律的深刻把握。显然，这离不开科学的理论思维的帮助。

黑格尔在《小逻辑》、《哲学史讲演录》等著作中首倡，经马克思改造并在《资本论》中成功运用的逻辑学思路，无疑是一笔宝贵的思想资源。① 从哲学史上看，历史与逻辑相统一的思想是黑格尔首先较为完整地提出来的。他把逻辑学与哲学史的发展联系起来，认为“历史上的那些哲学体系的次序，与理念里的那些概念规定的逻辑推演的次序是相同的”②。“如果我们对哲学史里面出现的各个系统的基本概念，完全剥掉它们的外在形态和特殊应用，我们就可以得到理念自身发展的各个不同的阶段的逻辑概念了。反之，如果掌握了逻辑的

---

① 尽管20世纪哲学有了脱胎换骨的变化，学派林立，新见迭出，如福柯的知识考古学对逻辑学思路的不足有很大的补救作用。现代和后现代哲学中也有许多观点对宏观把握历史、驾驭史料有启迪价值。然而，对重大历史过程整体把握，迄今似乎还没有超越和取代黑格尔—马克思逻辑学思路的新方法论出现。故而逻辑学思路仍然应成为“史”的研究中提升理论形态的主要方法。

② 黑格尔：《哲学史讲演录》，第34页。

进程，我们亦可从它里面的各主要环节得到历史现象的进程。”①

在黑格尔看来，逻辑是历史过程的本质，后者不过是逻辑的应用，所以历史和逻辑一致是现象对本质的符合。他说：“在哲学历史上所表述的思维进程的过程，也同样是在哲学本身里所表述的思维进程的过程，不过在哲学本身里，它是摆脱了那历史的外在性或偶然性，而纯粹从思维的本质去发挥思维进程的逻辑过程罢了。”②这样来处理逻辑和历史的关系，马克思是完全不能接受的。

对于马克思以及所有辩证唯物主义者来说，摆在面前的历史首先不是思想史，而是现实的物质运动的历史，在政治经济学中是物质生产和经济关系发展的历史。而逻辑也不是从纯粹的思维中推演出来的仅仅服从于自身规律的抽象公式和范畴体系，而只能是移植到人的头脑中，同时又经过改造的现实历史本身。因此，历史不仅不是逻辑的应用，而是先于逻辑，存在于逻辑之外的现实的原则。

为此，当马克思在吸取黑格尔的历史与逻辑相统一的合理思想时，他首先想到的是对它进行彻底的唯物主义改造。在《资本论》中，他以历史唯物主义为指导，以资本主义经济运动的现实历史，尤其是英国资本主义发展的现实历史为基础，批判地分析和改造了古典政治经济学的一切最重要的经济范畴，寻找、发现、揭示它们之间的内在联系，并且随时随地用事实加以检验。在马克思看来，最重要的是要使逻辑即经济范畴的联系符合现实历史的联系。

然而，在《资本论》中，马克思所运用的方法虽然是以现实的历史发展为原型，但却不是历史的方法，而是逻辑的方法。

① 黑格尔：《哲学史讲演录》，第34页。

② 黑格尔：《小逻辑》，商务印书馆，1980年版，第56页。

它并不是在历史的叙述中提取逻辑，而是在逻辑的叙述中把握住历史的联系。在马克思看来，逻辑的展开必须在本质上符合历史的发展过程，反之，历史过程也只有在逻辑的展开中才能再现出来。运用这个方法就必须撇开一些不必要的反而使历史过程模糊不清的偶然因素和次要成分，而且在概念、范畴的顺序安排上也不能完全按照它们在历史上起作用的先后，而是要按照事物的内在结构来决定其先后秩序。只有这样，才能再现历史过程的本质。所以，逻辑的方法和历史的方法的不同之点在于，它不是尾随在历史之后，跟在历史后面亦步亦趋地寻找前进的足迹，而是站在一定的制高点上，根据历史本身所作的选择和清晰地呈现出来的发展趋势来审视历史的进程，总结和预测未来。马克思有一句名言："人体解剖对于猴体解剖是一把钥匙。低等动物身上表露的高等动物的特征，反而只有在高等动物本身已被认识之后才能理解。"①就是对此最贴切的阐述。例如，马克思在《资本论》中关于商品、货币和资本这三个主要范畴，基本上是按照历史的顺序从简单到复杂来安排的。而对剩余价值—利润—利息—地租的安排就不是按历史的顺序从简单到复杂，而是从事物本身的结构和层次出发，按照反映深层结构的范畴到反映表层结构的范畴序列来安排的。对此，马克思说："把经济范畴按它们在历史上起决定作用的先后次序来安排是不行的，错误的。它们的次序倒是由它们在现代资产阶级社会中的相互关系决定的，这种关系同看起来是它们的合乎自然的次序或者同符合历史发展次序的东西恰好相反。"②

问题不在于各种经济关系在不同社会形式的相继更替的序列中、在历史上占有什么地位，而在于它们在现代资产阶级社会内部的结构中占有什么地位。这就是说逻辑和历史必须

---

①、② 《马克思恩格斯全集》第12卷，第756页、第758页。

在所研究对象的整体结构上统一起来，范畴的体系和序列必须是这个具体整体的结构方式的正确反映。在这种情况下，历史的发展仅仅表现为整体结构中起决定作用的核心范畴的形成和展开，在《资本论》中就表现为"资本"这一核心范畴的形成和展开。《逻辑学》和《资本论》所体现的共时态的逻辑学方法，要求从内部结构而不是从历史先后上来安排范畴，理论中包含着历史考察。恰如恩格斯所说，"采用这个方法时，逻辑的发展完全不必限于纯抽象的领域。相反，它需要历史的例证，需要不断接触现实"，其目的乃在于举出"各种各样的例证，有的指出各个社会发展阶段上的现实历史进程，有的指出经济文献，以便从头追溯明确作出经济关系的各种规定的过程"①。虽然在相当多的部分可以有明显的历史的内容乃至历史的顺序，但从总体上看，它仍然是以内部结构关系为其特色的，是以理论来显示历史，而不是通过历史进程的展开演绎理论，其表现形式是一个逻辑模式，而不是先后更替的时间性序列。

很显然，这种逻辑研究方法对于洞悉某一事物本质或者通过运用概念和范畴之间的逻辑联系再现具体整体的发生、发展过程和内在历史秩序，有其特殊功用，而对于把握包括若干阶段较长历史时期思想史的变迁，按照历时性的先后顺序展开逻辑，则力有不逮，有其显然的局限性。所以，应根据研究对象的不同，叙述方法也应有不同侧重，呈现不同的形态。事实上，恩格斯在《卡尔·马克思〈政治经济学〉批判》一文中曾讲过这样一段话："对经济学的批判，即使按照已经得到的方法，也可以采用两种方式，按照历史或按照逻辑。"②

应该说，马克思在《资本论》中展现的逻辑学思路，由于意

---

① 《马克思恩格斯选集》第 2 卷，第 124 页。

② 《马克思恩格斯全集》第 12 卷，第 756 页。

识形态等方面原因，在前苏联和中国等社会主义国家受到高度重视和广泛传播。遗憾的是前苏联学者尽管对版本、译本考证很细，但更多是一种机械沿袭，没有太多的理论创新；而历史与逻辑相统一的命题，尽管在中国学界是一个耳熟能详的学术命题，坦率地说也是贴标签、喊口号者多，真正在学术研究中自觉身体力行运用这个方法的学者，特别是建立一个明晰的逻辑框架，并成功地将逻辑学方法运用于各学科史的研究中者可谓凤毛麟角。20 世纪 80 年代中期，王钟陵教授在中古文学史研究中，将逻辑学思想与史的特点紧密联系起来，走出了一条崭新的学术路径，在文学史理论化方面，取得了较大突破。根据对黑格尔哲学和马克思主义哲学的深入研读，他在《文学史新方法论》一书中，曾创造性地提出“历史与逻辑统一的两种类型”的观点。他认为，逻辑与历史的统一应该有两种方法：一是从历史出发的统一，一是从逻辑出发的统一。这两种方法体现为两种时态。相对于历史之纵向性，逻辑的方法便具有共时性，是历时性考察纳入共时性的逻辑模式之中。① 应该说，这是非常有见地的创见，初步解决了在史的研究中如何运用逻辑学思路的问题。

笔者以为，把逻辑学思路运用于史的研究，既要遵循逻辑学的一般原则，又要紧扣史的特点，在当代哲学和科学的基础上加以全新的改造。所谓逻辑学思路的一般方法，主要是它的分析方法，即从完整的表象蒸发出抽象的规定的研究方法应该得到继承。在马克思看来，科学认识的目的在于把握具体的对象，因此必须把对象当作具体的整体来认识。但对象作为具体的整体首先是现实的、感性的，对于这种现实的、感性的具体整体，人们首先要通过直观和表象来把握。然而反

① 参见王钟陵：《文学史新方法论》，苏州大学出版社，1993 版，第 129～137 页。

映在直观和表象中的具体整体仅涉及事物的现象和外表，所以只能是混沌和模糊的。因此，认识的任务是必须把直观和表象中的具体变为思维中的具体。“从抽象上升到具体”的方法，按照马克思的解释，就是“思维用来掌握具体并把它当作一个精神上的具体再现出来的方法”①。

但是，要把直观和表象中的混沌的具体，变为在精神上再现事物的内部结构的思维中的具体，首先要经过分析的道路，即通过分析和抽象，把在感性中把握到的具体分解为它的各个组成部分和要素，直到作为其构成要素的最简单形态。马克思把这条分析的道路叫做认识过程中的“第一条道路”，沿着这条道路，“完整的表象蒸发为抽象的规定”。这是逻辑学思路运用的基础，因为离开了使以后历史据以展开的抽象规定，逻辑学思路的运用就无从谈起。就管理思想史研究而言，这就需要从大量的管理案例、管理文献中爬剔梳理，深入分析，透过呈现在人们面前的混沌表象，达到越来越简单的概念，直到把直观和表象中的具体变成最简单的抽象规定。

“抽象的规定在思维的行程中导致具体的再现”②，这一点也应成为史的研究目标。不过在如何导致具体的再现上，应别于《逻辑学》、《资本论》那种共时态逻辑模式展开，而应结合史的特点，通过把握历史的总体流向，考察其发展的内在逻辑，与共时态那种通过层次展开，反映现实运动的概念、范畴推移中的必然性、普遍性不同，历时态方法“最看重的是历史发展观的问题，也即历史究竟是如何发展着的，重视的是如何使逻辑与历史密合。它的运动，乃是一个由若干抽象的规定性之间的关系所构成的矛盾不断解决、又不断生成的过

① 《马克思恩格斯全集》第12卷，第751页。

② 《马克思恩格斯选集》第2卷，第122页。

程。”[①]它不是逻辑显示为历史，历史验证了逻辑，而是历史展现出逻辑，逻辑说明了历史。这里列宁提出的一般辩证法的阐述（以及研究）的方法——从最简单的、最普通的、最常见的“细胞”或命题开始，发现其中一切辩证法要素的萌芽，进而揭示矛盾自始至终的发展、生长和运动——非常重要。

运用逻辑学方法时除了要紧扣史的特点外，还需要注意解决好两个问题：一个是发展观的问题，即在看待历史发展的问题上要站在当代科学和哲学的平台上。历史是逐渐生成的过程，历史展开过程中有偶然性和随机性，有断裂和多歧，有非线性跳跃等特点，这些在历史展开时都应该加以注意。只持单向进化的发展观，不仅不利于历史原貌的理论再现，也会使研究跌入独断论、机械论、单线进化的樊篱而不能出。

另一个是逻辑起点的界定问题。运用逻辑学解决方法科学开端的问题至关重要。逻辑起点的确定，乃是研究的结果，是事物运动的内在结构被认识清楚了的结果。在叙述上表现为开头的东西，在研究中乃属于一种结果。马克思说：“在形式上，叙述方法必须与研究方法不同。研究必须充分地占有材料，分析它的各种发展形式，探寻这些形式的内在联系，只有这项工作完成以后，现实的运动才能适当地叙述出来。这点一旦做到，材料的生命一旦观念地反映出来，呈现在我们面前的就好像是一个先验的结构了。”[②]马克思还曾说过：“实际上，我开始写《资本论》的顺序同读者将要看到的顺序恰恰是相反的（即从第三部分——历史部分开始写）。”[③]历史从哪里开始，逻辑的起点就应该在哪里。管理思想史理论范畴体系的逻辑起点无疑应是“科学管理观”，然而对于这一逻辑起点

---

① 王钟陵：《文学史新方法论》，第136页。

② 《马克思恩格斯全集》第23卷，第24～24页。

③ 《马克思恩格斯选集》第2卷，第103页。

的认识是必须以对整个管理思想流变历程的分析研究为基础的，必须把“完整的表象蒸发为抽象的规定”，这些“抽象的规定”要能“在思维行程中导致具体的再现”。通过细致剖析、咀嚼管理思想史的材料，我从整个管理思想史中“蒸发”出三个规定性，这三个抽象的规定性在全文的论述中可以导致自科学管理以来迄今整个管理思想发展的“具体的再现”。

对于理论化的管理思想史而言，思维在再现各管理学派具体整体的时候，通过各种思维形式的联系，反映某一具体管理学派其根本管理观对于各分支理论的统摄关系，各分支理论在总的体系的地位及其相互关系，形成一定的逻辑结构，这就是逻辑的东西。逻辑的东西是作为发生发展过程结果的具体整体的现成方式及由它所规定的本质属性的逻辑表现。它不仅仅是再现过程的结果，当它以逻辑的方式建构各具体管理学说其分支理论、原则之间相互联系的时候，也必然再现具体整体现成结构的生成或建构过程和本质属性的形成过程，即必然再现历史的东西。拙著运用并且强调这个方法，目的就是按照思想史的材料和人类认识的逻辑来揭示真实的管理历史和逻辑的一致，从而通过“合理重建”，使管理思想史呈现完备的理论形态。

第五节 建立管理科学的逻辑结构

管理思想史是否具有了科学的理论形态，其标志在于有否如马克思所说的那样，达到能把其研究对象辩证地叙述出来的那种水平，也就是研究者建立起了对历史运动有着恰当反映的逻辑结构。建立这样的逻辑结构，从理论方法上说，必须借助和运用历时态的逻辑学思路，但具体的规定性和矛盾则必须从管理思想史的浩瀚材料中加以发掘和提炼。

历史是在对立统一中向前发展的，对管理思想史发展的辩证理解，必须从矛盾的向前运动上来加以把握。黑格尔在《逻辑学》中所说：科学自身在其整体中形成为一个圆圈。因而所谓发展，乃是最初的概念、范畴将自身潜有的各种环节和逻辑规定推演、引申、展开出来的过程。列宁也明确地把从矛盾的“细胞”形态中揭示出“一切矛盾的胚芽，称为一般辩证法的阐述（以及研究）方法”①。因此，笔者认为管理思想的发展进程，可以而且也应该归结为一个辩证的基始矛盾。

在科学管理诞生之前，虽然不同历史阶段管理的实践各有其特点，管理认识也有可衔接的线索，但呈现出环环相扣的内在逻辑，还是始于泰罗的科学管理。拙作主要工作是对管理成为科学之后的百年历程作逻辑学研究，但前科学管理思想作为科学管理的深刻的前孕，仍有必要作大致的缕述。泰罗以前的管理思想之演进大体可以作以下简括的表述。

管理活动伴随着人类的产生而产生，历史十分久远。历史的起点，也就是逻辑的起点。管理的最初起点，管理活动的矛盾“细胞”形态无疑是组织。人类为了在险恶的自然界中求得生存，需要结成组织，以集体的力量弥补个人体力等方面的弱势，而只要人类结成了一定社会关系、展开一定的社会生活，就离不开协调、配合和控制，不可避免地产生管理。史前人类社会，经历了上百万年的漫长时光，其社会组织形态也经历了从氏族到部落，再到部落联盟的发展过程。原始社会管理的内容主要是公共事务管理，管理中已遇到诸如有效利用资源、分配猎获物、推选氏族首领、决定战争与和平等事务。据历史学家考证和推断，原始社会后期，已产生了具有不同层次、不同职能的管理机构，不同层次的机构管理不同的公共事务，部落成员大会选举部落首领和决定战争与和平之类的重

① 《列宁全集》第38卷，第409页。

大问题；部落议事会充当管理部落行政事务的最高权力机关；部落首领则管理部落的日常公共事务。并且在从事公共事务管理中，最早的管理者们已触摸到一些最基本和最简单的关于激励、控制、协调等管理方法。摩尔根的《古代社会》中就有较详细的关于处理分配问题的记录。如部落中狩猎，捕获猎物的人可多分一块肉，私下隐瞒猎物的要受到惩罚。小乔治在《管理思想史》中，也曾提到原始人已理解到权威和管理制度的重要，部落中年轻人尊敬有智慧的长者，并向他们学习。可以说管理最初的萌芽都产生了。但是多种矛盾也孕育其中，最突出的是公与私的矛盾。原始氏族的基础是公有制，起初公与私矛盾是潜存的，到了原始社会后期，随着财富的积累逐步尖锐化，公与私矛盾发展到不可调和的阶段，于是产生国家。

在原始氏族社会中，没有阶级，人们共同劳动，平等相处，社会秩序依靠传统习惯和氏族首领的威信来维持和调整。随着生产发展、社会分工和商品交换扩大，私有制开始确立，阶级出现了，原始社会的血缘纽带和传统习惯被打破了，习惯的力量和族长的威信已经失去作为调整人们行为规范和维持社会秩序的的职能，社会分裂为敌对的阶级，而陷入原有方式无法解决的矛盾之中。在氏族和部落机关已经失灵的情况下，为了使对抗的阶级在一个社会中能够共存，就需要有一种表面上驾驭社会的力量，这种力量应当缓和冲突，把冲突维持在秩序的范围内；这种从社会中产生但又自居于社会之上并且日益同社会脱离的力量，就是国家。① 可以说，正是公与私矛盾的出现和激化，直接推动建立在原始公有制基础上的民主管理向建立在私有制基础上的国家管理过渡。

管理者与被管理者的对立，是横贯奴隶社会、封建社会时

① 参见《马克思恩格斯全集》第4卷，第166页。

代管理发展最为深刻的矛盾。前资本主义管理从内容说主要体现为国家管理。之所以如此，是因为从生产领域来说，数千年的历史进程，尽管东西方都曾创造过辉煌一时的古代文明，但总的来说生产领域的社会分工没有出现大的变革，社会周期性震荡又使得生产力在毁灭与再生的循环中极其缓慢地发展。生产管理由生产者自己依据经验进行，国家承担的管理任务主要表现在行政方面，国家治理只是为发展生产提供条件，而非直接管理生产。因而，实现有效的国家治理是压倒一切的主要工作，管理的重心主要体现在剥削者对被剥削者的成功统治方面，管理实践和认识的成果也主要体现在政治统治技巧和军事战争艺术上。相对原始公共管理，前资本主义时期，形成了专门从事管理的管理阶层，管理成了剥削阶级的特权，成为剥削阶级用来维护其经济利益和政治统治的一种手段；管理方式的实施，则呈现由依靠约定俗成的习惯，转向主要依靠明确的规章和法律。如古代的巴比伦，就有著名的“汉谟拉比法典”，古代的埃及，也有刻在石碑上的法律；并且管理问题也已成为人们自觉认识的对象，提出了一系列有价值的管理思想，虽然这些思想离比较完备的理论尚有较大距离，远没有构成关于管理的学问。

文艺复兴的曙光，透过中世纪的沉沉黑夜，首先普照欧洲大地，封建主义的壁垒随之被炸开缺口。城市的兴起，使得商业和手工业日趋活跃起来，新教伦理孕育并推动着资本主义精神成长，新兴的资产阶级开始登上政治舞台，并提出自己的政治要求，剥削与被剥削的关系虽然没有根本变化，但管理者的特质发生了巨大的变化，必然影响并改变着管理者与被管理者的关系，并调整管理的方式方法，催动旧有管理思想发生嬗变。

进入资本主义社会，管理表现为一种向上的转折。一方面，近代行政管理进一步发展，适应资本主义社会制度的要求,近代资产阶级及国家行政管理呈现出分权管理、法治管理和民主管理的鲜明特点,权力的制衡和运行机理得到较为科学的说明。洛克、孟德斯鸠等人的三权分立思想,在某种程度上奠定了现代政治学和行政学的基本框架。另一方面,产业革命以后,资本主义经济由工场手工业发展到机器大工业,形成了社会性的大生产。大工业的社会化生产对管理的要求越来越高,使管理的重点从国家的行政管理拓展到生产领域的经济管理。产业革命以前,工场手工业时期,生产规模毕竟不大,家长式的管理应裕自如。随着机器大工业时代的降临,机器生产带来的分工和专业化,要求有更高的管理水平,但是产业革命后的一个世纪时间内,资本家主要不是向管理要生产效率,而是采取延长劳动时间、增加劳动强度的方式提高生产效率,结果导致劳资矛盾不断尖锐;同时,机器专业化程度越高,整体性越强,对各个环节的衔接要求也越高,造成企业管理能力跟不上企业发展的节奏。为了打破个人管理、经验管理对企业进一步发展的制约,从 19 世纪的下半叶开始,对管理的专门研究日渐得到重视,无论是罗伯特·欧文对“人的因素”重视所进行的管理试验的佳话,还是查尔斯·巴贝奇对通过分工而提高效率的探索,都是这种专业化管理的努力,成为泰罗科学管理的深刻的思想前孕。

经过数千年的实践探索,无数智者的思考钻研,管理思想终于行进到“质变”为科学的前夜。

考察管理从经验上升到科学的百年演进历程,我认为西方管理学的逻辑起点应是泰罗的“科学管理观”,正是在泰罗的“科学管理观”中孕育着其后管理思想的发展。由于泰罗的科学管理是在与经验管理的斗争中产生的,要求在管理中以理性代替经验,以规范代替随意,要求提高管理的科学性和有效性,因此它有着对内、对外两重规定。对内就是管理好组织内的一切对象,既包括工资形式、组织结构、设备维护等纯粹的“客体性客体”，也包括工人的操作方法等“客体性主体”；对外要能使企业适应环境的变化而生存和发展。又由于古典管理论是在物质财富相对短缺时代产生的，它所着力解决的主要矛盾是管理由于放任随意而低效的状况，因而古典管理论主要是把组织内的对象作为纯粹客体研究的，其研究视角主要注目于管理客体和外在的物，也即相对于管理主体认识和实践活动对象或载体的东西。如工作量的测定、工资形式及组织结构的设计；机构设备、原料以及工作条件的标准化问题研究，即使涉及到人，也是将主体的人当作客体——“被动的生产工具”、“机器的附属物”加以观视。总之，古典管理论采用的是实验观察和描述性的研究方法，它只关心事实，并力求探究事实背后的因果规律，把作业作为主要认识对象，停留在解决如何干的操作的层次上，体现出浓郁的实践论、技术论色彩。

但它关心的事实是不全面的，对事实的理解也是片面和浅薄的，因为管理的一个重要对象是人而不是没有生命的纯自然物。对具有复杂心理和社会属性，即主体性人的忽视，特别是过于理性化对人性的钳制，使人际关系学派和行为科学以“纠偏者”的姿态跃上历史舞台，对人性以及人的行为研究，成为20世纪中叶管理学的主旋律。当然这种对人的研究还是在社会学和心理学层面上展开的，旨在解决如何肯干的问题。这些因素决定了对环境的重视，不可能很快成为管理学研究的中心课题。矛盾的展开，首先必然从组织内部理性与人性对峙及矛盾的推移开始，然后再由组织内向组织外，即向对环境关注推移，展现为由内部向外部、由微观向宏观的变迁。

一方面，人不是“单子”式孤立存在，总是组织中的人，无论是对管理理解还是对人的探讨，都不能忽视组织，管理中的人性及其行为特征在一定意义上是组织赋予的，而管理职能的行使也总是通过组织进行的，组织研究是现代管理理论研究的主题，组织在现代管理者眼中就是管理的代名词。管理就是组织，没有组织的管理如同没有组织一样毫无意义。组织的管理，就是为了使组织更有效地发挥功能而进行的活动。在现代管理论的后期，人们普遍感到管理目标的实现，不仅仅在于确立有效率的组织活动的原则，还在于而且更重要地在于，建立旨在确保合理地进行决策的组织原则，决策成了现代管理论后期阶段的聚焦点，认为管理活动的核心就在于决策。

然而，决策又是有前提的，它要受到事实前提和价值前提的双重影响。企业文化学派之前的管理理论大多重视事实的研究，组织机构设置的科学性是一种事实研究；操作行为、激励方法等探讨是一种事实研究；甚至关心人的社会、心理需求，同样也是因为这是达到管理科学化不可忽略的事实。然而决策还受到价值前提的影响，组织中的个人和组织合理决策还会受到之所以行动是因何和为何等价值问题的影响。企业文化理论就是这一问题的集中思考与回答。

另一方面，二战以后，资本主义世界进入发展的黄金时期，物质财富从短缺转化为相对过剩，全球化市场日渐形成，跨国公司成为国际经济舞台上最活跃的“巨无霸”。这一切使企业对外部环境的依赖更为突出，只有更好地适应环境变化，企业才能更好地生存与发展。把组织和环境构成的系统作为管理研究的对象，是现代管理科学的重要特征。系统管理学派的集大成者卡斯特和罗森茨克对此有过一段深刻的论述，他们在《组织与管理》一书的前言中说：“系统与权变的思想已成为研究组织和管理的主要环节。系统的哲理是研究复杂的人类活动的一种方法。它有助于认识各种组织进行活动的范围，而且着重于了解为达到目标而进行的各种活动之间相互关系的情况。”①然而，企业能不能在竞争日趋激烈的市场中

① 卡斯特、罗森茨韦克：《组织与管理》，中国社会科学出版社，1985年版，第3页。

获胜，不仅在于对进入行业竞争对手的研究和分析，确立有效的战略管理方案，更在于企业自身形成核心竞争能力，即形成企业内部的独特资源和能力，而这才是企业超越竞争对手、获得超额利润的基础和决定性力量。核心竞争能力的形成又在于企业内部员工创造力的迸发和企业组织创新能力的开掘，而这又要求在组织内部形成不断学习、不断创新的机制。对组织学习能力的强调和追求、对管理创新的呼唤成为后现代管理学的深沉底蕴。

这样，管理学又开始向组织内部、向个人回归，呈现一个否定之否定的过程。由上可见，在“科学管理”的逻辑起点中，内孕着三个规定性：一是与理性主义思潮相联系的追求标准化、科学化等因素；二是由于理性对人性压抑所引发的研究人的心理、人的行为等因素；三是为适应复杂多变的企业外在环境所进行的系统化、应用性研究等因素。这三个规定性的展开，便构成了自泰罗以来整个管理学向前的发展运动。

这三个规定总共构成了两类矛盾：组织内部两个规定性的矛盾和组织与环境之间的矛盾。后一矛盾的滋生发展又是受制于前一矛盾的状况。现代管理科学产生以前，可以说主要表现了组织内部两个要素的矛盾。泰罗时期理性主义盛极一时，追求标准化的科学管理成为主流。20 世纪 20 年代末经济大危机之后，以霍桑试验为标志，人的太阳穿过古典科学管理“见物不见人”的茫茫夜幕冉冉升起。对人的关注、对人的行为的研究使这一阶段的管理学涂抹上浓郁的人文主义色彩。组织内部理性与人性的矛盾对峙大体结束，从而开启了现代管理科学阶段组织与环境矛盾日益发展的新格局。泰罗和行为科学时期，总的来说，组织与环境的矛盾并不突出，随着科学管理和行为科学在管理实践中的广泛应用，管理成果转化为生产力，并带来物质财富的极大涌流，从而使得企业所处的整体环境发生极大变化，它要求管理学能够帮助企业有力地应对外在环境。从组织自身架构变化到对竞争对手的敏锐反应都提出新要求。这对管理学视域的拓展当然是一种促进。但是组织与环境的矛盾不是停止不前的，它一直在变动。知识经济时代的降临，使企业应对外在环境的压力更大，对企业自身应变能力的要求也更高。集中起来就是企业员工要有更强的创造能力，企业要有更大的适应能力。创新管理、企业再造以及学习型组织等新潮管理理论的产生，就充分体现了这一点，也催动管理学由现代向后现代演变。从上述三个规定性的关系看，可以说由第三规定性向第一规定性回复，不过这是一种要求包容以前发展中全部丰富性的回复，并且是在更高层次上的回复。

以上是我所理解的泰罗以来管理思想进程的一个极为概括的纲要式说明。这整个进程都是基始性矛盾的辩证展开，其中每一个环节中都包含着自身的否定因素，而且到了一定阶段都必然发生向另外一个环节的转化。这是一个环环相扣、具有“内在行进”的过程，因而，具有十分严密的整体性。

第六节　管理思想史的分期

美国当代著名的管理史学家雷恩说过一段形象而深刻的话：“管理思想中的时代从来不会在某一年份截然地开始和结束。相反的，存在着旋律的重叠，各种主题在大调、小调的各种调式的变换中演奏出来。”[①]这在形象地道出管理学说史真实面貌的同时，也表明了划界问题的棘手。由于研究者的视角差异和所持分期标准的不同，因而对于管理思想史各阶段的划分和表述不免见智见仁。例如，日本的占部都美在《现代

① 雷恩：《管理思想的演变》，第 299 页。

管理论》序言中从时间上将管理思想史依次划分为传统管理论阶段(20世纪初至20年代)、人群关系论阶段(20世纪30年代至50年代)和现代管理论阶段(20世纪60年代以后)。“决策奇才”西蒙和马奇在他们合撰的名著《组织》一书中,基于管理是以人或组织为对象的见解,按照管理中所持不同的人性观而将管理理论的发展阶段表述为“机械人”模式、“动机人”模式和“决策人”模式三个时代。我国崔绪治先生在《现代管理哲学》一书中认为,从管理理论发展的历史及其内容看,可以分为三个时期。第一个时期,从19世纪末到20世纪初,即所谓“古典管理理论”的形成发展时期。第二个时期,是从20世纪20年代开始的人际关系或行为科学管理理论的形成和发展的时期。这一时期又可分作两段,前期为人际关系学说时期,后期于1949年开始,称为“行为科学”时期。第三个时期,主要是指第二次世界大战,特别是20世纪70年代以来,可统称为“科学管理现代化”时期。张尚仁教授则从管理哲学的角度区分管理发展阶段,将管理理论的演化进程划分为人机关系技术论、人群关系组织论和人境关系系统论三大阶段。

由上可见,对管理学说史很难划出严格而明晰的断限。一方面,由于各派管理学说毕竟是以管理为自己的研究对象,所要解决的问题大致相似,只是研究重心、理论旨趣各有所异,加上各个阶段还有一些交叉、重叠和相互渗透。另一方面,有的理论尽管为后继的理论更迭,但这种替代是一种吸收了先前理论合理内核的辩证扬弃。如现代管理论阶段的新人群关系论与人群关系论的关系。此外,有些理论提出较早而影响却滞后,如法约尔的管理思想,其光辉一直被同时代的泰罗所遮掩,直到现代才被“重新发现”,日益显现其深远意义。还有些学者其管理思想较为庞杂,很难判定他是哪个阵营的,巴纳德就是这样一位角色,他既是古典管理理论的殿军,又是现代管理理论的鼻祖。类似的还有，如被称为“百科全书式”的人物西蒙，在管理学王国中活跃半个多世纪、被誉为“大师中大师”的德鲁克，都是让管理史学家头痛的人物。

如此种种，无疑都极大地增加了分期的困难，同时也昭告我们，无论从内容上还是时间上，作绝对划分不仅没有必要，也难遂人意，有时还会有削足适履之嫌。可是，相对划分却是理论研究所必需的。

笔者试图依循这样的原则：即按照不同历史阶段上主流管理思想所体现的基本特点来决定管理学说史的分期，将泰罗科学管理革命以降迄今西方管理思想流变历程划分为以下四个阶段。

第一，客体至上的效率哲学阶段。从19世纪末泰罗的“科学管理运动”到20世纪20年代的“霍桑试验”，管理被视为追求效率的手段，管理学的研究视角主要注目于实践活动中的外在对象。如工作量的测定、工资形式的探讨以及组织结构的设计；机构设备、原料以及工作条件的标准化问题研究，即使涉及到人，也是将主体的人当作客体——“被动的生产工具”、“机器的附属物”加以观视。对人的动作的标准化研究，显然与后来行为科学探寻人的行为及其背后动机不能等量齐观。应该说这个阶段的管理论，其实践论、技术论的印记很明显，还是把作业作为主要认识对象，停留在解决如何干的操作论层次上。

第二，主体至上的行为哲学阶段。20世纪20年代末，通过霍桑试验，梅奥提出“社会人”观点，公然举起反对科学管理运动的叛旗，标志着管理学说研究重心开始向人回摆，尤其是经过行为科学学派的承传和拓掘，人性、个体行为、群体行为、组织行为以及领导行为得到了深入、广泛的系统探讨，以至巴纳德不无武断地说，管理就是研究组织中人的行为。行为成为当时具有“范式”意义的核心范畴，对人尤其是人的行为研

究，成为20世纪中叶管理学的时代主旋律。人的太阳终于穿过古典科学管理“见物不见人”的茫茫夜幕冉冉升起。当然这种对人的研究还是在社会心理学层面上展开的，旨在解决如何肯干的问题，没有逼近到文化价值的深层。

第三，主客体统一的系统哲学阶段。管理学发展的第一个阶段主要侧重于研究客体、物，留意事实，带有很重的技术论倾向。管理学说发展的第二个阶段偏向于主体、行为的研究，具有浓郁的人文主义色彩。进入20世纪60年代，开始出现一种将二者调和、综合起来的趋势。既重视管理中的科学理性，又倾听人的呼声；既研究个体的人和群体、组织的关系，也关注组织和宏观社会环境的关系。把人和环境构成的系统作为管理研究的核心内容。无论是巴纳德、西蒙的现代管理论，还是稍后的战略管理理论，系统论都是其分析问题的框架和工具。20世纪80年代初开始风靡全球的企业文化理论，是在系统管理理论基础上合乎逻辑的进一步发展。不仅继承了前者将管理主体和管理客体统一起来的思路，而且在此基础上迈进了一步。提出文化环境是影响人和组织行为更为深刻的因素。既然企业不是封闭的系统，而是与一定社会、民族独特的文化传统息息相连的，那么，从宏观层次上讲，任何管理模式的运用、借鉴都不能忽视文化的独特性、民族性的特质，脱离其社会历史文化传统。从微观层次上说，管理不仅仅在于战略、组织结构、制度和技能等硬性因素，更在于形成富有时代精神的企业文化。通过崇高目标的树立和共同价值观的灌输，增强企业凝聚力，维系组织生存，激发职工的创造性、自主性，实现自我开发，从而使企业在险峻的竞争形势下立于不败之地。总之，管理文化学派不仅强调管理应该重视价值观和文化传统的作用，甚至认为管理一定意义上就是文化与价值观的同义语。塞尔兹尼克进一步说：“组织的生存，其实就是价值观的维系，以及大家对价值观的认同。”①因而，“管理不仅是一门学问，还应该是一种文化，即有它自己的价值观、信仰、工具和语言的一种文化。”②。

第四，主体回归的创新哲学阶段。进入20世纪90年代，伴随着知识经济的崛起，越来越多的企业认识到：企业外部的角逐，本质上是企业内在素质特别是核心竞争能力的较量，与企业外部因素相比，企业内部的创新能力对保持竞争优势更具有决定性意义，“以内制外”成为知识经济时代企业形成持续发展能力的“不二法门”，而核心竞争力的源泉又在于企业内部员工的创造性。这样，管理的重心转向了创新管理，把企业学习能力的培育和内部员工智能的开掘作为管理的中心任务，进而推动企业从管理理念到职能定位，从角色设置到组织设计的整体模式转换。在这一阶段，成功的管理就意味着对企业创新能力的保护和开发。

---

①、②　转引自中国古代管理思想研究会编著：《中国传统管理思想的新探索》，企业管理出版社，1989年版，第46页、第47页。

第二章　科学管理的深刻思想前孕

以泰罗制为核心的古典科学管理理论，结合着种种现实和理论的条件横空出世。一方面，建立在机器大工业基础上的社会化生产，既对科学化管理提出了迫切的要求，也为其付诸实践、施展身手提供了可能；另一方面，大规模生产实践活动，还为管理认识活动的展开，相应地准备了研究的“摹本”。自产业革命以来一个半世纪内，实践与理论不同路径上的许多先驱们筚路蓝缕的艰辛探索，为科学管理积累了丰富的思想养料。

第一节　放任管理与经验管理观

科学管理并不是资本主义由来已久的伴生物。西方企业史的文献表明：在自由资本主义形成的前两个阶段，即家庭手工业和工场手工业时期，凭经验操作的放任管理占绝对统治地位。当时管理界流行的理念是“工业界的领导们是天生的，并非人造的”①。并且如泰罗所批评的“常用的一切老的管理体制的基本作法（指经验管理——笔者注）搞得很死板，使每个工人都负有最后的责任，实际上就是按每个工人自认为的最佳办法去干自己的活，经理人员对之则很少协助和过问……由于工人的这种孤军奋战，使得在这些体制中干活的工人在绝大多数的情况下不可能按一种科学或工艺的规律和法则去干他们的活计，尽管这种科学和工艺是存在的”②。只是到了机器大工业阶段，科学管理的胚芽受孕于产业革命的胎腹之中，尔后经过百年风风雨雨，蔚为时代大潮。以 1911 年泰罗《科学管理原理》的发表为标志，管理科学终于以独立的面貌登上历史舞台，而科学管理的方法普遍运用到企业实践中，则已到了 20 世纪 20 年代。

本来，机器大工业带来的分工和专业化，要求更高的管理水平，但与此同时也带来对工人简单化操作的要求，这就使资本家在短期内谋求高利润并不主要从管理方面着眼，而从降低工资、大量地采用女工和童工、延长工人劳动时间以及加强劳动强度等方面考虑，勉强与管理沾边的就是加强对工人的直接监督。企业运行中许多本该由管理者承担的职能，诸如制定合理的生产定额、标准的作业规程等都由工人们随主观意愿去做。有鉴于这种放任管理，泰罗在《科学管理原理》中重点强调了职能化管理，首倡要有意识地把以前由工人承担的工作分为两部分，其中一部分交由企业管理当局承担。资方和工人们在工作和职责上要均分，各有侧重，资方要把自己比工人更胜任的那部分工作承担下来，绝不能将几乎所有的

①、②　泰罗：《科学管理原理》，中国社会科学出版社，1984 年版，第 155 页、第 163 页。

工作和大部分的职责都推到工人的身上。[①] 值得一提的是，这种放任管理与后来行为科学倡导的自主管理有着天壤之别，自主管理是容纳了丰富的科学管理成果之后，对人的主观能动性的尊重；而放任管理则充分表明企业还处于前科学管理阶段。

放任管理在产业革命后持续了约一个世纪，几乎覆盖企业运转的各个环节中。企业主持落后的“工具人”人性观，把工人视为机器一样的工具。按照这样的人性假设，管理者与被管理者截然对立，管理者单方面向被管理者发出命令，处于完全主动的地位；被管理者只能机械地作业，处于完全被动的位置。管理方式就是命令与服从，管理的任务就在于使作为被管理对象的人像机器一样工作。“工具人”实质上取消了作为管理对象的人的资格，漠视工人作为人应具有的主观能动性和人格尊严。正是深刻地认识到这一点，马克思认为资本主义社会是一个异化的社会，并明确指出：“古代的观点和现代世界相比，就显得崇高得多，根据古代的观点，人，不管是处在怎么狭隘的、民族的、宗教的、政治的规定上，毕竟表现为生产的目的，在现代世界，生产表现为人的目的，而财富则表现为生产的目的。”[②]因此，工人在资本主义社会中，不仅是被剥削者、被压迫者，而最根本的是被剥夺了生产主体的地位、社会人的地位，被贬低为物，即马克思所说的“活的有意识的物”，人实质上仍然是雇佣奴隶。工人的贫困化不仅是经济意义上的，而且是社会地位上的、人的存在和发展权利上的。当然平心而论，工业革命并没有造成贫穷，它只是继承了贫穷。既然，工人的存在价值只在于成为资本家实现剩余价值的手段，那么，管理手段自然也就更多表现为经济制裁，乃至粗暴

① 参见泰罗：《科学管理原理》，第 170 页。

② 《马克思恩格斯全集》，第 46 卷(上)，第 486 页。

的斥骂和体罚。这种完全不平等甚至尖锐对立，必然会缺乏应有的沟通。反馈机制的不完备，又带来实施协调和控制等职能时的低效，乃至无效。

管理的随意性很强。劳动高度专业化，而标准化的生产方法和程序却没有制定。不仅工人的操作没有一定的规范，用什么方法操作，使用什么工具等，都根据他本人的经验或师傅的经验决定。“雇主们关于某一种工作在一天之内能干出多少活的知识，有的来自他自己的经验，但这种经验由于为时已久而记忆不清了；有的来自对工人的偶然的、没有系统的观察；最好的也只是来自关于每一种活干最快的工时记录。在许多情况下，雇主也几乎能肯定，某种活动可以比原来的速度完成得快些，但是很少愿意采取激烈措施来迫使工人使用最快的时间将活干完，除非他有实际的记录，真凭实据地证明这项工作能在多快时间内完成。”①并且作业的流程、材料的采购和运输、产品的销售等也缺乏应有的计划和程序。当时对成本进行记录和结算的成本核算制度很落后，直到 1904 年泰罗发表《计件工资制》一文时，仍感到普遍情况很糟，“即使是管理得最好的工资制度，也有最严重的缺点，即没有可用来支持自己的事实”②。

管理人员的素质也比较低。问题一方面出在企业主身上，他们在管理工厂、车间时，往往相信人而不相信管理方法，他们在办公室和营业部中，采用各种制度，但在工厂中却认为这是繁琐的东西。③他们相信个人的作用，而忽视制度的威力。很多企业主是出色的投资者，却是低能的管理者。基层的管理人员也大都是从未受到教育的工人中选拔出来的，这些未受过正常管理技术训练的人员，完全按照他们自己的想

①、③　泰罗：《科学管理原理》，第 41 页、第 9 页。

②　参见泰罗：《科学管理原理》，第 7 页。

法来决定做事的态度和风格。碰到什么问题就解决什么问题。除了管理者来源上有问题外,管理教育的落后也是一个重大原因。当时没有普遍适用的有关如何进行管理的知识体系,培训内容主要是围绕行业特点和专业技术,实质上是技术上的培训;同时也没有共同的管理行为准则,对一位管理人员应如何行动,没有普遍统一的要求。

有大量的文献资料表明,19 世纪后期,管理思想滞后于企业发展,这个时期管理风格都是个人主义的,更多依靠企业家个人的魅力和魄力,而不是明确、科学的管理知识。就是在大型工商业开始建立后,管理思想的发展仍然是比较慢的。当时,名噪一时的企业家卡内基、洛克菲勒、库克都留下了有关资本主义思想的著述,但几乎无一例外地未留下关于管理的心得和体会。詹克斯对此曾发表过高见:“组织与使用劳动力的问题是凭每个单位经验来加以解决的。解决各种问题的知识通过观察和口述进行传授,而又为大多数新公司所重新发现。这种思想方式可能支配着 20 世纪初英美的商业康采恩。这里,管理工作是一种不确定的传统管理与独断的或放任的管理混合体——具有不同程度的专制或个人独断——这是一种所有者或管理者个性的产物。”①

落后的企业管理,使得一般资本主义国家的经济发展速度和企业中劳动生产率的水平,远落后于当时的科学技术成就和经济条件所提供的可能性。据有的学者研究,在当时的后起之秀美国,许多工厂的产量都低于其定额生产能力,能达到 60%的都很少。② 管理落后的状况,究其原因,与当时盛行的非科学经验管理观密切相关。这种管理观认为,管理好企业凭借以往的经验和主观判断就行。经验管理作为普遍而流

① 转引自卡斯特、罗森茨韦克:《组织与管理》,第 67 页。

② 参见孙耀君:《管理思想发展史》,第 64 页。

行的管理方式，在产业革命后持续一个多世纪，又有着多方面的社会历史原因。

一是，经验管理观本质上秉承了农耕文明的特性。资本主义作为社会发展的一个历史阶段，是从 16 世纪开始的，16 世纪到 17 世纪上半叶，在欧洲经济中农业仍然占着主导地位。农耕文明在政治上本能地与专制暴力结盟，由此社会总是在暴政—革命—暴政的周期中循环，而社会的超稳定结构以及形成的超稳定机制，使得农业社会经济发展极其缓慢而近乎停滞，使得技术的传授、日常的操作凭常识和经验就可以胜任。日久天长，依赖经验办事固化为一种思维方式。这种根深蒂固的思维方式不可能因工业化启动而一夜之间风流云散，必然经历一个漫长的持续过程，特别是在产生这种方式的土壤没有根本改变的情况下。家庭手工业和工场手工业早期，尽管工作对象和运用的技术与“面朝黄土背朝天”的农耕方式有本质不同，但工作性质的简单性、工业进步的缓慢性都是大致相同的。经验管理短时期内的有效性，使之不可能自动退出历史舞台。父传子、师带徒的模式理所当然成为相当长一段时间内的主流管理方式。

二是，经验管理观是资本主义特定发展阶段的产物。技术和管理始终是推动经济发展的两个车轮，但它们对经济增长的贡献并不是同步的。18 世纪中叶萌生的产业革命，开启了机器劳动代替手工劳动的历史进程，资本主义进入了快速发展时期。在工业革命的摇篮英国，伴随新技术、新发明的运用和扩散，纺织、冶金和煤炭等部门逐步成长为支柱产业，在这些先行发展的产业内，出现了一批规模较大、生产效率较高的企业。如 1764 年，哈格里夫斯发明了珍妮机，这种多轴纺纱机使劳动效率成几十倍地提高；1785 年，卡特莱特发明了动力织布机，把生产能力一下提高了 10 倍；1792 年惠特尼发

明轧棉机，其消除棉籽的工作效率比手工提高了100倍。[①]技术的革新，不仅快速地推动了生产的发展，也掩盖了放任管理的低效。泰罗曾有感于此说道：“几乎所有制造公司的董事长们都能认识到一个彻底现代化、最新式的、高效率的工厂的经济价值，而且愿意为之付出代价。可是，他们中间很少有人理解，一个最好的组织，不管耗费多大，常常比厂房设备更重要；他们也不大清楚，没有一个高效率的组织可以不费金钱就能建立起来。好机器要花钱去买这一点，对他们来说是感兴趣的，因为机器买来后有实物，可以看得见；但是投资到像组织那样的不可见的、无形的、对一般人来说是不明确的东西上去，就好比把钱扔进水里一样。”[②]正是这些原因，使得在早期工厂阶段，管理问题没有凸显为企业主要矛盾而引起应有的重视，管理能力低下的矛盾及其解决这种矛盾的努力都在孕育和成长之中。

三是，经验管理观在特定范围内有其一定的合理性。人类把握世界主要有常识的方式、科学的方式和哲学的方式。经验管理本质上就是凭既往的常识为依据进行管理。经验固然有其表象性、有限性和非批判性的缺陷，但是，以经验为最本质特征的常识，却是一种最基本和最普遍的方式，它是其他的各种方式得以形成和发展的基础。并且，经验在有限范围内也有其合理性、有效性。正是这个道理，在家庭手工业和工场手工业阶段，经验管理面对较为单一的管理关系和管理对象，能够应付裕如，而这种一定阶段和范围内的“胜任”，又进一步强化了企业管理者对经验管理的认同和依赖。的确，存在总是合理的，经验管理作为科学管理的深刻的思想前孕，作

---

① 参见宋则行、樊亢主编：《世界经济史》上卷，经济科学出版社，1994年版，第136～137页。

② 泰罗：《科学管理原理》，第59页。

为管理思想演进中不可或缺的一环，有其无可争辩的历史地位。正如有学者所指出的，“以历史发展的观点来看问题，我们就应当看到，经验管理是科学管理的基础，科学管理又是经验管理的变革。从经验管理到科学管理，也就是将经验上升到理论”①。

然而，从高歌猛进的产业革命中孕育、成长起来的科学精神，不会允许企业的经济活动再在落后的经验管理中徘徊跌撞了。伴随着企业规模的迅速扩张，特别是企业粗放式经营向集约式经营转变，迫切地要求管理能力同步跟上企业的迅猛发展，要求由对管理活动的经验式直观把握提高到对认识对象的理论把握。由此必然产生一种对以反科学为本质的经验管理进行斗争的“革命”，这场运动所标示的同经验管理观相对立的战斗旗帜，便是“科学管理观”！

第二节　科学管理观的意义及内涵

学术史上有两种类型的思想家：一类是在旧有占统治地位的思想衰弱时期产生的。他们是矛盾斗争转化的产物。在这一时期，旧的思想观念所赖以存在的种种条件正在迅速地衰退下去，一切价值观念都在急剧地变化，社会的前进迫切地需要新方案的提出和实施，以便在探索中找到一个发展方向，这时便会有一批思想家应运而生。他们虽然还必须对旧有学术思想进行深入批判，但却更多地把眼光注目于未来学术思想的建设上。我们可以称他们为现孕型的思想家，因为他们孕育产生于一个旧的学术信念崩溃和一个新的学术思想形成

① 张尚仁：《管理·管理学与管理哲学》，云南人民出版社，1987 年版，第 36 页。

都已具备了现实条件的社会环境中。他们的思想不仅仅是现实的思想，而且已经或即将转化为思想的现实了。在管理史上泰罗、法约尔和韦伯都属于这一类思想家。

还有一种是在落后的管理方式还很有市场，旧有的管理思想还在盛行时就产生的。他们是矛盾斗争的产物，是强大主流思想的对立面。这种类型的思想家我们可以称之为前孕型思想家，因为他们产生在他们所批判的已在流行的思想所产生的时代的母体之中。由于替代其种种社会条件的不具备或不成熟，他们的思想还仅仅只能是现实的思想，而不是思想的现实。当然，由于时代的原因，他们思想的前卫色彩很浓，有时虽不免朦胧而不具体，但往往却十分深刻地把握住了未来发展的动向，所以，他们往往成为新思想发展的开端。查尔斯·巴贝奇、麦卡勒姆、汤尼、哈尔西等人都属于这一类人物。

正是在这个意义上，我们可以讲泰罗是科学管理之父，是科学管理的集大成者，但“科学管理观”并不是始于泰罗，它是由众多的思想先驱在艰难的探索和艰深的思考中逐步提出，并且汇成越来越嘹亮的声音。对古典管理理论素有研究的英国著名管理学家厄威克，曾饶有见地的指出：“泰罗所做的工作并不是发明某种全新的东西，而是把整个 19 世纪在英美两国产生、发展起来的东西加以综合而成的一整套思想。他使一系列无条理的首创事物和实验有了一个哲学体系，称之为科学管理。”①泰罗自己也坦承：“可以承认，前述一切，并没有什么过去人们所未知的新鲜事——这是真实的。科学管理并不一定就是什么大发明，也不是发现了什么新鲜或惊人的事。科学管理是过去曾存在的诸种要素的结合，即把老的知识收集起来，加以分析、组合并归类成规律和条例，于是构成一门

---

① 转引自孙耀君：《管理思想发展史》，第 63 页。

科学"①。"科学管理观"是指引现代管理学发展的一面旗帜，从经验管理的破除，特别是管理科学的创立和发展过程向前运动上看，其意义大约可以从"破"与"立"两个方面论述。

首先是对放任管理的批判。这项工作虽然也有不少管理学家意识到，并在著书立说中有所表述，或者以自己的科学化探索，用实际行动来批判和冲击凭经验的放任管理，但主要工作是通过一批社会批判家的声讨完成的。他们认为派监工的暴力压制，企图将工人改造成肉体机器，只会激化劳资关系，引发更多的"卢德运动"式的骚乱，不可能为企业赢得效率，由此他们要求用理性放逐经验，科学代替随意。正是在对放任管理粗暴、低效的批判指责中，人们一步步冲破经验管理的束缚，一点点蹚出科学管理的营盘。

在对经验管理的口诛笔伐中，科学管理也在不断积蓄着自己的思想资源。古典科学管理理论，至少有三个方面的思想源头。

（1）古典经济学家的思想遗产。他们的思想贡献主要集中在关于分工、人性假设以及工资激励等方面。在古典经济学家之前，新教伦理本质上是肯定劳动分工和专业化的，认为这是神的意志，因为这样做使技术得到更快发展，使生产质量提高，生产数量增加，因而符合所有人的利益。继斯图亚特等人对劳动分工研究之后，斯密在《国富论》中对分工问题给予特别重视，并以生产扣针为例作了生动而形象的阐述。他提出分工是提高劳动生产率，增加国家财富的重要源泉。因为在他看来，"劳动生产力的增进，以及运用劳动时所表现的更大的熟练技巧和判断力，似乎是分工的结果"②。分工的作用在于使劳动者技术和熟练程度很快提高，分工可以减少工作

① 泰罗：《科学管理原理》，第221页。

② 亚当·斯密：《国富论》上卷，商务印书馆，1981年版，第5页。

环节转换的时间，并且还能使专门从事某项工作的劳动者增加发明生产工具和机器的概率。

关于人性的观点，虽然有不少经济学家在其著作中涉及，比较著名的如大卫·李嘉图的“群氓假设”，但最为系统的阐述还是由斯密提出的利己主义人性观。这是斯密对西方管理思想发展另一个石破天惊、产生过深远意义的贡献。他认为经济现象是具有利己主义的活动所产生的，他有一句名言：“请给我所需要的东西吧，同时，你也可以获得你需要的东西。”[①]“经济人”的假设，某种意义上奠定了管理学发展的前提和其后发展的模式。之后无论是管理思想的嬗变，还是管理方式的变革，实际上都是由人性观的变化所引发的。“经济人”假设催生了古典管理理论，“社会人”假设引发了人际关系-行为科学革命，“复杂人”则导致以系统观为特征的现代管理科学的崛起。西方管理学演变的历程表明：人性假设是管理理论的基石，是构成理论体系的逻辑前提。斯密从人性角度研究经济学的视角，不仅是学术上的一家之说，而且对后世林林总总管理学说的创生具有统摄意义的方法论价值。

（2）科学管理先驱们的理性思考。19 世纪下半叶，企业的迅速扩张暴露出了管理理论的滞后，而管理方式的落后反过来又制约着企业的发展。科学管理的序幕正是在这一阶段拉开的。德鲁克曾经将现代资本主义兴起及其创造世界文明的历程，划分为三个阶段。第一阶段为 1750 年至 1850 年产业革命时期；第二阶段就是始于 1880 年左右的生产力革命，由于知识在其新赋予的含义下开始被用于工作，从而开创了生龙活虎的产业革命，由于生产力每年以 3.5%～4%的比率提高，在 75 年里使工人转化为享有接近上层阶级工资收入的

① 亚当·斯密：《资产阶级庸俗政治学选辑》，商务印书馆，1978 年版，第 297 页。

中产阶级一员;第三阶段则是 20 世纪下半叶开始的所谓知识被用于知识本身的“管理革命”,资本主义社会进入后资本主义社会。[①] 巴贝奇、普尔、哈尔西等人是非常活跃而又有建树的人物,科学管理法的许多重要理论板块在他们的著述中可以寻觅到鲜明的踪迹。巴贝奇制定的“观察制造业的方法”,给后来科学管理运动中人们关于“作业研究的科学的、系统的方法”以很大的启迪。他提出要在认真观察、严密调查分析的基础上,制定有科学依据的管理方法,由此奠定了科学管理的基础,科学管理的科学精髓就在于此。此外,在关于工时研究、制造和成本分析、合理化建议乃至生产力布局方面,巴贝奇都发出了自己的先声,并且在方法论上与泰罗是一脉相承的。在数学和哲学两门学科获得金质奖章的杰文斯,对管理科学的研究甚至作出了更大的贡献。小乔治认为“杰文斯比任何前人都使美国经济思想的发展更多地带上纯科学的精神”[②]。他是研究工作业绩与劳动强度和工作量关系的第一人。在《政治经济学理论》一书中,他详尽地阐述了包括对生产所用的材料、正常的耗费、费用、工具、价格、工人工资、工作周期以及时间动作等,他还提出要根据所铲土壤的性质、软硬决定选用何种大小的铲子。这比泰罗在米德维尔钢铁公司的类似研究要早 10 年。

哈尔西则在工资报酬上提出了一种新思想。针对以往工资制度的缺陷,哈尔西提出了一种劳资双方共享利益的“奖金方案”,这个方案提出,对完成每一种工作要确定一个标准时间,工人如果提前完成了工作,则把节省的时间按一定的比率发给工人作奖金。这个方案某种程度上比泰罗后来提出的差

① 参见彼得·德鲁克:《后资本主义社会》,上海译文出版社,1998 年版,第 21～22 页和第 41 页。

② 克劳德·小乔治:《管理思想史》,商务印书馆,1985 年版,第 93 页。

别工资制都更为合理，也易于操作。尽管这些探索者的思想还不够成熟，理论也未能构成完备的体系，但是诚如小乔治所说："这些著作家的重要意义不在于他们讲了些什么，而在于他们带了头。他们以及一些经济学家的著作加强了过去形成的管理对发展中的公司有重要意义的思想，同时，又鼓舞着其他学者进一步分析这种正在形成的思想。"①

(3)职业企业家们的贡献。管理学的特定学科性质，决定了它与经济学长于理论思辩的传统有很大差别。企业实践中的探索一直是管理思想创生的源泉活水。也正因为此，实证色彩浓郁一直是管理学的一大特点。在科学管理的开创过程中，理查德·阿克赖特、詹姆斯特以及罗伯特·欧文等一大批有作为的实业家，都以自己的创造性实践对管理科学的形成和发展作出了积极贡献。

大规模的机器生产，使生产过程的组织、协调成为突出矛盾，也为调谐这些矛盾的管理大师提供了展示才华的舞台。阿克赖特在大型企业中人、财、物各种要素的协调方面表现出过人的才能，以至经济学家保罗·芒图用少有的夸奖语调赞赏他"体现出了一个新型的大制造业者，既不只是一个工程师，又不只是一个商人，而是把两者的主要特点加在一起，具有他自己特有的风格；一个大企业的创建者、生产的组织者和人们的领导者的风格"②。索霍铸造厂高水平的管理，也被认为是早期科学管理实践的典范之一。小瓦特和鲍尔顿在索霍铸造厂的实践表明，他们早于泰罗一个世纪就解决了生产的标准化和按标准产量计酬的问题。他们所实行的劳动分工和对整个生产过程的组织与管理，都是同社会化大生产的要求相适应的。他们虽然没有给后人留下关于管理活动的煌煌巨

① 小乔治：《管理思想史》，第95页。

② 转引自小乔治：《管理思想史》，第70页。

著，但非凡的业绩已表明，他们具备了机器大工业本身所要求的科学管理能力。

上面笔者论述了“科学管理观”对管理活动由经验向科学发展的深刻意义。两个方面对管理思想都具有向前的推动作用。前一方面主要讲的是破，它是对由来已久的经验管理的否决和清除，是对前科学管理时代的终结。后一方面，是给科学管理日益壮大的现实内容以充分发展的条件，是对后一个思想时代的开启。前者构成一种转折，而后者构成一种过渡。经验管理就是在这种转折和过渡之中向着古典科学管理理论时代推移的。在论述了“科学管理观”对于管理发展进程的意义以后，我们有必要对“科学管理观”本身的内涵作出阐发，以便对其具体的历史内容有进一步的深刻了解。“科学管理观”主要蕴涵以下三个方面的内容。

第一，对管理是一种独立活动的强调。19 世纪下半叶，学术上对管理的积极探索，实践中对管理的自觉运用，实际上都表明管理作为一项独立的活动的时代已经开始。在这之前关于管理的观点，主要寄生在其他学科的母腹中，偶尔的涉及也大多是零星的记载，“科学管理”观的出现，标志着这种情形正在发生变化。工业革命前，经济学的主流观点是生产两要素论，即土地和劳动力，在重农主义者看来，制造业和商业不能生产剩余，因而是“无生殖能力”的。新教伦理兴起后，资本作为重要的生产要素得到认可。萨伊是第一个明确提出管理是生产第四要素的学者，他认为企业家把土地、劳动力和资本这三个要素加以整合，促进了企业更多的产出，而同时又承担了经营风险，因而这种管理能力成为创造财富的重要源泉之一，这比把管理作为独立的对象研究意义深远。道理不言而喻，既然管理发挥独立的生产要素作用，理所当然应当和其他生产要素一样被重视，并加以研究。

第二，对管理作为一门独立学科的探索。从事科学管理

事业的亨利·汤早在1886年发表的《作为经济学家的工程师》一文中，就明确呼吁建立一门管理的科学。他提出："为了高效率地指挥一个企业，工厂管理同工程技术有着同等的重要性……但目前在工厂的管理方面却是无组织的，几乎没有什么有关的文献，没有交流经验的机构或媒介工具，而且没有任何协会或组织……为了补救这种情况，不能单只求助于'生意人'或办事员、会计师，而应该由那些由于训练和经验而能从两个方面（机械方面和文书方面）了解有关重要问题的人着手去办，应该由工程师来发起！"①因此，他要求这门科学有它自己的文献、杂志和协会，并认为，只有通过这方面知识的交换，企业家才能从别人的经验中获益。美国企业家惠特尼不仅在企业实践中建立了广泛的成本会计制度、质量控制措施，认识到管理幅度原则，而且已认识到实际试验和理论的关系，"我完全意识到，实际的试验是理论的唯一真正试金石，是我们能辨别哪些是建立在科学原则上的理论，哪些是胡思乱想的空想计划的可靠准则……迄今为止，我满意地发现，我对自己的方案的试验证明，它完全符合我的期望"②。这表明他已在探索建构管理理论的途径。巴贝奇则在其著作《论机器和制造业的经验》一书中指出："我在过去10年中，曾访问过美国和欧洲大陆的许多工场和工厂，以便熟悉其机械工艺。在这过程中，我不由自主地把我在其他研究中自然形成的各种一般化原则应用到这些工场和工厂中去。"③同样也显示出他自觉地对管理中遇到的普遍性问题进行逻辑归类，并力图概括出解决这些问题的规律和原则。

第三，开启了管理由凭借特权向依赖专业知识的伟大转变。产业革命前后很长一段时间，经营管理权完全源于财产

①、② 转引自孙耀君：《管理思想发展史》，第36页、第49页。

③ 转引自小乔治：《管理思想史》，第92页。

所有权，企业主素质决定着企业管理的水平乃至企业命运，企业管理能力跟不上企业发展规模的情况比比皆是。随着经济发展水平的提高，管理权源于产权的局限性、落后性逐步暴露，一些管理先驱对科学管理的倡导，一些先进企业采用科学管理后成效卓著的示范，使更多的企业主开始相信是管理体制而不是人对效率起决定性作用，开始有意识地寻找企业运行背后的科学根据和规律，并积极将探究的成果转化为管理方法和体制。在这之前，企业主只承认机器设备作为一种生产要素而具有经济性，在这方面也舍得投入，而很少承认科学的管理体制对效率提高的作用。企业主对自身管理能力的怀疑，对科学和规律的尊重，预示着古典科学管理时代即将降临。而 18 世纪后期股份制公司大批涌现，客观上又为经营权和所有权的分离、为独立管理阶层的出现提供了可能。由科学管理观所孕育的对事实尊重、对规律探求的科学精神，为管理学的蓬勃发展注入了强大动力，这虽然无形却又有着深远的历史意义。

第三节　科学管理观转化为现实

人类思想发展的历史表明，前孕型先进思想家关于现实的思想，只有到他们所反对的那种主流意识崩溃的时候，才能转变为思想的现实。思想的新陈代谢是有条件的，推动经验管理观向科学管理观转变的现实条件在 19 世纪下半叶逐步成熟。

产业革命引发了经济环境的变化。从 19 世纪下半叶起，美国、英国、德国等发达资本主义国家陆续进入了以重化工业为主导的工业化阶段。以美国为例，19 世纪下半期，工业部门结构发生了明显的变化，按产值计算的工业部门排列顺序，1860 年前四名是面粉和肉食、棉纺织、木材加工、靴鞋，第五位才是重工业部门的翻砂和机器制造业，第十位是蒸汽机制造业，其余都是轻工业。到1914年钢铁工业已跃居第2位，翻砂和机器制造业占第四位，铁路机车与车辆制造业、汽车业已分别作为独立的工业部门而占第七、第八位。而且电气工业和化学工业正方兴未艾，到19世纪末20世纪初，重化工业在主要资本主义国家的工业中占据了主导地位①。

以重化工业为主体的现代大工业，具有天然追求规模经济的本性。美国著名企业史家钱德勒在《战略和结构：工业企业史上的重要时期》一书中，曾对美国大企业的成长史作过精湛的研究，他把企业发展史分为资金积累、资金利用合理化和资金利用多样化三个阶段。就美国而言，十九世纪后半叶，许多大工业正在形成，处于钱德勒所指的“资金积累阶段”。在这个阶段，工业发展先后呈现出泾渭分明的两种不同趋向。钱德勒认为1819～1898年处于横向扩张时期；1898～1924年处于纵向发展时期。横向扩张是指同一产业内企业通过合并、联营以及参股、控股等形式迅速壮大实力，降低成本，扩大市场份额，获取规模效益。纵向发展时期是指企业向前后道环节扩张，实现产供销一条龙贯通，“肥水不流外人田”，形成产品相关度较高的多元化大型企业。在欧美，从19世纪末到20世纪初，企业兼并浪潮袭卷几乎所有产业，出现了西门子、卡耐基等一大批托拉斯企业。1921年，由于钢铁企业的大合并而建立起来的美国钢铁公司这个庞大的企业，成了这个时期的象征。企业巨型化使得企业管理面对的变数以几何级数增大，难度骤增，随意放任的管理因无能为力而难以为继，迫切需要建立以规范化和科学化为基调的有效的管理体制。

追求规模扩张还带来一场对管理发展具有深远意义的革命——所有权与经营权分离。19世纪前半叶，资本主义处于

① 参见宋则行、樊亢主编：《世界经济史》上卷，第290页。

所谓个人企业家时代。个人企业家既是企业的所有者，又是企业的管理者，担负着改进工业、开拓市场等众多事务。全能式的神话，随着企业总体规模扩大，既往的管理方式失效而破灭。规模化带来高度专业化，使得传统个人企业家包揽一切的做法，受到专业知识和管理幅度的制约，再也行不通了，不得不委托包括管理、技术、营销各个专门领域的专家代替他们处理事务。

同时，为了积聚更多的资本，支持企业扩张，企业组织形式适应扩张要求也发生了变革。股份有限公司在这个阶段如雨后春笋般涌现。它不仅从客观需要上，也从人性认可上，为职业企业家时代的降临提供了可能，所有权与经营权分离为管理的独立提供了前提。这场革命的后果，不仅使得管理职能获得广泛的认同，而且也使得挣破狭隘产权樊篱、行使管理成为可能。由此，职业化的管理者应运而生，并历史性地登场，奋力揭开了科学管理的序幕。

政治自由和放任主义政策，为科学管理的诞生准备了外在环境。重商主义在西方盛行了两个世纪以后，终于走到了它的尽头。1776 年亚当·斯密的《国富论》发表，拉响了自由资本主义航船启航的汽笛。其后以充分竞争为特征的自由资本主义进入“黄金时期”。对经济少干预，最好不干预，充分发挥市场“无形的手”的调节作用，是古典经济学的主旨，也是 18 世纪主要资本主义国家的官方哲学。亚当·斯密认为，干扰“市场自然运行的重大意义，是用国家的法令惩罚效率，并且只能使国家的资源分配不当。而只有市场这个‘看不见的手’能确保资源得到最好的利用和发挥最大的效能。”①

充分的市场竞争，一个直接结果是企业的兼并、联合势不可挡。一方面为了在市场竞争中谋取有利地位，资本家竞相

---

① 亚当·斯密：《国民财富的性质和原因的研究》上卷，第 10 页。

采用先进技术，更新设备，不断提高资本的有机构成，而企业生产技术越是复杂，越是先进，就越要求管理必须遵循生产过程应有的规律，要求管理由放任自流向规范科学转化。另一方面，市场竞争规律在无情淘汰中小企业的同时，使资本和市场更加集中，企业规模不断扩大，大型企业相继出现，如何更加合理有效地利用资源，如何使企业的管理能力与企业发展水平相对称，对企业，也对管理的研究者提出了全新的课题，迫切要求建立科学的管理体制和管理方法，与之相适应。

激烈的市场竞争使得资本家经常将竞争压力、风险乃至经济危机转嫁到工人身上，引发了劳资关系的严重对立，而有组织的怠工又使资本家不得不改弦更张，探索新的方法满足自己的经济本性。当时，美国许多企业都采用计件工资的付酬方法，然而每当工人提高了生产效率，资本家便降低计件单价，借以压低工资，泰罗在阐述科学管理重要性时，就曾提出过这个现象。通过研究，他发现在工厂里，工人的实际劳动生产率只有他们可能发挥的劳动生产率的五分之一左右。究其根本原因在于工人应当完成的工作指标是由经营者任意决定的，而且经营者还降低工人的工资标准。①

此外，由于 18 世纪移民潮水般地进入美国，劳动力市场供过于求，资本家采用“血汗工厂”的方式，更加有恃无恐。这些不能不引发工人或明抗或暗顶，激烈的如 1867 年芝加哥工人开展的要求 8 小时工作日的罢工，后来席卷全美，持续达数十年；消极的如以“磨洋工”和暗中限制产量为手段，以维护自身利益。劳资双方严重对立，劳资关系不断恶化的严峻现实，使资本家不得不痛定思痛；一些管理者意识到正是在这种放任自流的管理体制下，才发生了有组织的怠工；传统管理不进行大的变革，不可能取得理想的效果，从而开始把目光转向管

① 参见泰罗：《科学管理原理》，第 21 页。

理，向科学化的管理要效益、寻出路。

各种社会思潮也为科学管理的降临起到了催生的作用。19 世纪下半叶，各种哲学、科学社会思潮汹涌激荡，心理学、社会学等新兴学科相继独立，为管理学的诞生提供了肥沃的思想土壤，管理理论一开始就具有明显的多学科特点，充分印证了这一点。对古典管理理论产生重大影响最重要的是科学理性主义。由于自然科学在近代取得了重大进展，特别是牛顿经典力学的完备和成就，使科学获得在学术领域中无可争辩的统治地位，并成为一切知识的标准和范例。科学被许多人视为所有文化中最有价值的部分，甚至是统一的、永恒的真理，当一切知识都成为科学知识之日，就是一切人生问题（包括伦理道德问题）都得到解答之时。当时从事学术研究的学者，大多坚信社会经济运行也应像机械力学那样具有某种内在的机械规律性，而社会科学研究者的任务，就是找出这种能够提供完备知识性的确定性普遍规律。泰罗在《科学管理原理》中的许多论述，法约尔研究方法及学术目标趋向，都明白无遗地显示出他们所受到的科学主义的影响。

第三章　古典管理：客体至上的效率哲学

浩如烟海的管理思想，绝不是纷乱无序的“杂多”，而是有其内在的逻辑结构，前后相继的管理理论也有贯通其中的发展线索。哲学视域的考察，主要是通过对林林总总管理理论的深入研究，从中概括出特定历史阶段管理理论的根本管理观，以及围绕管理观的理论建构方式，同时梳理出其发展的内在脉络，从而展现管理模式演变的基本规律。

第一节　效率主义是古典管理最强劲的主旋律

实践提出问题，理论解答问题。管理学诞生之初，所要解决的问题相当现实，就是通过寻找和运用科学的管理手段和方法，全力提高生产效率，降低企业社会必要劳动量。自然经济本质上是自给自足的经济，追求的是使用价值而不是交换价值，加上农业受制于天时地利，所以效率不高一直是一个潜在的问题。工业经济天然地是市场经济，追求交换价值远强烈于使用价值，效率的问题由此凸显出来。古典管理理论勃兴的直接动因，就在于解决当时企业中普遍存在的不熟练、随意性或指挥不当所造成的低效率和浪费。无论是泰罗还是法约尔和韦伯，尽管理论视野各有侧重，学术观点也有所差歧，但要解决的问题高度一致，那就是生产效率。古典管理理论的先驱们不仅埋头管理实践，而且潜心学理研究并著书立说。披览当时有关记载科学管理实验的文献或他们所撰的理论著作，不难发现，他们皆视科学管理为追求最高工作效率的方法和手段。泰罗对效率的研究主要是通过现场作业的标准化和科学化而展开的。泰罗给管理下过一个不甚严密的定义："确切了解你希望工人干些什么，然后设法使他们用最好、最节约的方法完成它。"①这可以说一语破的。他还在《科学管理原理》一书中阐述了他的研究目的：

"第一，通过一系列简明的例证，指出由于我们在日常的几乎所有行为的低效能使全国遭受到的巨大损失。

第二，试图说服读者，补救低效能的办法在于系统性的管理，不在于收罗某些独特的或非凡的人。

第三，论证最佳的管理是一门实在的科学，其基础建立在明确规定的法律、条例和原则上；并进一步表明，科学管理的根本原理适用于人的一切行为——从我们最简单的个人行为到我们大公司的业务运行，后者要求最精心复杂的协作；并简要地通过一系列的例证说服读者，无论何时，这些原则如能得到正确运用，都能够立竿见影，其成效令人震惊。"②

① 转引自雷恩：《管理思想的演变》，第131页。

② 泰罗：《科学管理原理》，第155页。

的确，泰罗及其继承者们孜孜以求的就是通过科学管理来克服放任管理、经验管理的低效率状况。“泰罗制”中无论是抽象的管理原则、理论，还是具体的管理方法、技术，都是围绕效率这一核心展开的。效率是泰罗魂萦梦绕的东西。

作为科学管理法的核心理论板块，任务管理制主要是围绕提高效率展开内容的。任务管理第一个理论支点，是以“第一流工人”的高效率为基准，规定操作标准。泰罗通过对工人的时间——动作研究之后，不是把操作时间的平均值核定为基准，而是以效率高的“第一流工人”作为标杆，这是体现“泰罗制”科学性之所在。因为以平均时间为基准就达不到提高效率的目标，实现不了科学管理的初衷。而以“第一流工人”的高效率为基准，辅之以标准化的科学方法应用，即剔除错误的、无效的和慢的动作，而代之以标准化、完善的工具和作业条件，同时注重以科学的方法把工人培养成能发挥最高劳动效率的“第一流工人”。这样效率的提高，就绝不是增加劳动强度，而是受惠于科学管理的结果。

如果不认真研究标准化，不大力运用科学方法，就走到通过增加劳动强度提高效率的老路上去了。科学管理企求的显然不是过去那种榨取血汗的效率。科学管理理论的历史进步意义，就在于它是向科学和规律寻找效率。在泰罗制中，科学就是标准化，规律就是按标准化办事。泰罗认为：“管理这门学问注定会具有更富于技术的性质。那些现在还被认为是在精密知识领域以外的基本因素，很快都会像其他工程的基本因素那样加以标准化，制成表格，被接受和利用。管理将会像一门技术那样被研习，不再是依靠从个人接触到的少数组织的有限观察中所得到的一些模糊观念，而将建立在一种被广泛承认、有明确界说和原已明确的基本原则之上。”①

① 泰罗：《科学管理原理》，第60页。

由此逻辑地推出第二个理论支撑点——“标准化原理”。泰罗认为效率提高的奥秘在于标准化。从操作方法到材料、工具、设备、工作环境都标准化了，工人通过培训能按标准化的要求作业了，效率肯定会大幅度攀升。一句话，标准化成为工人的普遍行为方式，就意味着能取得最高效率。

那么，工人是否愿意按标准化工作呢？这里就引出任务管理的第三个理论支撑点——“激励工资制”。由于古典管理视人为“经济人”，激励人的手段主要是金钱，关于工资制度的设计实质上就是古典管理论的激励论。泰罗关于工资制度的思考和实践，差不多就是古典管理激励论的主干。泰罗的工资制度先后经历了一个变化，早期他持“差别计件制”的刺激性付酬制度，这种制度按工人完成定额的差别而采取不同工资率，工资随效率而变动。如果工人达到或超过了定额，就按“高”工资率付酬，这种工资率是正常工资率的125％。而且，不仅是超额部分按“高”工资率计算，全部工作量都按这个“高”工资率计算。如果工人没有达到定额，就按“低”工资率付酬，为正常工资率的80％。以此来督促和鼓励工人完成和超额完成定额。

后来，泰罗受到甘特等人的影响，缓和了他在工资问题上的严厉态度。他在1903年《工厂管理》一书中，既提到了自己的“差别计件工资制”，又提到了“任务和奖金工资制”。后者规定，工人不论其生产量的高低，都有一个保证的日工资。如果工作达到了生产定额，就能得到奖金。奖金的多少取决于工作的性质和激励工人的需要，在日工资率的30％～100％之间。按这种规定，工人即使没有达到定额，仍有一个保证工资，较原来苛刻的态度缓和多了。由于泰罗的“激励工资制”是针对工人而不是职位的，即工资按照工人的技能和工作时所付出的劳动来计算，并且，由于有观察的事实支持，说服力较强，从而大大激发了工人的上进心和劳动积极性。

“任务管理制”的核心是标准化。那么，由谁来制定标准、发出指令、保证按标准实施并执行奖惩呢？对此的思考和解答就形成了科学管理另一大理论板块——“组织职能论”。泰罗组织论的最大意义是在操作和管理分工的基础上对管理的再分工。占部都美就此曾深刻地指出：“科学管理法与其说是为了提高劳动生产率而对劳动技术进行研究，毋宁说它在本质上是组织论。”①但泰罗组织论中，无论是计划部的设置，还是职能工长制的推行，都直接导源于效率的目的。既然“任务管理制”反对工人凭自己的感觉和经验操作，要求按科学方法执行，那么必须设立一个部门，来执行促进作业科学研究的职能；履行训练、传授工人新的科学方法的职责；保证标准工作条件的职能；以及统筹上述各种工作的计划职能。计划部的成立，标志着管理终于从作业中分离、独立出来，奠定了“管理科学化”的基础。工时研究之类的管理技术也正是通过计划部才得到应用和发展。

泰罗的追随者们，也在探求企业效率的道路上各自作出了不同的贡献。吉尔布雷思夫妇曾用高倍摄影机对工人现场操作进行录像，以求节省动作和规范动作。他们为后人留下了详细论述操作程序的手册。甘特则根据促进效率的需要，对工作日程、路线以及工作中的控制和协调作了深入研究。“卡尔·巴思、莫里斯·库克、哈林顿·埃默森以及其他信仰效率的人全都把精力集中于研究生产效率这个基本上相同的问题。”②现代管理中工效研究，就是在泰罗科学管理法基础上发展起来的。

古典管理时代另一巨擘——法国的管理学家法约尔，虽然其管理理论着眼于整个企业，重点是研究管理过程中计划、

① 占部都美：《现代管理论》，新华出版社，1984年版，第26页。

② 雷恩：《管理思想的演变》，第281页。

组织、指挥、协调和控制等管理的职能，但目标仍是以提高企业的效率为鹄的。法约尔根据自己多年在企业高层管理的经验，提出了著名的十四条管理原则：

1、分工；

2、权力与责任；

3、纪律；

4、统一指挥；

5、统一领导；

6、个人利益服从整体利益；

7、人员的报酬；

8、集中；

9、等级制度；

10、秩序；

11、公平；

12、人员的稳定；

13、首创精神；

14、人员的团结。

尽管以今天的眼光看这些原则，似乎并无过人之处，但在90年前首次提出时却石破天惊，具有很强的震撼力，事实上也有极大的理论穿透力。无论是古典管理时期的厄威克、穆尼、戴维斯、布雷克，还是现代管理阵营的孔茨、奥唐奈、纽曼，实际上都是沿袭法约尔的思路，即把管理的职能分成若干因素和多个过程加以考虑，所不同的只是五大职能变为三大职能或七大职能，或者具体的职能有所增减和差异。总体上看，法约尔的管理十四条原则都或多或少、或直接或间接与效率有关。而直接涉及效率问题就有：(1)分工　“劳动分工的目的是用同样的努力却生产得更多更好。工人总是做同一部件，领导人经常处理同一些事务，则对自己的工作就可熟练、

自信和准确，从而提高效率。”[①]（2）集中 “找到提供最高效率的方法，这就是集中与分散所要解决的问题。”[②]（3）等级制度 就是从最高权力机构直至低层管理人员的领导系列。法约尔的理想组织是所谓直线型的军队式组织结构，他对线性组织的推崇，以及殚精竭虑设计出“法约尔跳板”，即把重视权限和迅速作出决定两者协调起来的方法，也无一不是孜孜以求效率。[③]

可见，尽管都重视效率，但从工业等级制度的两端——“车床前走出来”的泰罗和“办公桌前走出来”的法约尔，思考问题的角度和层面毕竟大不一样。一个更多关心的是局部的现场作业效率，另一个关注的却是企业整体运行过程；一个是着眼于个体的工人，另一个是考虑组织的形式结构对效率的影响。

法约尔探讨效率问题是从组织的外部结构和内部因素两个维度展开的。法约尔认为，组织的外部形态，也即组织的外在结构形态，是由组织人员的数目决定的。组织的层级和管理幅度之间必须保持合适的比例，处理好组织幅度和相对权限，有助于提高组织效率。同时，他还指出，组织效率虽与组织规模有关，但却并不取决于外部的规模形态，更重要的是取决于组织的内在因素，即取决于组织内管理人员的素质、能力和创造性。这些内在因素才是组织效率和力量的内在源泉。这些见解显示了法约尔理论的整体视野和与现代管理理论的血脉相连。

韦伯的管理理论，虽然切入问题的角度、思考问题的方式完全迥异于泰罗和法约尔，但同样把提高组织效率作为自己理论创造的使命。韦伯以对组织的深入研究而著名于世，他

①、②、③ 参见 H. 法约尔：《工业管理和一般管理》，中国社会科学出版社，1988 年版，第 23、36、37 页。

以一个渊博学者的深厚学养,对组织问题进行了具有很强思辨色彩的理论分析。从组织的基础权力入手思考组织问题,他提出为社会接受的权力有法定权力、传统权力和超凡权力三种类型。在这三种权力中,传统权力支撑的组织效率最差,因为其领导人不是按能力来挑选的,其管理单纯是为了保存过去的传统而行事。超凡权力则过于非理性和反理性,依据的不是规章制度,而是神启。这两种权力都与时代潮流相逆,都不宜作为行政集权制的基础。他认为只有法定权力,即理性——法律权力才能作为理想组织的基础。换句话说,有效率的组织必须筑基于法定权力基础之上。从这种权力哲学出发,他提出了理想行政集权制的模型。在理想行政集权制中,实现组织目标的全部活动都被划分为各种基本的作业,作为任务分配给组织中的各个成员。经过这样的分工,在组织的每一个环节上,都可以有拥有必要职权的专家来完成其任务。组织中人员之间的关系是一种不受个人感情影响的关系,完全以理性准则为指导。这种公正不倚的态度,不仅适用于组织内部,还适用于组织外部,如企业同顾客之间的关系。组织成员所必须遵守的规则和纪律,也是不受个人情感影响且在任何情况下都适用的。

组织要明确规定每一成员的职权范围和协作形式,以便各个成员正确地行使职权,减少磨擦和冲突。韦伯用近乎武断的口吻说:“如果我们单纯从技术角度来看,所有经验无一例外地显示出,只有行政组织中纯粹的官僚主义样式——即官僚机制的独裁变种——才有可能达到最高效率,而且也是根据我们所知能够严格控制人们的最为合理的形式。在精确性、稳定性、严格的纪律性和可靠性等方面,它比任何其他形式都要优越。因此,使得组织的负责人以及同组织有关的人能够对其结果作出十分准确的估计。归根到底,这种组织在效率活动范围上比较优越,而且能够正式地应用于各种行政

管理任务。”①。

由上可见，古典管理理论，无论是其管理理念还是技术方法，无一不是导向和围绕效率这一轴心的，体现出鲜明的效率哲学特点。由效率追求而引发的科学管理运动，终于使管理学研究在20世纪之初获得了第一个坚固的理论营盘。当然，代价也是巨大的，不少所谓“追随者”对科学管理真谛的背离和对效率技术的胡乱运用，世人对科学管理的不理解，以及为利益所缚工会的反对，使科学管理在泰罗在世时就屡遭攻讦，以至泰罗晚年不得不在国会为造福人类的科学管理一再辩护，而科学管理也一度被恶谥为效率主义。

第二节　古典管理理论的逻辑前提

实证研究中的各种假设条件，它的提出、论证和构成体系，是通向科学理论道路上的首要环节。科学史上任何一种科学理论的提出，无论其自觉还是不自觉，都无一例外地具有自己的逻辑前提，即一种理论构成自己的根据和原则。逻辑前提的科学性和包容性，对该理论的价值和命运至关重要。我国著名哲学家孙正聿教授曾指出：“任何思想，不管是常识思想还是宗教思想，不管是艺术思想还是科学思想，都隐含着构成其具体内容，从而也是超越其具体内容的根据和原则。这些原则和根据，是思想构成其自身的一只看不见的手。它以文化传统、思维模式、价值尺度、审美标准、行为准则、终极关怀等形式而构成思想的立足点和出发点。”②

---

① 转引自封新建、肖云编：《世界管理学名著速读手册》，企业管理出版社，2001年版，第30页。

② 参见孙正聿：《哲学通论》，辽宁人民出版社，1998年版，第174页。

管理学的发展表明，人们对管理中人的本性的认识，是构成管理理论的前提。任何一种管理理论都有自己的人性假设。一旦管理人性假设发生嬗变，管理理论随后就相应地发生变化。对管理哲学有精深研究的黎红雷博士提出，人类不同时代对于自身本质的认识，标志着那一时代管理活动的侧重点，实际上这种对人类本质的认识是划分一定管理时代的依据。据此，他把“政治人”、“经济人”和“文化人”作为人类历史上三个划时代的人性假设，阐述了“政治人”假设与古代社会的政治管理，“经济人”假设与现代社会的经济管理以及“文化人”假设与知识社会的文化管理各自的内在关联，实际上也就探讨了不同人性假设对人类管理的历程、对人类所秉持管理理念的深刻影响。[①] 有趣的是，对现代管理学进行了卓越研究的西蒙和马奇，也曾以对人类本质不同认识而对管理思想史进行划分。所不同的是，他们的思维仅聚焦于管理成为一门科学之后的短短百年。按照怎样对待人的不同，他们提出了“机械人”、“动机人”和“决策人”三种类型的管理模式。日本著名的管理史学者占部都美则在沿袭西蒙和马奇划界思维、修正其具体内容的基础上，提出了“经济人”、“社会人”和“决策人”三类人性假设，认为这样的概括更符合管理思想史的本来面貌。显然，虽然其话语内容不尽相同，但话语思维却是一致的。

以研究企业中的人性驰名的麦格雷戈，在《企业的人事方面》一书中，曾明确而系统地论述了管理中的人性问题。他指出：“在每一个管理决策或每一项管理措施的背后，都一定会有某些关于人的本质及人性行为的假定。其中若干假定颇为脍炙人口，但是，在一般有关组织的论著中，以及近期讨论有

---

① 参见黎红雷：《人性假设与人类社会的管理之道》，载《中国社会科学》2001 年第 2 期，第 66 页。

关管理政策及管理实务时，这些假定大多不明说，只是隐含于言外。”①应该说这是对管理中人性研究的心得之语。

不像后起的人际关系-行为科学学派那样，或明确亮出“社会人”的旗帜，或不断喊出“自动人”、“复杂人”、“自我实现人”等口号，“经济人”假设，在古典管理理论那里是不证自明、不言而喻的前提，是隐含在理论构成的过程和结果中的。

“经济人”命题在经济学研究中经历了一个思想历险的过程。最初由斯密作为一种价值判断提出，斯密的思路要点是：(1)每个人天然地是他自己利益的判断者。如果不受干预，他的行为可使他达到自己的目的和最大利益；(2)每个人在追求自己的私利时又不得不考虑他人的私利，否则就难以实现自己的利益，正是这一点构成了交易的意义；(3)当每个人都能自由地选择某种方式追求自己的最大利益时，“一只无形的手”会将他们对私利的追求引导到能够为公共利益作出最大贡献的途径上去——这只“无形的手”，就是分工基础上的市场和竞争。归纳起来，在斯密那里，“经济人”还只是从个人利己主义的动机出发，能自由地选择某种方式(包括在必要时也考虑他人利益)追求自己最大利益的交易者。而在一个由“经济人”组成的社会中，“自利”是得到全体社会成员认同的行为原则，每个人都考虑自己的利益而不顾他人利益。那么，只顾自己而无视他人利益，人们何以相处，社会如何正常运转呢？斯密把其中的秘密归之于交换与分工。

其后历经几代古典学者研究、深化和完善，“经济人”逐步成为一种重要的分析方法。我国曾有学者深刻指出，“经济人”假设方法可以说就是经济学研究中的“思想实验”方法，它是获取具有普遍品格的经济学知识的唯一可行的基本方法，

① 转引自黎红雷：《东方的管理智慧》，四川人民出版社，1994年版，第47页。

经济学研究中所有方法都是以此为基础的。①

泰罗吸收了亚当·斯密关于“经济人”的主要思想，并创造性地运用于分析企业中的人性，通过科学管理法探索了微观企业中自私之人何以互利共荣的可能，并取得了一定的成果。这个成果的取得，使泰罗对管理学的贡献有如斯密对经济学的贡献。

虽然泰罗从来没有在任何面世的文献中明言“经济人”的提法，但纵览他公开发表的文字，通篇都是关于追求利益的可能、许诺和方法。在《科学管理原理》中，他开宗明义地宣讲，管理的主要目的应该是使雇主实现最大程度的富裕，也联系着每个雇员实现最大程度的富裕。“经济人”始终是泰罗提出问题、分析问题、解决问题的逻辑支撑点。

利益在泰罗制中具有“范式”的意义。这是他思考和建构科学管理法的一个非常重要的视角。科学管理法是针对企业低效率应运而生的。而低效率的根由在于劳资双方都漠视对方的利益，甚至敌意伤害。企业主看到工人提高劳动生产率，马上就改变计件工资制的标准，结果对“每一个达到高效率的工人都是一种处罚……连最好的工人也不停地被迫弄虚作假，拚命同雇主的迫害作斗争”②。而工人对付资本家除了“磨洋工”外，就是组织起来，诉诸政治的力量，以工会乃至暴力压迫资本家低头，结果是谁的利益也得不到保证。在泰罗看来，这种只意识到自己利益而忽视对方利益的想法是对”经济人”的片面理解，是必须痛加改变的致命问题。

泰罗首先要帮助人们走出“经济人”的思想误区，武器是他视为“科学管理法实质”的伟大的思想革命。

① 参见狄仁昆：《走向大科学的经济学》，上海社会科学院出版社，1998 年版，第 77 页。

② 泰罗：《科学管理原理》，第 3 页。

“全面思想革命”是泰罗在美国国会中为科学管理法作辩护的证词，体现了他对科学管理认识的升华，是他毕生管理哲学的总结和表达。他提出这个观点就时间而言，在计件工资制、时间-动作研究和职能工长制之后，合乎管理学之初由解决具体问题起步，一步步深化，走向整体和普遍的逻辑。但从泰罗“科学管理法”理论体系的逻辑环节来说，正好相反，“全面思想革命”恰恰处于其理论体系的第一个环节上。这是科学管理法得以推行的心理润滑剂和必要条件。泰罗自己就很明了地指出：“伟大的心理革命开始，是实现科学管理的第一步。”①

面对霍克西等人的指责，这位科学管理的创始人是这样陈述科学管理的：“科学管理不是任何一种效率措施，不是一种取得效率的措施；也不是一批或一组取得效率的措施。它不是一种新的成本核算制度；它不是一种新的工资制度……它不是一种报酬职工的方式；它不是时间研究；它不是动作研究，也不是对工人动作的分析；它不是印制大量的工作文件交给工人说：‘这是你的制度，你必须执行’。它不是工长分工制，也不是职能工长制；它也不是普通工人在听到‘科学管理’时就会想到的各种措施……但科学管理并不是上述那些措施。我不轻视成本会计制度、时间研究、职能工资制，也不轻视任何一种新的工资方法，也不轻视任何效率措施……我相信它们。但我强调指出这些措施都不是科学管理，它们是科学管理的有用附件。因而也是其他管理制度有用的附件。”②接着他说：“科学管理的实质是在一切企业或机构中的工人们的一次完全的思想革命——也就是这些工人，在对待他们的工作责任、对待他们的同事、对待他们的雇主的一次完全的思想革命。同时，也是管理方面的工长、厂长、雇主、董事会，在对他们的同事、他们的工人和对所有的日常工作问题责任上

①、② 泰罗：《科学管理原理》，第237页、238页。

的一次完全的思想革命。没有工人与管理人员双方在思想上的一次完全的革命，科学管理就不会存在。”“这个伟大的思想革命就是科学管理实质。”①

而劳资双方进行一场“全面的心理革命”，要旨在于劳资双方都能在价值取向上由注意分配盈余转到增加盈余，行为方式上由相互敌视化为互相合作。用哲学语言表达，满足了普遍的利益，才会有特殊的利益；通俗地讲，就是做大蛋糕，实现“你有我有全都有”。

泰罗认为，不理解这些新科学精神，就无法把握科学管理的精髓，也不可能顺利推行“任务管理制”和“组织职能论”。

“全面心理革命”分析了劳资对立的根源，认为根本症结在于劳资双方只有经济冲动的本能，没有寻找到满足利益需要的理性办法。泰罗实质上倡导劳资双方不仅要维护自身“经济人”的地位，还要尊重和满足对方“经济人”的动机，并找到了协调和满足双方利益的体制——科学管理法。如果说，“全面心理革命”分析了双方利益都能得到满足的可能，指明了实现这种可能需要具备的精神境界，那么“任务管理制”就完全是“经济人”观念的直接外化。因为认识到利益一致只能消除对抗，而并不能保证利益增加。工资提高、利润增加的“双赢”，需要科学管理法作保证。

泰罗对自己的理论信心在于两条：一是对人是“经济人”的深刻洞察。在他看来，人是利益动物，只要将科学管理法宣讲清楚，无论是企业主还是工人都能乐意接受。在宣传科学管理功效时，泰罗最乐于将科学管理的效果与物质利益挂钩。比如，他说，受雇于科学管理体制的工人，他们比他们周围具有同样能力的工人能多挣 30％～100％工资，而雇佣他们的公司也比以前更富裕兴旺。泰罗对工资制度异乎寻常的重视

① 泰罗：《科学管理原理》，第 238 页。

和强调，固然有这样的考虑，即希望通过工资制度的不断科学化而带来合理和公正，进而促使工人愿意接受；但更深层次的原因，说到底还是他执着地深信人对经济利益的在乎，深信通过物质利益的激励，完全可以把工人劳动的积极性、上进心最大程度地激发出来。二是他的科学管理法的高度科学性，即找到了能够兼顾劳资双方利益的科学方法，因为按标准化作业，不仅能减轻劳动强度，而且能大大提高效率，又由于企业实施了计件工资制，企业通过效率提高而增加的盈余能在劳资双方认可和接受的条件下分配，这样，科学管理的生命力是显而易见的。这里特别需要强调的是，确定科学性的标准，功不可没。它既解决了工人的身体承受问题，又解决了工人需要公正的心理接受问题。

第三节　注重功能结构的组织论

由局部扩展到整体，由形式深化到本质是认识事物的一般规律。组织理论的演化同样体现着这个规律，这是由古典管理论的实践论和技术论特点所决定的。古典管理理论就是为着克服企业运行中无序低效的矛盾而产生的，是为着直接解决问题而问世的，其管理原则和理论是管理实践中有效方法的总结和成功经验的提炼。

古典管理理论在占部都美看来，“是一种为了有效地或经济地实现管理目的而阐明有实际用处的各项原理和各种技术的理论”①。这与现代管理理论具有浓郁的学理色彩有着较大的差别。现代管理论不满足于传统管理论具有的技术论的性格，它要就组织的本质是什么、人在组织中是如何行动的等

① 占部都美：《现代管理论》，第 137 页。

问题进行分析，它不满足理论停留在经验和技术的层次，它通过追问组织的本质，而力求形成具有普遍性品格的组织理论。在现代管理学的研究者们看来，以技术论为主要特征的古典理论远没有达到科学的标准。

现代管理理论吸收了古典管理理论的合理内核又对其进行了超越，以之作为参照系，可以使我们对古典管理理论的理解更为深刻，评价更为客观。现代管理理论之父巴纳德曾有意识地对古典与现代管理理论从理论特征到知识形成进行比较研究，提出了一系列饶有见地的观点。在为西蒙《管理行为》一书撰写的“前言”中，他作了较为详细的阐发。巴纳德认为，把关于组织的经验和知识区分为三个不同层次，是很有好处的。第一层次是习惯性技能，第二层次是特定组织的实践方面的经验，第三层次是带有普遍性的组织理论。第一层次的经验直接来源于亲自实践，是一种习惯性技能。在这一层次上，“经验就是教师”，工人操作机器和机械，管理人员处理日常公务，都包含很大的实际技能成分，学会的是实际技能而非知识。“正如我们不能指望靠阅读生理学书籍来控制身体功能一样，我们也不能指望靠书本知识来支配这类行为。”①第二层次的经验来源于特定组织中的体验和生活，是对具体组织的职权结构、管理策略、规章制度和行为模式等的了解，包括明文规定和不成文的法规两个方面。对于后者主要是靠密切观察和体验来了解。一个人如果从来没有在某一组织中工作过，就不可能充分理解那个组织的种种行为。关于组织和管理的科学知识，永远代替不了具体组织中的特定经验。第三层次属于学术研究成果——关于组织和管理行为的普遍知识。这种知识的最大特点就是具有普遍适应性，无论是对什

① 转引自西蒙：《管理行为》，北京经济学院出版社，1988 年版，第 35～36 页。

么组织,都可以用它去解释很多现象,提供有效的管理方法。它的直接实践用途是有限的,最终实践价值则是巨大的。①

我国学者杨砾沿着巴纳德的思路更进一步,直接提出了管理理论的三种研究模式。(1) 对习惯性技能的研究,包括时间-动作,以及提高操作效率和日常公务处理效率的其他研究,还包括技能培训方面的研究。(2) 具体组织中的现象观察和管理经验研究,不仅包括巴纳德所讲的具体组织中带有特殊性的经验,而且包括带有普遍性的经验。这种研究既可以用来发现和整理前者,也可以用来检验普遍性的组织理论。经验管理学派就属于此类。(3) 普遍性的组织理论的建立和研究。这方面研究带有较强的学术色彩,大多建立在第二类研究的基础上,即根据经验现象提出假设,构造理论体系,并以经验证据去检验和改进理论。②

日本著名管理学者占部都美对林林总总的管理理论在分析和比较的基础上,提出了三种类型的管理理论划分说,即技术论的管理论、描述论的管理论和规范论的管理论。他认为技术论的管理论是从实践中总结出来的,对实现经营管理目标有效的有关管理的各种原则和方法,并指出法约尔的管理论就是这种性质的管理论。描述论的管理论是指具有描述科学倾向的管理论。描述科学本来是以根据观察和实验的结果对事物进行解释和预见为任务的科学。它既要对事物作出解释,同时又要根据这种解释作出预见。它作出与企业中人们行为有关的假定,分析与预测行为的管理后果。它所力求说明的是"是什么"的问题,如组织是什么,组织的形态、结构、运转过程和机理是怎样的等,或者说,如果采取了某种管理措施将会导致怎样的客观后果。当然,作出这样的解释和预见,

---

① 转引自西蒙:《管理行为》,第35～36页。

② 参见杨砾:《当代西方管理学》,世界知识出版社,1990年版,第54页。

需要通过观察和实验来验证。正因为现代管理论具有描述论的性质，因此，它具有不同于传统管理论的特征。当然，由于巴纳德一半是学者，一半是企业家，所以，他在验证文献方面所做的努力是不够的，但却是按照描述性理论的方法进行研究的。

规范论的管理论，以一定的价值判断作为出发点，提出行为的标准，并研究如何才能符合这些标准，它所力求说明的是“应该是什么”的问题。相对描述性研究，规范性研究的特点在于关心价值：为实现既定目标，应当怎样去做，某一管理措施是否有利于实现该目标，选择哪种方案更好些，等等。20世纪下半叶兴起的企业伦理学等主要是规范性研究，涉及企业的伦理准则和道德规范。

按照巴纳德关于组织的经验和知识三个层次的划分，古典组织理论无疑属于前两个层次范畴，即以个人的经验和组织特殊经验为主要依据的范畴；按照占部都美对管理理论品格的区别，古典组织理论则显然属于实践论。这里，笔者也不妨对古典组织理论的特征作一些概括性阐述。

其一，古典组织理论散发出浓郁的经验论气息。组织理论乃至整个管理学，就其理论源泉来说主要有两类：一条是通过其他学科的渗透，吸取思想资源；另一条是对实践经验的总结提升。卡斯特和罗森茨韦克就明确讲过，“组织理论有许多来源，各门各类学科的演绎性与归纳性研究都为它提供了有关见解方面的理论基础……从管理实践中获得的经验也是组织理论的重要来源。”①

很明显，古典组织理论的形成是实践经验的结晶。其开创者们属于打“江山”的一代，大多来自于厂矿企业，他们对管理的理解或者来源于基层亲身实践，或者来源于在具体组织

① 卡斯特、罗森茨韦克：《组织与管理》，第11页。

中长期的体验和生活。前者如泰罗，从最底层的学徒起家，最后干到工程师，有长期当普通工人和工段长的经验。他从1880年开始，先后在米德维尔钢铁厂、伯利恒等企业进行科学管理方法的实验，历时30年之久，最后悟道而成“泰罗制”。

泰罗的科学管理法的主干工程，基本上都建立在实验基础之上。使泰罗获得巨大荣誉又蒙受诸多诋毁的“泰罗制”，则是作者对亲身实践中许多做法的总结和提炼。科学管理法的核心理论——标准化研究，由搬运生铁、铲铁以及金属切削等一系列实验组成。泰罗的组织理论实际上是时间-动作研究的延伸，是任务管理的有机组成部分。道理很简单，进行标准化研究，对工人进行标准化作业培训，保证工作条件规范以及统筹这些工作，必须有一个部门主持，泰罗在实践中提出设置计划部就是为了执行这些职能，设立计划部和推行职能工长制，实际上就承担起了企业的管理职责。无论效果如何，评判如何大相径庭，有一点很突出——这些做法绝对不是书斋里的玄想，它们都能找到实践的“原型”。

相对泰罗的亲身经历，法约尔注重“共同经验”的概括。法约尔有长期高层管理的背景，使他的管理论视点相对比较高，一开始就是以整个公司为思考问题的着眼点，加上他进行管理研究的一个重要动因是管理教育，因此，他的管理论概括性较强，也非常富有原则性。但是，他的理论形成途径仍然是以实际成功的经验为基础的。研究不同企业规模对管理能力的要求而形成的著名“法约尔法则”，是他根据30年积累的宝贵经验所总结出来的；法约尔提出14条管理原则和组织形态的观点，也是自己管理实践的经验之谈；而法约尔关于参谋职能的论述，则用自己的嘴巴道出了他对试验和实践的倚重。他认为企业中参谋工作在简单服务方面做得可以，而对未来计划和调查研究工作不行；要进行改革，方法就是观察情况、搜集信息、进行分类，如有必要就进行试验，再从全局出发，在经营者的指导下，确立能在经营实践中加以采用的各种准则。①

泰罗和法约尔对组织的研究，总体上是一种经验总结法和不完全归纳法，这在很大程度上与他们都是将组织或者作为一个机构，或者作为一种要素看待有关。②

对实践经验总结是科学研究的起步，包括古典组织理论在内的古典管理理论，在管理科学化的道路上迈出这开创性的第一步，功不可没。然而也仅仅是起步，虽然通过分析经验，他们努力探索现象之间的联系，但是除了描述了一系列现象之间的关系外，很少形成揭示现象内在关系、具有学理深度的观念和范畴。即便运用不完全归纳方法界定的概念，也含混不清，不够明确，而且只能概括经验的事实，还不能对这些事实作进一步的剖析，因而远没有达到对管理学的实证研究层次。我国管理学者杨砾通过对古典管理理论的研究认为：“这些早期工作大致涉及操作效率研究、组织理论研究、管理经验研究和管理技术研究，但主要涉及前两个层次。管理经验研究方面仅限于经验总结，除了操作效率研究中的科学实验之外，很少有针对其他组织现象或管理问题的科学观察和分析。”③

其二，古典组织理论具有鲜明的结构论特征。结构生成功能，反过来，对问题的解决，必然要探索结构。经过巴纳德、西蒙和马奇等杰出学者的努力，组织论成为现代管理学中最高理论成就的代表。现代管理论之所以能形成完整严密的理论体系，最重要的是注重学理研究，探索事实背后的原因，从

---

①　转引自占部都美：《现代管理论》，第75页。

②　古典组织理论中，韦伯是一个例外，之所以不同，就因为他没有企业工作的背景，他对组织研究由权力性质入手，以合理合法为座标设计组织，因而学理气息较浓。

③　杨砾：《当代西方管理学》，第67页。

而逐步清除了古典管理论的技术论习气。而古典管理理论，对组织理解和把握过于狭隘及外在化，既没有像其后人群关系学说那样，只研究组织内在的侧面——人事关系问题，更没有像现代管理论那样，首先通过组织本质的思考，即组织应当承担什么职能，然后由内往外推，构想整个组织形态，古典组织论主要将研究重心放在组织的结构这个侧面上，这大大限制了古典组织论的成就。

泰罗的管理论主要局限于现场管理，是以车间管理为研究对象的，尽管触及到计划部的设置以及职能工长的推行，但主要还是一种局部性研究，当然，职能化原理对其后组织论研究有重要影响。但总体上讲，其组织理论不够完整，评价不宜过高。

对组织结构作出较多研究，并提出较完整理论的主要有法约尔的组织形态理论和韦伯的科层制组织论。从学术路径上看，法约尔和组织设计论相近，韦伯则另辟蹊径。

法约尔视组织为执行管理职能的基础，关于组织的理论在法约尔管理论中占有非常重要的位置，组织论可以说是其管理论的本质。在《工业管理和一般管理》中，他开创了组织形态理论研究的先河。法约尔和泰罗一样，也是将组织问题放在管理中来研究的。他提出著名的管理五要素说，其中用了三分之一的篇幅阐述了有关组织的观点，不仅明确指出组织是管理中的一项重要活动，而且将组织划分为物质组织和社会组织。他认为，物质组织只是一种手段，只有靠社会组织，物质组织才能发挥作用。管理中的组织，主要是指人的社会组织，即建立权力机构和组织系统，规定职位和职权，确定组织活动的原则。很明显，他对组织的思考集中在研究组织结构层面。

法约尔比较全面地论述了组织结构问题，主要包括组织的外在结构、内在结构及与结构直接相关的活动原则和方法。

他认为无论是经济组织、行政组织，还是军队组织、宗教组织，从性质上来说有很大区别，但在外部结构形态上却有着相似之处，即都由一定数目的人员组成不同的层次结构，人员少则层次少；人员增加，结构层次也相应增加。“社会组织的一般形式差不多只取决于企业的人数”①。

组织的外在结构一般呈现为塔式，即从上到下直线式的纵向层次关系。法约尔反对泰罗的职能化组织理论，认为各个职能部门都向作业人员发布命令，将使作业人员无所适从，势必造成混乱。他认为，为了保证组织的效率，最重要的是贯彻命令统一原则，而要贯彻命令统一原则，组织的结构形态就只能是从上到下的直线式结构。

针对具有同样外在结构的组织，其效率可能出现很大差别的问题，法约尔又提出组织的内在结构问题，即指组织成员的能力和素质结构，并认为这些是组织的力量和效率的内在源泉。这是其超越古典组织理论的地方，也是其理论现代性之所在。

设置参谋组织也是法约尔对组织结构理论的重要贡献，针对泰罗职能化部门对命令统一原则的破坏，他的参谋组织不像职能化部门那样具有权限，作用只是协助最高领导进行组织的管理工作，不直接拥有指挥或命令下级的权限。

组织设计论信奉“管理是为经营目的服务的，组织是为管理服务的”，②在将组织作为有效管理手段的指导思想下，侧重于研究两个课题：一个是决定从事管理的各个成员的职务；另一个是决定这些职务之间的相互关系。他们为了能有效地对作为技术问题的组织设计作出判断，或改进组织，对组织原则进行了探讨，提出诸如管理幅度、专门化、权力与责任对称

① 法约尔：《工业管理和一般管理》，第62页。

② 参见占部都美：《现代管理论》，第94页。

等富有实践性的原则，特别是对职能组织、线性组织和线性参谋组织等组织结构的优劣得失以及线性组织中管理人员与参谋权限关系等课题进行了有价值的深入研究。

古典组织理论的第三根支柱是韦伯。他以一个大思想家的深邃学术眼光，对组织现象作了鞭辟入里的研究，加重了组织理论的学理色彩，由他提出的科层组织理论后来成为各类正式组织的一种典型结构，并被人们广泛而有效地应用于各种组织设计当中，韦伯被后世尊为"组织理论"之父。韦伯在管理思想史上的最大贡献是提出了"理想的行政组织体系理论"，也即大名鼎鼎的"官僚体制"。它的原意是指这种组织是通过职务和职位进行管理的，而不是我们望文生义所联想到的扯皮低效等惯常意义。甚至"理想的"也并非指最好、符合人们某种需要的管理组织形式，而是指它代表了一种"纯粹的"、"在现实中没有例证的"的组织形态，借以与那些在现实中实际存在的具有各种各样特殊形态的组织相区别。

以合理合法的职权为基础，韦伯提出了他的科层组织理论的基本框架：(1) 建立明确的职能分工。科层组织所必须从事的正常活动以正式规定的职责形式固定落实到人，即明确每一个人的权力与责任，并把这些权力与责任作为正式职责而使之合理化。(2) 建立明确的职权等级。组织中以职位按等级原则自上而下顺序排列，共同服从于一个指挥决策中心。同时为了使每个管理人员都能完成其所承担的责任，必须给予相应的权力，使权责相符。(3) 建立有关职权和职责的规章制度。在任何情况下，管理人员都要按有关制度办事，这样有利于组织一切人员对职务行为规范化，也有利于公平、合理、平等地对待一切人和事。(4) 管理人员非人格化。管理人员进行工作时，必须排除个人感情干扰，以理性的态度处理事情。保证组织内的人与人之间都是职务关系，而不是个人之间的私人关系。(5) 执行量才用人的制度。一方面组织内所有的职务均由受过专门训练的专业人员担任，对他们的选拔和提升也均以其技术能力为依据。另一方面，组织管理人员都是根据一定标准聘用，组织发给他们固定的薪金，保障他们应得的权益，同时也有随时被解雇的可能。这样以利激发他们的敬业精神。[①] 韦伯关于科层制组织论的影响是深远的，雷恩将韦伯与亚当·斯密相提并论，认为斯密的自由经济主义理论摧毁了阻碍资本主义发展的英国重商主义政策，而韦伯提出的基于知识和技术能力的管理论，则从另一个方面有力冲击了旧传统以及在经济中使用的政治控制，同样也促进了资本主义的发展。在这个意义上，雷恩赞誉韦伯是德国的亚当·斯密。[②]

可以说，韦伯的组织理论，不仅在思想上启发了西蒙对组织的研究，使西蒙被一些学者指称为“新韦伯主义”；在实践中也以其高效、精致而成为工业化时期公司的经典组织形式。当然，其对组织的机械形式认识和非人格看法，也使韦伯的组织论最终没有超越古典组织论的范围，并为后继组织理论的发展创新留下了广阔的空间。

第四节　科学与哲学的双重批判

在科学的发展史上，人们总是通过对科学思想的反思与批判来推动科学思想的进一步发展。一定意义上，科学的发展史就表现为科学思想的批判史。而思想的自我批判，一般又分两个层次：科学的批判和哲学的批判。科学的批判是思想对自己内容的批判，主要指在科学的研究过程中，科学研究

① 参见于显洋：《组织社会学》，中国人民大学出版社，2001 年版，第 49 页。

② 雷恩：《管理思想的演变》，第 256～257 页。

的主体总是把已有的科学成果作为再思想、再认识的对象，揭露已有的科学成果与新的经验事实之间的矛盾，以及科学成果自身内在的矛盾，从而推进科学的发展。

哲学的批判是思想对自己构成自己的根据和原则的批判，主要反思隐匿在理论中的前提及其合理性；科学成果中蕴涵着怎样的研究方法，以及对思想进行评价的原则和标准，等等。科学思想的自我反思和自我批判所实现的是对科学理论的逻辑前提的变革，以及由此而实现的科学“范式”的转换，是科学发现中最根本的创新。这种指向思想的逻辑前提、逻辑基础的反思，属于对构成思想的根据和原则的反思，即哲学层面的思想自我反思。不仅改变了批判思想的内容，而且变革了思想之所以为思想的根据。① 显然前提反思更具革命性意义。

笔者立足哲学视域考察，主要侧重前提和方法的批判，但为了完整全面地揭示古典管理理论的缺失，这里首先对古典管理理论的思想内容进行批判，即“科学层面的批判”。古典管理理论就内容而言，主要有以下三个方面的缺陷。

第一，客体至上的偏颇。我们把古典科学管理阶段的管理哲学界定为客体至上的效率哲学，是因为这个时期的管理者在把握企业中人与物的关系时，其着眼点和立脚点一般都在管理的客体方面。如工作条件、工作行为等标准化研究，以及组织结构的科学性探讨等。即使涉及到人，也是抽剥了人的主体性，将人置于客体地位观照和对待。“通过动作研究，人的行动被从人身上剥离，并使之成为抽象的东西。企业中的科学，使工人处于被动和依附的地位，而且从他们的工作中抽掉了一切思想。”②所以，马奇和西蒙认为，古典管理论是基

① 参见孙正聿：《哲学通论》，第 106 页。

② 雷恩：《管理思想的演变》，第 281 页。

于机械模式的管理论，其理由是古典管理论把工人当作被动的机械工具看待，工人只受命进行作业，对他人不产生重要影响。阿吉里斯也认为，专业化分工的假设，把人看作工具，重视的不是人本身，而是人能够为组织做什么，是人作为工具所具有的价值和能力。这时候，组织内的文化环境就会带上明显的拜物教特征。①

被誉为科学管理之父的泰罗，是一位典型的具有“宗教热情”的理性主义者。他的功绩在于“理性”，用科学代替随意，理性放逐经验，确立了一门学科的尊严，诚如他自己所说，科学管理“这整个制度是建立在对单位工时的精确和科学的研究上的。”②从而使管理学堂而皇之被作为一门科学来研究，虽然严格的科学性对泰罗制而言只是局部的，即工时研究和作业管理；而他的缺憾在于“主义”，即将科学理性推广到无以复加的地步，一个严重的后果就是对人的忽视，虽然很多时候不是主观自觉的。

围绕提高操作效率的一系列研究，无论是时间-动作标准化研究，还是工作条件和工作环境等标准化研究，都是探寻人在生产作业中的科学规律，人是作为提高效率的手段而存在的。泰罗由于他的经历，对工人始终怀有深深的同情。他寄望劳资双方通过全面心理革命，协作双利。其愿望无疑是真诚的，但他潜意识深处对工人看法并不高，工人是被动的而不是能动的；是利益至上而不是融物质、社会、心理等多重动机于一身的主体，因而是一种“客体性”的主体。

法约尔把大企业的整体作为研究对象，探讨普遍适用的“一般管理”，尽管其理论具有相当的概括性和原则性，但他的管理论仍没有挣脱客体至上论的樊篱。他是组织理论研究

① 参见封新建、肖云编：《世界管理学名著速读手册》，第115页。

② 泰罗：《科学管理原理》，第15页。

的始作俑者，但他的组织作为管理的五大职能之一，是被置于管理技术层面上看待的，注重的是组织外在形式和表面结构。命令统一原则、参谋组织和“法约尔跳板”等是组织有效形成、维持及结构设计的科学原则，很少考虑到组织中人的因素，而不是像现代组织论主要研究组织行为，即组织中人的行为，将组织看作是管理主体意义上的组织。当然，法约尔强调了社会体即人的组织在管理中的作用，特别是对组织成员的能力和素质结构有所涉及，认为他们的思维能力、管理能力和创造力是企业效率的源泉，但语焉不详。总体上，法约尔还是把人置于企业组织这种物的统治之下。

德国社会学家马克斯·韦伯的“官僚制组织论”，同样体现出客体统治主体、客体至上的那个时代的特点。韦伯认为，理想的组织应该具有明确的权力等级、清晰的劳动分工、严格的规章制度和完整的工作程序；人与人之间的关系要“非人格化”，人员选用和提升要依据人的技术才能，有明文规定。韦伯认为这种组织体制的基础是“合理合法权威”，也就是说，这种组织的管理制度不仅具有合法的公认权威性，而且具有“理性”——能够最佳地实现管理目标。机械模式的思想与泰罗和法约尔一脉相通，毫不逊色。他甚至直言不讳地说：在官僚制组织中，“各个职员对自己被安置的岗位，不得有散漫的举动……对绝大多数情况来说，一个职员无非是一台运转着的机器上的一个齿牙，整个机器的运转给他规定了基本固定的运行路线……”，他还以赞赏的口气说过，科学管理的“最终成就是由机械化和工厂纪律带来的，人的身心完全适应外部世界的需要，适应工具和机器——简言之，适应个人‘职能’……”①总之，他认为严格管理才能提高效率，扩大利润。

显然，古典管理论的人性假设是“机械人”和“经济人”，其

① 转引自杨砾：《当代西方管理学》，第 91 页。

管理理论明显倾向于管理的对象性，这表明了它的管理哲学是一种客体性哲学。以至丹尼尔·贝尔等人批评科学管理时代是以“机器文明”或机械地看待工业中的人为具体特点的。贝尔认为“泰罗学说造成一种‘社会物理学’，把人的社会面降为纯粹的物理定律和决定要素。”“科学管理建立了一种单面的人和组织的机器式模型。”①

的确，正是在对效率的狂热追求中，在对理性的虔诚信仰中，人成了一台工作机器，甚至“巨轮上的一个齿牙”。金钱是机器不断运转的润滑油，人的情感、交往等社会需要被尽数漠视和剥夺。“人不是机器”的凄凉呐喊，便是对“科学管理运动的”的血泪控诉。并且，随着“泰罗制”在企业的大力推行，劳动生产率大幅度提高，人的基本生理、物质的欲求逐步得到满足，“胡萝卜加大棒”的方法失灵了，“见物不见人”弊端日渐凸现。这种一切导向工作效率，以为只要将管理诉诸于科学理性，只要简单地满足人们的物质需求就可以实现高效率的片面、浅薄的管理哲学，终于伴随着社会财富的不断增长以及理性主义在20世纪的最后式微而不可避免地为以人际协调、人的激励为特征的行为哲学所取代。

第二，缺乏整体和宏观视野。“局部性”缺陷是古典管理理论一个突出的问题。表现在两个方面：一个是在整个企业管理中偏重于作业效率和生产环节。作为古典管理论主体的泰罗制，主要讨论作业层次的管理问题。泰罗撰写的《车间管理》，作为这方面的集中思考，显然视野没有扩展到作为一个整体的企业管理。由于泰罗理论思考的聚焦点主要在作业管理和生产活动方面，因此他的理论带有很明显的不完整性。比如，关于组织问题，他提出了计划部设置、职能管理和例外原则，虽然很富开创性，在管理思想史上也占有重要地位，但

① 雷恩：《管理思想的演变》，第281页。

是，正如有学者所批评的："这三条原则不能构成一个完整的理论，它们既没有讲组织生存或消亡的机制，也没有讲组织中人的多重动机。"①

法约尔的管理论，具有明显的整体感，关于工业活动的六大部类、管理的五大职能以及十四条管理原则，都明显地表明他是从整体着眼思考管理问题的。事实上，法约尔也的确是把管理看作一个过程，并试图通过分析其中的要素，建立普遍的管理原则和组织理论，将管理的视野从局部拉向整体，这是法约尔的贡献，也是其理论现代性所在。然而，他的现代性是不彻底的，占部都美认为："法约尔管理论只是考察了组织的内在因素，没有考察组织同它的周围环境的关系，因此，非常缺乏具体性。"②

另一个"局部性"缺陷是，专注于企业内部而未对企业外部环境进行深入的研究。当然，这受制于一定的历史发展阶段。古典管理论面对的时代，是财富相对短缺的时代，主要任务是要高效率地生产出商品，供需主动权完全在供方，市场和消费者尚没有成为制约企业生存发展的主要因素，因此对企业外在环境的研究，也就没有历史地、逻辑地提上议事日程。随着时代变迁，这个不足成为古典管理理论的"致命伤"，古典理论遭遇的主要批评之一就是"它对组织使用了一种非现实的封闭系统的观点"③。

第三，古典管理理论本身与经验事实的矛盾。既有学理上的自相矛盾之处，也有理论与实践的脱节。泰罗的时间-动作研究，尽管他一再标榜"科学"，主观上也热切地孜孜以求，实际上他的任务管理不可能完全做到，因为通过时间研究制

① 参见杨砾：《当代西方管理学》，第86页。

② 占部都美：《现代管理论》，第87页。

③ 转引自卡斯特、罗森茨韦克：《组织与管理》，第85页。

定的作业标准，不可能完全摒弃经营者和从事时间-动作研究人员的主观判断，尤其在资本主义制度下。他的组织论的基础是职能组织原理，将计划职能和操作职能分离是他对管理学研究划时代的贡献，但是完全将工人排除出管理领域却又有失偏颇，“泰罗忽视了工人也是问题的解决者和决策者这一侧面”①。占部都美的观点代表了相当一部分持现代管理论学者的看法。

不仅“泰罗制”，就是整个古典理论都存在着开创阶段的粗糙，不少理论环节经不起实践与事实的推敲。西蒙在《管理行为》一书中，对古典理论公认的效率四大原则作了淋漓的批判。关于专业化原则，西蒙认为这并不是有效管理的一个条件，它不过是一切活动的一个显著特征罢了，并不涉及集体活动是否高效的问题。在他看来，单凭专业化一个原则，有时在操作中很难权衡效率的高低，提高管理效率要“以特定方式和具体方针去搞专业化”②。关于管理幅度原则，西蒙认为传统关于管理幅度原则的观点与管理层次的论述也有矛盾，根据前者，一般认为管理的人员越少，效率越高；根据后者，执行一件事情经过的层次越少，效率越高。此外，如命令统一性原则，西蒙就直接指出它与专业化原则不相容。的确，作为管理学开创阶段的古典管理论，无论是从其学术深度、理论严密度和学说可检验性方面，都有这样或那样的问题，但也为后来的理论发展留下了空间。

哲学的批判，主要是对思想构成自己的根据和原则进行反思。具体包括：理论前提的反思和研究方法的批判。

(1)理论前提的反思　作为古典管理理论的前提，“理性经济人”是抽象和片面的。首先，古典管理论把企业中人看作

① 占部都美：《现代管理论》，第51页。

② 西蒙：《管理行为》，第23页。

“经济人”，说明古典管理并非完全忽视人，但“经济人”假设有明显的片面性，因为它仅仅停留于生理层次理解人的工作动机。所以泰罗的激励理论主要是在实行计件工资制或奖金制、分红奖励制等方面动脑筋、兜圈子。他的“精神革命说”同样是把企业中人看作“利益动物”的产物。他喋喋不休地劝导劳资双方实行“全面心理革命”，其理由是，这样做的后果“在能确保每一个雇主获得最大限度的财富的同时，也确保每一个雇员能获得最大限度的利益”①。显然没有从工人的心理、社会因素方面寻找激励的手段。事实上职工只要是在企业组织中从事工作，经济动机就不可能是唯一动机。后来，梅奥人群关系论向古典科学管理论发难，就是拿“经济人”假设开刀，作为最初的突破口。

同时，全知全能的“理性人”假设，在许多学者看来也大有问题。20 世纪一大批不同阵营、声名显赫的经济学家都曾参与对“理性经济人”的讨伐，留下了许多有价值的见解。“制度主义”开创人之一的凡勃伦，是最先对“理性经济人”学说进行否定的经济学家。他认为，19 世纪的理性经济人理论是建立在享乐和避免痛苦的冲动的基础上的，这与心理学的理论基础完全不同。这种理性经济人是“一个闪电似的快乐和痛苦的计算者，他在使他到处移动但是于他无损的种种刺激的冲动下，像一个快乐欲望的同性血球那样，踌躇摆动。他没有前因，也没有后果。他是一个孤立的、固定不变的标准人，处于稳定的平衡状态，除非受到刺激的力量的冲击，这种力量把他推到这个或那个方向”②。在凡勃伦来看来，如果按理性经济人的原则行事，那实际上就会把现实的人看作被动的、机械的存在物。因而，他认为以往建立在此基础上的经济学的前提

① 转引自雷恩:《管理思想的演变》，第 152 页。

② 转引自康芒斯:《制度经济学》(上)，商务印书馆，1962 年版，第 272 页。

和理论体系是错误的。

如果说凡勃伦还是针对经济学公理质疑的话，西蒙则完全可以说是以一个管理学权威，从管理学角度直接对“理性经济人”质疑。迄今以西蒙对“理性经济人”的批评最有力、最有影响。早在 1947 年出版的《管理行为》一书中，西蒙就对“理性经济人”提出了系统的批评，并在之后的一系列著述中完善了这一批评意见。他指出，数理经济学的发展，使古典经济学中的“经济人”模式具体化为一套经济最优性理论体系，完全理性的经济人几乎成为标准的经济分析基础。在这种分析中，经济学家们给经济人赋予一种“全智全能的荒谬理性”，经济人有一套完整而内在一致的偏好体系，使他总是能够在其所面临的备选方案中作出抉择；他完全了解所有的备选方案，并且可以从事复杂的计算，以判断并发现其中的最佳方案；他也不畏惧风险和不确定性的存在，总是料事如神，能够实现最大化目标。西蒙批评指出，这种全智全能的理性经济人抽象无异于“奥林匹亚山神模式”，它对于个人认知理性能力的假设，与现实中人类的实际理性和可能的行为几乎没有什么关系，剩下的不过是“具有很大的智慧和美学魅力”①。

为此，他提出用“有限理性”取代“经济理性”。他认为，在人们的市场决策行为中不仅很难对每一个措施的结果都有正确的预测和完全的了解，而且决策人本身的技能、价值观和相关知识的储备等方面，都会对决策产生影响，采用“寻求满意的管理人”，更易于贴近现代社会，贴近市场运行者的内在本质。很显然这些批评对古典管理理论同样适用。

(2)研究方法的批判　古典管理理论形成的途径主要是经验式的理论归纳法。泰罗制更多带有“实验”的性质，整个理论板块建立在关于时间和标准化研究等一系列著名的实验

---

① 西蒙:《管理行为》，第 18 页。

上；法约尔则更多带有“体验”的性质，其理论是他自己 30 年高层管理实践的悉心体会。

归纳方法对管理科学的创立发挥了重要的作用。泰罗、法约尔的实验和观察，构成了管理科学认识活动的基础，然而，古典理论就严格的知识形式来说，还只是科学事实，不是科学理论，从科学事实向科学理论的过渡，是一个既包括对经验归纳又在此基础上演绎推理的复杂过程。我国研究科学哲学的著名学者刘大椿教授提出，这个过程可以分为知性认识阶段和理性认识阶段。知性认识阶段主要是对科学事实进行分类，并在分析和概括的基础上形成系统化的观点，简单说，就是对事实进行科学概括。相应的方法是所谓广义归纳法，包括科学归纳、统计、类比等等或然性推论，简称归纳方法。理性认识阶段主要是在科学概括的基础上通过演绎建立理论体系，反映客观世界普遍而必然的联系。①

按照这样的观点，古典管理理论所完成的显然只是知性认识阶段，还没有形成前后逻辑一致的理论体系。标榜“科学”的古典管理理论之所以是“半截子”科学，很大程度就是由于其单纯的归纳法所致。幼稚的经验归纳方法，使得古典管理论带有很大的不确定性、局部性乃至非科学性。

首先，古典管理理论对管理的认识是一种或然性的知识，而不是普遍的真理性认识。科学认识活动从经验地搜集事实开始，最终目的是建立能解释事实并预见事实的理论。搜集、积累、概括事实，只是科学认识系统化、理论化的必要前提，是向科学靠拢，而非科学本身。亚里斯多德在 2000 多年前就明确指出，科学家应从要解释的现象中归纳出解释性原理，然后再从包含这些原理的前提中，演绎出关于现象的陈述。固然认识来自于经验，来自于科学的实验方法，但把认识的全部问

① 参见刘大椿：《科学哲学》，人民出版社，1998 年版，第 53～54 页。

题都局限于经验，就势必堵塞了认识通向现象内在本质的道路。实际上，经验归纳只完成理论构造的“半圈”，即从观察和实验中归纳出解释性原理，这些解释性原理如若具备科学品格，还必须从这些解释性原理中演绎出关于观察、研究对象的性质的陈述，形成逻辑贯通的理论体系。完成这样两道程序，才能形成一个构造性的知识体系。科学史一再表明，理论体系的建立主要靠必然性推论即演绎方法。

古典管理理论在这方面的缺失，使得古典管理理论未能成为真正意义上的管理科学。法约尔试图给管理规定特有的概念范围，并把它作为管理论的研究对象。他认为，管理是企业经营不可缺少的六种固定的职能之一。管理的定义“就是实行计划、指挥、组织、协调、控制”①。但这只不过是说管理是由这五种因素构成的，而并没有给管理确定统一的概念。西蒙强调，管理是科学，因此需要对管理作出统一的概念规定。而单凭归纳思维显然是无法做到的。法约尔关于管理的14条法则，内容庞杂，内在相互关系也没有理清，有的原则在操作中还相互矛盾，如命令统一原则和管理专门化原则。因而，对管理的指导作用非常有限。西蒙就针对法约尔理论这方面的不足提出，要判断特定的管理行为是否合理，一般性的管理原则由于含义暧昧，并且相互之间又有矛盾，所以不能作为判断的基准。② 占部都美则更明确地说：“因为对管理或者组织没有形成统一的概念，管理原则的含义也很含糊，并且对于如何解决相互矛盾的管理原则之间的矛盾，也没有作出任何解释，所以这类原则列举得再多，也不能导致形成真正的‘管理理论’。”③

① 法约尔：《一般管理和工业管理》，第5页。

② 参见占部都美：《现代管理论》，第82页。

③ 占部都美：《现代管理论》，第82～83页。

第二，古典管理理论处于现象论和实体论的层次，没有上升到本质论水平。古典管理理论历经了科学研究中观察实验和对事实材料概括提炼两个阶段，不仅发现了管理实践中许多带有规律性的现象，揭示了一些为经验证实的因果联系，而且概括了一系列反映管理要求的原则和方法，但是没有解答组织的本质和组织运行的内在机理，并推导出超越经验性质的逻辑必然的知识体系。通向管理科学之路对古典管理论来说还颇为遥远。

因为现象论和实体论只研究了“是什么”和“怎么样”的问题，没有深入到本质论层面思考。而成熟的科学理论是有关对象本质的知识，借助于理论，可以对非常多样的现象提供系统统一的说明。科学理论具有强大的解释和预见功能就在于，通过对经验的概括，揭示了有关对象的各个经验规律之间的一致性。而古典管理论，显然没有上升到本质论层次，即把所有事物现象都追溯到同样的基本过程，并把在基本过程中显示出的各种经验的一致性，描述为一组共同的基本规律的表现。

古典管理理论的幼稚，既表现在由或然性知识带来的前后之说相矛盾，又表现在因未能触及现象本质，理论缺乏应有的解释功能和预见功能。究其原因，最根本的是将演绎方法和归纳方法割裂开来，没有辩证地对待和综合起来加以使用。对科学史回顾可知，自然科学和社会科学中许多学科都经历了由经验观察记录到分类系统化，再到抽象演绎为理论体系的过程。以经济学为例，尽管可以远溯到古希腊，但直到亚当·斯密，特别是大卫·李嘉图创立古典学派，才开始超越以往经济学幼稚的经验总结式方法，明确地追求由抽象推理得出的具有前后逻辑一致性的普遍经济规律。在此之前，无论是重商学派，还是威廉·配第，都是运用经验总结和归纳的方法研究经济活动的。可以断言，尽管经验方法对形成科学的管理认识具有基础性作用，但不在此基础上进一步进行演绎推理，就不可能形成严格的科学。原因在于管理领域中因果关系错综复杂，某一因素所产生的结果常为其他因素的作用所抵销、所增添、所修改，因而变得面目全非。这些复杂管理问题的解决，不是从果到因的经验归纳法所能胜任的，因而必须采用演绎法。著名经济学家杰文斯曾经说过："不管经验知识是怎样有用，但与那些构成先进的演绎科学那种联系紧密、解释完善的许多知识相比较，其重要性就微不足道了。事实上，科学越是成为演绎的，越是使我们在同一法则下掌握更多的看起来不相关联的事实，科学就越是完善。一个人若是懂得事物发生的原因，他也就懂得该事物将在何种情况下发生，懂得什么样的环境变化将会阻碍它的产生。虽然观察和归纳永远是一切可靠的自然知识的基础，但单纯采用这两种方法决不会产生现代科学的成果。"①这样的深刻见解对管理学当然同样适用。古典管理理论的缺憾，后来经过巴纳德和西蒙之手，得到了令人振奋的改观。

① 转引自马涛：《理性崇拜与缺憾》，上海社会科学出版社，2001年版，第101页。

第四章　新古典管理：主体至上的行为哲学

新古典管理理论是在批判、扬弃古典管理理论的基础上产生的，认为效率的决定性因素不是“逻辑的力量”，而是“情感的力量”。纵览这个阶段林林总总的管理学说，无论是早期的人际关系理论，还是后继的行为科学学说，以及其延长线上的新人群关系理论，都是围绕人尤其是人的行为这根轴心展开研究的。他们笃信“满意的工人才是有效率的工人”，经营者职能就是管理组织，而组织是合乎目的的人相互作用的行为系统，对组织采取了行为主义的研究方法。这个阶段管理学的研究对象主要指向组织中人的行为，形成了人性理论、个体行为理论、群体行为理论、组织行为理论以及领导行为理论等分支理论。从不同的角度、层次研究管理中人的行为规律，以求通过理解、预测、引导和控制人的行为以实现组织的预期目标。把管理视为对人性的理解和行为的调控，是这个阶段管理学派的共同管理观。

第一节　工业人道主义的兴起

对管理中人的因素的关注并非始于霍桑试验，霍桑试验只不过是管理史上一个新时代的里程碑。几乎与古典管理理论同步，对人的研究就已开其滥觞。心理学创始人冯特的学生——胡戈·蒙特斯伯格，早在1910年就开始把心理学成果运用于企业效率研究，探讨诸如人在什么样的心理条件下取得最大效率之类的问题，并于1913年将这方面的研究成果编撰成《心理学和工业效率》一书发表。

然而，霍桑试验还是有其功不可没的革命性意义，它不是一般地强调人在管理中的作用，[①]而是第一次明确地把管理学的全部问题归结为人的因素，提出是人的社会心理因素而不是物质经济因素决定人的行为，从而变换了管理学研究的范式，实现了管理思想演化过程中的第一次重大转向。不仅拓展了人们认识管理的视野，深化了人们对管理的理解，也为管理学迈向现代在学科上进一步准备了条件。人际关系学说及其延长线上的行为科学的兴起，有其多方面的时代原因。

(1) 20世纪20年代末的大危机直接起到了为人际关系学说分娩的催生作用。整个20世纪20年代，主要资本主义国家出现了工业周期性高涨，1929年资本主义工业生产指数比1913年增长45%。同一时期，各国工业生产增长的幅度

① 事实上，泰罗从来没有否认人对实施科学管理的作用，法约尔则明确肯定人在组织中的作用。

是:美国为83.8%,英国为5.7%(不包括建筑业,如包括建筑业则为12.3%),法国为39%,德国为2.0%,日本为415.3%,意大利为80%,荷兰为87%,瑞典为51%。① 特别是美国,整个20年代物价稳定,工业生产率提高了一倍,工业产量增势迅猛,生产总量超过了整个欧洲,对外贸易总额也超过英国而跃居世界第一位。资本输出激剧增长,1919～1929年美国所提供的借款总额超过了其他所有资本主义国家所提供借款的总量,在国际收支方面极为有利,黄金从国外源源而来,到1930年美国已拥有世界黄金的半数以上。由于这段时间绝大部分在美国总统卡尔文·柯立芝(1923～1929年)的任期内,史称"柯立芝繁荣"②。资本主义经济在世界范围内空前繁荣,一时使人们普遍对未来充满乐观和信心。

然而1929年的世界性经济大危机,打破了人们怀抱的凭个人努力出人头地的"美国梦"。这次危机是资本主义世界迄今为止最持久和最深刻的经济危机。在1929年10月24日那个黑色星期五,美国证券市场跌了40点,30亿美元的股票价值被一扫而光。在危机最低点的1932年,资本主义世界生产资料比1929年减产43%,美国工业生产从危机前最高点1929年5月到危机最低点1932年7月下降了55.6%,退回到1905～1906年的水平。危机前增长较快的生产资料部门下降尤为剧烈。按危机前最高点和危机期间最低点比较,机床制造下降87%,生铁下降79.4%,炼钢下跌75.8%,汽车下降94.6%,采煤下降40.9%。危机最严重时,汽车工业仅开工5%,钢铁工业开工15%。危机遍及整个工业部门,致使工业生产连续下跌达三年之久。危机期间全美有13万家以

---

① 宋则行、樊亢主编:《世界经济史》中卷,第102页。

② 参见金波编著:《主要资本主义国家近现代经济发展史》,当代中国出版社,1994年版,第148页。

上的企业倒闭。失业人数逐年增多，到 1933 年达到1 283万人，每 4 个劳动者中就有 1 人失业，失业率从 3.2%上升到 30%。整个资本主义世界的全部失业人口曾经达3 000万人以上，加上半失业者共计4 000万～4 500万人，其中美国失业人数从危机前 150 万人增加到1 320万人，包括半失业者达 1 700万人。①

伴随着高速飞驰的经济战车驶向深渊，经济上的灾难使工人和企业主们的价值取向都发生了变化。人们心头布满了阴霾，未来是那么无常和不可确定，个人的脆弱无力、孤立无助代替了曾经的乐观和自信，到处都弥漫着不安和恐慌。以至 1933 年罗斯福在就任美国总统演说时一再呼吁："我们唯一感到恐惧的是恐惧本身——一种无名的、缺乏理智的、没有根据的恐惧。"埃里奇·弗罗姆在其名著《逃避自由》中，曾生动地描绘并深刻地分析了那个时代人们的心境。在法西斯德国，人们为了逃避这种孤独感，转向一种为他们作出决定并使他们具有认同感的极权制度，不管这种制度怎么不好；而在美国人中间也充斥着这种"归属的需要"，个人常常愿意放弃自我而归属于团体。人们在资本主义和新教伦理的个人主义中感到孤独，需要某种比他们自己伟大的事物——上帝、国家、公司、工会或其他事物，以便自我得到认同。② 反映到企业中，则是人们很自然地寄望在组织里找到心理安慰和生活稳定。研究者鉴于这种现实的变化，也自觉地反思以往的个人主义和功利主义价值观，开始重视群体意识，并自觉研究企业中小群体对职工行为的影响，研究职工的情绪、态度与工作效率的关系。

（2）更趋激化的劳资对立需要探求新的有效的管理方

① 宋则行、樊亢主编：《世界经济史》中卷，第 140～141 页。

② 参见雷恩：《管理思想的演变》，第 423 页。

式。泰罗的科学管理法虽然在许多企业运用，并有效地提高了劳动效率，但企业主谋取利益的手段主要还是依靠生产和资本的进一步集中。所以 20 世纪 20 年代，伴随经济的高速发展和财富的极大涌现，工人的收入并没有相应的同步跟上。相对于劳动生产率的提高，工资的增长则缓慢得多。1913～1929 年，加工工业中劳动生产率提高了 65.5%，工人实际工资（考虑到失业者）只增加了 26.1%，而对工人的剥削率高达 200%。1929 年产业工人的平均收入只有最低生活费（海勒氏指数）的 59%。[1] 以美国为例，社会贫富悬殊的现象更为触目惊心，1929 年，占人口 1%的富豪，竟据有国民财富 59%；而占人口 87%的普通群众，却只享有国民财富的 10%。一时间反对失业、饥饿的斗争此起彼伏。1929～1933 年，美国共发生罢工2 700万次。全美失业工人于 1931 年底和 1932 年底先后两次举行至华盛顿的饥饿进军，以抗议胡佛的饥饿政策。

而在企业内部，那种效率至上、视工人为机器的管理模式，在管理实践中也产生了极大的负面作用。单调的操作方式、机械被动的角色要求，使工人多方面的需求被单一化了，劳动的愉快感、尊严感被剥夺，个体的创造性、能动性受到极大漠视。这就不能不激起工人的反感乃至反抗，泰罗时代就存在的“有组织的怠工”不仅没有削弱，反而有进一步蔓延之势。同时，由于工人没有得到在正式组织中应该得到的关心、爱护，稳定感和安全感差，工人只好诉诸非正式组织，而非正式组织在企业中地位和作用的加强，反过来更加剧了劳资双方的对立和冲突，迫使资本家不得不寻求缓解矛盾的新的灵丹妙药。

(3) 人本主义文化思潮为工业人道主义提供了社会氛

① 参见宋则行、樊亢主编：《世界经济史》中卷，第 130 页。

围。大危机、大萧条之后，以对科学技术和工业文明批判为基调的西方人本主义哲学思潮乘势勃起。霍克海默、阿道尔诺、马尔库塞等一批人本主义哲学家，把批判的锋芒直指工业文明，从三个方面大加挞伐。

第一，人在本质上被贬低了。在人本主义者看来：一方面，现代资本主义的生产取消了人们在本质上的差别，人们不仅在劳动职能上，而且在需要和思想习惯方面都被单一而广加宣扬的文明划一了，人们被"降为单纯的原子"。文明与工业毁灭了个性和自由，过度提高的物质生产，失去了本来作为一种手段的意义而成为绝对的目的。另一方面，由于科学技术建立在功利主义基础之上，人的物质利益的满足，以压制其本性为前提。人类文明愈发展，科学技术愈进步，对人的本性压制和摧残也就愈严重。因而随着现代科学技术的发展进步，不是人类的幸福和进步的增长，而是统治者对被统治者的统治力量的增长，以及对人性的压制和异化的增长。为人服务的东西成为人的拜物教，人在本质上被贬低了。

第二，人与自然统一的纽带被切断了。20 世纪 30 年代的人本主义思潮认为，技术进步远不是给人带来快乐和满足，而是把人从自然那里引开，从而使人同自己的本质存在分离开来。然而，一旦切断了把人和自然统一起来的纽带，人就变成一种没有根基的、迷失方向的生物性存在，人的本性自然就受到极大的摧残，人已不再是自然的人，而变成一架"没有思想与没有感情的机器"①。人的创造性、自主性和目的性极大地丧失。马尔库塞曾不无偏激地指出，机器人和流水线，使得个人的自由与创造已丧失殆尽。发达社会已成为一个吞噬个人本性的"工业装置"②，技术的进步等于扩大奴役。

①、②　转引自夏基松：《现代西方哲学教程》，上海人民出版社，1985 年版，第 385 页、第 390 页。

第三，职工过社会生活的心理渴求被漠视了。工业文明对农业文明的替代，有力地改变了人们生活的环境和条件。人们不再囿于土生土长的生存空间，世代相传的固有社会纽带松弛乃至解体了。然而人们高情感的需求没有与高技术发展同步，大工业森严的组织体系、冰冷的效率逻辑压迫着人们的心灵和情感，传统社会在乡村和家庭中得到的情感和关爱在现代社会中失去了着落，工业中的人性普遍充满了不适、不安乃至失败的感觉。人本主义者认为，这正是工业文明进步的阴暗面，也是需要进行拯救和疗治的弊端。

上述文化哲学思潮对社会的批判，很显然为人际关系-行为科学的酝酿和发展提供了适宜的土壤。梅奥和许多行为科学家对人性的研究，对古典管理论的批判，让人们都能很容易地感觉出他们身上所散发的人本主义的气息。事实上汇集到企业中研究人的动机和行为的学者，许多都深受人本主义思潮影响，有的学者本身，如马斯洛等人，就是名噪一时的人本主义哲学家。

(4) 多学科发展为观察和研究“人”提供了丰富的理论资源。与科学管理运动几乎主要由工程师扮演主角不同，人际关系运动从一开始就体现出多学科的相互渗透和交融。正是在跨学科鉴取、吸收其他学科有益营养的过程中，管理学关于人的理论根深叶茂，最主要的思想资源来自心理学、社会学和哲学等学科。不仅传统心理学中的许多基本概念、理论成为分析人的行为、组织行为的框架，如雅各布·L. 莫雷诺的“社会心理测试法”和库尔特·卢因的“场论”，为分析团体行为提供了新的分析工具；现代心理学的三大思潮，也都为管理学的发展作出了各自的贡献。精神分析学派为强化理论、敏感性训练等提供了多种方法；而行为主义需要引起动机，动机支配行为的理论基点，则成为行为科学绝大部分理论的共同基础；作为心理学第三思潮的马斯洛的人本主义，则试图通过深入探索人性的“高级”层次，来扩展人们对于人格的理解，为透析人性，动态地把握人的需要打开新的窗口。①

社会学也从方法上支援了行为科学的研究。后期行为科学的适应—反应理论，明显受到社会系统论的影响。该理论认为组织行为不仅受微观变量的影响，如工作任务的复杂性和相互依赖性、下属的特征以及领导层的凝聚力等影响，还受到各种宏观变量的影响，如组织结构、组织的外部环境、组织技术特征和组织规模等影响。社会系统分析方法的援用，使对人的研究最终由古典管理理论进化为现代管理理论。

还有哲学起到触媒的作用，人本主义者对人的存在的追问，对人的价值、尊严的重视，对人的自由、自主、能动的企求，都给管理学的研究者以理论创新的灵感。

正是得益于借鉴和吸取其他学科的理论和方法，管理学快速地成长起来了。事实上这也是 20 世纪科学理论发展和创新的基本途径之一。

第二节　管理中的人性之谜叩问

马克思说过：“假如我们想知道什么东西对狗有用，我们就必须探究狗的本性。这种本性是不能从效用原则中虚构出来的。如果我们想把这一原则运用到人身上来，想根据效用原则来评价人的一切行为、运动和关系等等，就首先要研究人的一般本性，然后要研究在每个时代历史地发生了变化的人的本性。”②管理学自诞生起，就没有停止过对人的欲望的探求，行为科学则几乎是从管理角度研究人的本性、人的需要和

① 马斯洛：《动机与人格》，华夏出版社，1987 年版，第 1 页。

② 马克思：《资本论》第 1 卷，第 669 页。

人的动机的专门学问。考察这个阶段林林总总的理论，主要侧重三个方面。

第一，探寻企业中人的一般属性。人性是在现实的社会历史中不断发展的人类特性，是人的一般属性。在各个历史时代，人性都是变化着的；在同一社会共同体中，人性也是有差异的。工业文明对人的特性塑造，肯定迥异于农业文明，在工业文明发展的不同历史阶段，人性也呈现出不同的特质。对人性复杂性的探秘，带来了管理理论的繁荣，而管理理论的繁荣，又深化和丰富着人们对企业中人性的认识。通过霍桑试验，梅奥最初直抒胸臆地表达了自己对人性的看法，针对泰罗“经济人”假设，他提出“社会人”之说。即人除了基本的物质经济需要之外，还有心理和社会交际等方面的需要，人工作的主要动机是社会需要，职工通过与同事之间的关系获得认同感、归依感。虽然关于人的社会性问题，哲学、社会心理学早已对之做了大量研究，但在管理学说史上，梅奥第一次系统地提出“社会人”学说时，仍然具有“转向性”意义。其后，人际关系和行为科学的几乎所有理论，都是顺延着“社会人”或对其的批驳展开的。它成为这个学派理论产生的燧石。就“社会人”本身的理论价值而言，对人性的揭示也是深刻的。一般来说，人性结构包括自然属性、社会属性和精神属性三个层面。① 在社会属性中，社会交往及由社会交往形成的人际关系又具有特殊的重要性，交往乃是社会发展和个人发展的必要和普遍的条件。前苏联社会心理学家安德列耶娃认为：“在人类社会中，交往是团结个体的形式，同时也是发展这些个体本身的方式。因此，交往的存在既是社会关系的现实，也是人际关系的现实。”②美国心理学家罗杰斯也指出：“我们无须问

①、② 参见袁贵仁主编：《人的哲学》，工人出版社 1988 年版，第 34 页、第 46 页。

谁将使他（指人——引者注）社会化，因为他自己最深切的需要之一就是与人亲近和交往。当他变得更完全成为他自己时，他将变得更现实的社会化。”①正是看到了渴求社会交往是人类固有的本性，梅奥将其移植到企业管理领域，从而提出了他的影响深远的“社会人”学说。应该承认，梅奥对企业中表现出的社会属性的揭示富有开创性，但将工人所有的工作动机都归结为交往和心理归依显然又是有失偏颇的。

在《企业的人事方面》一书中，麦格雷戈在对人性作了比较研究的基础上提出两种人性假设。一种是传统理论关于人的假设，他将其称之为“X 理论”，主要内容是：“如果不通过管理部门的积极干预，人们会对组织需要采取消极甚至于对抗的态度；一般人生性懒惰，尽可能减少工作；他们缺乏雄心壮志，不愿承担责任，宁愿被人领导；他们天性就以自我为中心，对组织需要漠不关心；他们的本性就是反对变革；他们轻信而不明智，易于被骗子和野心家蒙蔽。”②他认为，传统管理理论对这种人性假设是错误的，在组织中，员工形成消极、敌对、拒绝承担责任并不是人的天性，只是病的症状，病因是社会需要和自我需要没有得到满足。由此他提出另一种基于新人性假设的所谓“Y 理论”，其主要理论要点是：

（1）人并不天生厌恶工作。从事体力劳动和脑力工作，对人们来讲，就像游乐和休息一样，是自然的。根据一定的控制条件，工作可以使人感到满足（人们就会自愿去做），也可能使人感到是惩罚（人们就会逃避）。

（2）控制和惩罚不是使人实现组织目标的唯一方法。人们对自己所参与制定的目标，能够实行自我指挥和自我控制。

（3）对目标的参与同获取成就的报酬直接相关。

① 参见袁贵仁主编：《人的哲学》，工人出版社，1988 年版，第 47 页。

② 转引自封新建、肖云编：《世界管理学名著速读手册》，第 152 页。

(4) 在适当的条件下，人们不但能接受，而且能主动承担责任。

(5) 大多数人都具有相当高度的用以解决组织问题的想像力、独创性和创造力。

(6) 在现代工业的条件下，一般人的智力潜能只是部分地得到了发挥。①

麦戈雷格指出，在 20 世纪 30 年代以前，X 理论对于美国的广大工业部门的经营战略具有实质性的影响。但它有一个很大的偏颇，即错误地将人看作是一成不变的。事实上，不仅人从孩提到暮年，一生中无时不在发生着变化，社会进步和人类生活水平的提高，也会使人的需要不断发生变化。Y 理论的正确性在于它是动态的，肯定了人类成长和发展的可能。

美国的行为科学家沙因则从集大成者的角度对人性进行了归类，提出四种不同的人性假设。

(1) 理性经济人假设(相当于 X 理论)　在这种人性理论看来，人是由经济诱因来引发工作动机的，其目的在于获得最大的经济利益；经济诱因在组织的控制之下，因此，人被动地在组织的操纵、激励和控制下从事工作；人以一种合乎理性的、精打细算的方式行事；人的感情是非理性的，会干预人对经济利益的合理追求，组织必须设法控制人的感情。沙因认为，这一假设的主要问题“倒不在于根本没有人符合这种假设，而是在于它把人们的行为过于一般化、简单化了”②。

(2) 社会人假设　主要内容包括：人类工作的主要动机是社会的需要，通过与同事之间的关系可以获得基本认同感；工业革命和工作合理化的结果，使得工作变得单调而无意义，

---

① 参见麦格雷戈：《企业中人的方面》，英国企鹅图书有限公司，1987 年版，第 47～48 页。

② 沙因：《组织心理学》，经济管理出版社，1987 年版，第 64 页。

因此必须从工作的社会关系中寻求工作的意义；非正式组织的社会影响比正式组织的经济诱因对人的影响更大；人们最期望领导能承认并能满足他们的社会需要。

（3）自我实现人假设（相当于Y理论）　沙因认为，这一假设主要包括以下几点：人的需要有低级和高级的区别，其目的是为达到自我实现的需要而寻求工作上的意义；人们力求在工作上有所成就，实现自治和独立，发展自己的能力和技术，以便富于弹性，能适应环境；人们能够自我刺激和自我控制，外来的激励和控制会对人产生一种威胁，造成不良的后果；个人自我实现同组织目标不仅并不冲突，而且是一致的。在适当的条件下，个人应自己调整自己的目标，使之与组织目标配合。

（4）复杂人假说　在对已有的人性假设作出上述划分之后，沙因认为："不仅人们的需要与潜在欲望是多种多样的，而且这些需要的模式也是随着年龄与发展阶段的变迁，随着所扮演的角色的变化，随着所处境遇及人际关系的演化而不断变化的。"①针对管理中人性问题的复杂性，沙因提出：每个人都有不同的需要和不同的能力，工作的动机复杂而且变动性很大，而且同一个人在不同的时间和地方也是不一样的，各种动机之间交互作用形成复杂的动机模式；一个人在组织中可以学到新的需求和动机，因此一个人在组织中表现出动机模式是他原来的动机模式与组织经验交互作用的结果；人在不同的组织和不同的部门中可能有不同的动机模式，在正式组织中与别人不能合群，可能在非正式组织中能满足其社会需要和自我实现的需要；一个人是否感到心满意足、肯为组织出力，决定于他本身的动机和他同组织之间的相互关系，工作的性质、本人的工作能力和技术水平、动机的强弱以及与同事间

---

① 沙因：《组织心理学》，第116页。

相处的状况都可能对之产生影响;人可以依自己的动机、能力及工作性质,对不同的管理方式作出不同的反应。

沙因认为,前三种人性假设,在一定程度上都是正确的,它们都为“认识组织是怎样发挥其功能的以及怎样管理组织等问题,提供了某种见解”①。但是,这三种人性假设的根本弊端,就在于“过于简单化和过于一般化了”②。“复杂人”假设,就是为了弥补它们的缺失,在充分考虑到人性、工作性质、组织情境等管理过程本身固有的复杂性后而提出的一种求变和发展的观点。其后,美国学者摩尔斯和洛什于 1970 年提出的“超 Y 理论”,进一步论证了“复杂人”假设。尽管它把“胜任感”作为所有人的主导需要过于绝对,但“胜任感”本身却是工作、组织与人员三者之间匹配的动态结果。这就表明了它的求变和灵活立场。应该说,正是这种多角度的对人性的剖析和透视,丰富了管理学对人性的认识,为有效的管理提供了人性依据。

第二,剖析人性的内在结构。马克思曾明确提出:人的需要即人的本性。③ 因为需要是人的实践活动的内在因素和动力,而正是人的需要和满足需要的实践活动铸成人的本质或个性,因此,可以说需要折射、反映着人性,通过对需要理论的透析,也就能归纳出工业组织中共同的人性。

马斯洛的层次需要理论在需要理论中最富影响。他认为“人的一生中实际上都处在不断追求之中,他是一个不断有所需求的动物”,④明确提出人类的基本需要是由生理需要、安全需要、归属和爱的需要、自尊需要、自我实现需要五个层次

---

①、② 沙因:《组织心理学》第 90 页、第 118 页。

③ 参见《马克思恩格斯全集》第 3 卷,第 514 页。

④ 弗兰克·布尔:《第三思潮·马斯洛心理学》,上海译文出版社,1987 年版,第 42 页。

构成的。[①] 按照这种理论，人的不同层次的需要虽然可以同时并存，但只有在较低一级的需要得到满足之后，较高一级的需要对于推动人的行为才有意义。人类的五大需要，人们不是都能得到满足的。一般讲来，等级越低的需要，越易得到满足；等级越高的需要，得到满足的比例越小。据马斯洛的估计，在现代文明社会中，生理上需要的满足率约为 85%，安全上需要的满足率约为 70%，感情和归属需要的满足率约为 50%，地位或受人尊敬需要的满足率为 40%，而自我实现需要的满足率约为 10%左右。马斯洛把人的需要具体分为五个层次，虽然不是开创，更不是独创，但具体而精致，对管理科学的贡献是很大的。首先，他认为需要是人类天性中固有的东西，文化不能扼杀它们，只能抑制它们，这显然与马克思主义的基本观点相一致。马斯洛把人的生理需要置于人的需要的最底层，这可以说是从微观心理学的角度支持了宏观的历史唯物论。马克思、恩格斯在《德意志意识形态》中就表述了这样的历史唯物主义原理："应当确定一切人类生存的第一个前提也就是一切历史的第一个前提，这个前提就是：人们为了能够'创造历史'，必须能够生活，但为了生活，首先就需要衣、食、住以及其他东西。"[②]同样，马斯洛把"自我实现的需要"作为人类最高层次的需要，这与马克思主义经典作家关于"人的全面而自由的发展"的思想也有相似之处。但是，马斯洛的需要论是有很大缺陷的个体需要论。因为人作为社会的人，并不仅仅是以个人的身份出现，人作为认识世界、改造世界的主体，可以分为个人、集体和社会三种类型，因此人的需要也可以从横向的角度分为个人需要、集体需要和社会需要等三种形式。马斯洛只讲五个层次，不讲三种形式，无疑是片面的，

---

① 马斯洛：《动机与人格》，华夏出版社，1987 年版，第 40～50 页。

② 参见《马克思恩格斯全集》第 3 卷，第 31 页。

也大大影响了其理论的科学性。而且，马斯洛从心理学的角度把人的需要看作是人本身固有的，是“若干始终不变的、遗传的、本能的需要”，是一种自然需要，明显地忽视了人的需要的社会性质，否认了社会环境对于人的需要的影响，显然是一种抽象人性观。马克思在这个问题上要高明、科学得多，他认为人的需要从形成角度看，有“社会创造的需要和自然需要”。①

美国行为科学家阿德福在大量调查研究的基础上，提出了他的“生存—交往—发展”理论，对马斯洛的学说进行了修正。他指出，人的基本需要不是五种而是三种，即生存、交往和发展。这与马斯洛对人性需要的理解并没有本质差别，而只是概括和表达的不同。阿德福认为人的需要并不一定严格地按照由低到高的秩序发展，可以越级出现；更高一级的需要不能得到满足，没有什么不正常，受到挫折的会回到原来这一级的需要，而且会把满足原来这一级需要看得更加重要。显然这种理论本质上要求人们更大限度地适应现实。

赫茨伯格在1959年发表的《工作的激励因素》一书中，对需要理论作了更精深的研究，提出了后来在行为科学中影响很大的双因素理论，即激励因素-保健因素理论。他认为，保健因素包括监督、人际关系、工作条件、薪金、公司政策与行政管理、福利、职业安定等等。保健因素也称维持因素，是消极的激励因素。“保健因素排除了人类环境中破坏健康的危险，它所起的作用与其说是救治性的，不如说是防疫性的。与此类似，当工作前后关系中出现危害身心健康的因素时，保健因素所起的作用是带来消极的工作态度。改善提高这些保健因素将会扫清障碍，带来积极的工作态度。”②也就是说，这类因

① 参见《马克思恩格斯全集》第46上卷，第31页。

② 封新建、肖云编：《世界管理学名著速读手册》，第244页。

素处理不好，会引起职工不满；处理得好，即可防止不满因素的产生，从而避免生产效率的下降。但是，这类因素不能成为刺激职工充分发挥才能与潜力的激励因素。“真正意义上的激励因素，来自成就、个人成长、职业满足感和赏识。它的目标在于通过工作本身而不是通过奖赏或压力达到激励的目标。”[1]显然，保健因素对应于低层次的需要，激励因素对应于高层次的需要。在这个意义上，双因素理论也是一种需要层次论，但赫茨伯格的两分法有其独特性。它在管理上的意义很明确：第一，提供充分的保健因素以消除不满，但不要以为这样就能明显提高人的工作积极性；第二，提供充分的激励因素才是从人的内心激发积极性的有效途径。基于这一理论，赫茨伯格创立了“工作丰富化”的管理方法。

需要理论尽管有各种区分和侧重，但实际上并没有越出马克思主义创始人从哲学高度对人的需要层次的理解。恩格斯早在《自然辩证法》中就把人的需要的对象划分为“生活资料、享受资料和发展资料”[2]。实际上也就是把人的需要划分为生存需要、享受需要和发展需要。

由此，我们也可以把人性的结构概括为自然属性、社会属性和精神属性三个层面。人的自然属性无疑是研究全部人性的现实逻辑起点，人类最基本的属性就是以本能需要为基础的食欲、性欲和自我保存（防卫本能）这三种基本机能。社会属性的最基本的一层含义是，人类共生关系中的相互依存性和人际关系中的社会交往性。即人离不开社会，人在社会共生关系中才能存在，在互相交往中才能发展。精神属性决定人在自然属性和社会属性上与动物的本质区别所在。人在其精神属性上，是以能思维、具有自我意识的能力和价值定向性

① 封新建、肖云编：《世界管理学名著速读手册》，第 244 页。

② 《马克思恩格斯选集》第 3 卷，第 572 页。

而展示自己本质力量的。

第三,探讨认知对人的行为的影响。主要研究人的理智因素对人们动机产生,特别是对行为影响的作用。激励需要理论,对人的哪些需要在管理上应当受到高度重视,怎么根据人的需要和动机设计有效的激励方法颇有见地,它更多注重的是心理需要对行为的影响,对人的理智和认识与行为的关系,则缺乏深入的考虑。后期行为科学在吸收认知科学成果的基础上,对此作了积极而富有成效的探索,提出了一系列影响深远的理论。美国心理学家弗鲁姆于 1964 年提出了颇负盛名的期望理论。期望理论的分析框架建立在效价、工具性和期望三个基本概念及其组合关系上。效价是指人对行为结果或目标的评价,或者说是一个人认为某种行为方案的结果对他有多大价值或效用。工具性是指人对行动的直接结果(一级结果)和间接结果(二级结果)之间有何关联的认识。例如,一级结果可以是工作成绩好,二级结果可以是得到晋升,一级结果对二级结果的工具性,指的是一个人认为成绩好能在多大程度上导致晋升。期望是指人感到自己在多大程度上能够达到一级结果。用上面的例子,期望就是一个人感到自己作出好成绩的可能性有多大。弗鲁姆认为,激励过程是自觉或不自觉的思考过程,或者说是决策思维过程。这个过程包含三种基本的决定——决定效价,决定工具性,决定期望。由此,他引入三个变量来阐述人们的理性对行为激励的影响。一是努力与奖励的关系。成功的概率越大,工作动力越大;二是成绩与奖励的关系,成绩应与奖励成正比;三是奖励与满足个人需要的关系。概括起来说,就是激励的强度与职工达到目标后实现的个人价值和达到目标的可能性成正比。弗鲁姆指出,一个人的行动动机如何,取决于效价、工具性和期望三者,而不是单独取决于哪一个方面。这种观点注意到了行动的直接结果与间接结果之间的联系,注意到人的知识和能力在激励过程中的作用。期望理论实际上已在探讨激励的机制和过程，是一种以认识特性为核心的激励过程论。它不仅考虑到激励与人的需要的关系，而且考虑到人们对成功可能性的认识也是激励强度的重要变量。在期望理论的基础上，劳勒和波特于 1968 年在《管理态度与工作绩效》一书中提出了著名的波特-劳勒激励模式。在这一模式中，他们把效价分为内在效价和外在效价两种，前者指工作本身使人获得成就感和自我实现感的效价；后者指工资、奖金、晋升和受表扬等结果的效价。期望也被细分成两种，一是通过努力可提高工作成绩的主观概率，二是工作效果的提高会带来种种奖酬的主观概率。在此基础上，他们指出：一个人努力的程度是由工作所获得报偿的价值和个人感到努力可能获得报偿的概率所决定的，而一个人的工作绩效主要依赖于努力程度，同时还依赖于个人能力、个人“角色认识”（即对自己工作方向、规范的认识）以及所处环境的限制。一个人的满意感取决于或等于后者，会提高个人满意感，反之则会降低个人满意感。也就是说，努力与工作成绩之间的关系，受个人的能力和对任务的知觉影响。如果某人缺乏必要的技能或知识去完成一项任务，即使格外地努力也不会带来好的成绩。如果努力的方向不对，提高了成绩也可能与组织无关，从而也不会得到报酬。可见，期望理论是把重点放在利用努力以达到预期效果的自觉考虑上的。认知心理学的导入，使行为科学的理论强度更大，诠释空间更为开阔。

第三节　“两半刀叶”剪裁下的职工行为

个人的共性在于一切行动都是有原因的，可以因激励而调控，并且受目标指导。但对于协调组织中人的行动来说，通

过诸如人性和激励之类的概念来了解个人行为只是一个必要的条件，而远不是充分条件。个人行为无可置疑地要受到其工作的组织影响，包括正式组织和非正式组织的影响。

梅奥在《工业文明的社会问题》一书中曾形象地指出：“正式组织和非正式组织，恰如一把剪刀的两半叶片，缺一不可。”①对此，不妨理解为公司里每个人都是较大组织内部正式组织和非正式组织的成员。如果说，经济人、社会人、复杂人是对人性一般的认识，是立足于静态的关于企业人性的普遍概括，那么关于正式组织和非正式组织影响下职工的行为描述，则具有动态和特殊的性质。

小群体对组织中人的行为影响，是霍桑试验的一大发现。正是这一发现，促使他们“由百思不得其解到顿悟真谛”。梅奥认为，组织可分为两大类：一类是由工具、设备等物质手段构成的技术组织；另一类是由多数人构成的社会组织。由人所构成的社会组织又可再分为两类，这就是正式组织和非正式组织。这两类组织的区别在于：正式组织是指为了有效地实现生产目的而把各种成员之间的相互关系安排得合理而有秩序的组织；非正式组织则是由人们在日常工作中相互接触而形成的社会关系。正式组织的行为准则是通过协作提高效率，非正式组织的行为准则是通过心理沟通保持感情上的联系，并以只可意会不可言传的群体共同价值观对其成员的态度和行为产生规律性影响。正式组织存在形式表现在正式编制的组织系统表上，非正式组织虽然实际存在却没有明确的表现形式。这两类组织又有着密切的相互关系。非正式组织并不在正式组织之外，而是存在于正式组织之中。非正式组织的活动既可能与正式组织协作而有利于正式组织实现目标，也可能不与正式组织协作而影响正式组织目标的实现。

---

① 引自封新建、肖云编：《世界管理学名著速读手册》，第 57 页。

占部都美认为，正式组织的价值标准是成本逻辑和效率逻辑；在非正式组织里，感情逻辑是支配团体行动的价值标准，并指出，成本和效率逻辑是经营者的逻辑，而感情逻辑是职工的逻辑。①

梅奥等人依据霍桑试验的材料指出，非正式组织对工人起着两种作用：(1) 它保护工人免受内部成员的疏忽所造成的损失，如生产得过多，以致企业管理当局提高生产定额；或生产得过少，以致引起管理当局不满，并加重同伴的负担。(2) 它保护工人免受非正式组织以外的管理人员的干涉所形成的损失，如降低工资或提高生产定额等。梅奥关于非正式组织的一些观点，后来的管理学家虽有异议，但关于非正式组织理论的提出，显然给组织理论增加了新的内容，正式组织与非正式组织的关系问题，后来成为组织理论经常讨论的一个重要问题。

德裔美国心理学家卢因是后期对群体研究最有影响的学者。在他名震学界的团体动力学中，他认为同正式组织一样，团体非正式组织也有三项要素：活动、相互影响、情绪。这三项要素中，“活动”指人们在工作和日常生活中的一切行为；“相互影响”是指人们在组织中相互发生作用的行为；“情绪”指人们内在的、看不见的心理活动，如态度、情感、意见、信念等，这些因素虽然看不见，但可从人的活动和相互影响中推知。这三项要素不是相互孤立的，而是密切相关的。其中任何一项的变动，会使其他要素发生改变。团体中各个成员的活动、相互影响和情绪的综合，就构成团体行为。团体是处于均衡状态的各种力的一种“力场”，这些力涉及团体在其中活动的环境，还涉及团体成员的个性、感情及其相互之间的看法。团体动力学中的“力场”概念借自物理学，人的心理和行

① 参见占部都美：《现代管理论》，第121页。

为取决于内在需要和周围环境的相互作用。当人的需要没有得到满足时，会产生内部力场的张力，而周围环境因素起着导火线的作用。人的行为方向取决于内部力场与情境力场（环境因素）的相互作用，而以内部力场为主。也就是说，“卢因把行为看成是人及其环境的一个函数或场”①。

据此，围绕群体对职工行为的影响，卢因对团体的目标、团体的结构、团体的领导方式、团体的参与者、团体的规模都进行了详尽而有见地的分析。关于团体的目标，他提出团体还必须有它自己的目标，以维持团体的存在，使团体持续地发挥作用。关于团体的结构，他提出非正式团体中也有一个非正式的、较难辨认的结构。这个结构中包含正常成员、非正常成员、领导成员和孤立者。非正式组织的领导成员在保持团体的团结方面作出最大的贡献。关于团体的领导方式，卢因等人考察了“民主的”、“专权的”和“自由放任的”等领导方式对男孩团体的影响，并认为专权的领导方式有损于主动性而造成敌对和进攻性态度，而其他的领导方式则在提高士气和改善态度方面更有效，②其中，以民主领导方式效果最好。

通过分析，他认为团体对职工行为的影响，主要是通过规范形成压力起作用的。这些规范通常规定：一个人应该用多大的力气来干工作，对什么人应该友好，同管理当局应该合作到什么程度，是否应该革新，等等。

而对群体行为的影响，具体反映在群体的内聚力和士气方面。团体的内聚力是指团体对其成员的吸引程度。卢因认为，一般说来，它主要受到团体领导方式的影响，此外，内聚力还受到团体奖励方式和目标结构的影响。

士气则是指人们对某一团体或组织的满意度和认同感以及与此相连的协助实现该团体目标的态度。卢因认为，群体

①、② 雷恩：《管理思想的演变》，第353页、第354页。

对人的影响与它的特性有关，最重要的一条是非正式组织内的关系不是由正式组织网络确定下来的，而是以人与人的关系为中心的。它不存在各种法定职位，只存在人们之间各种特殊的影响作用。领导者的地位不是来自权力地位，而是来自影响力，组织内的关系并不因设计而改变，而是因人而改变。人员发生了变换，特别是具有较大影响力的人员发生了变换，组织内的各种关系也将随之发生变化。

卢因的群体动力学理论，是行为科学中非正式组织对个人行为影响最重要的研究，具有开创性意义。卡斯特和罗森茨韦克认为："当前许多研究个人行为的工作通过群体动力学（协助酗酒者或酒组织、重量观察者、敏感性训练）和动作研究法而转向组织发展的变化，都是以库尔特·卢因开创性的努力为基础的。"①雷恩则相信："团体力学的出现以及库尔特·卢因的工作成为演变中的管理思想的一个重要里程碑"。②

研究正式组织对职工行为影响最著名的是阿吉里斯的不成熟-成熟理论。该理论认为，人的个性发展和婴儿发展到成人一样，经历着一个从不成熟到成熟的过程。他把这个过程划分为七个阶段。"在人的个性方面，如同婴儿成长为成人一样，也有一个从不成熟到成熟的连续发展过程。这个过程就是从被动到主动，从依赖到独立，从缺乏自制到自觉以及自制。一个人在这个发展过程中所处的位置，就体现了他自我实现的尺度。"③阿吉里斯认为，正式组织的最基本信条是逻辑原则。在他看来，正式组织的理性原则含有某些固有的成分，它们会引起人们的对抗，使个人保持在"不成熟"阶段，并妨碍他自我实现。

---

① 卡斯特、罗森茨韦克：《组织与管理》，第 98 页。

② 雷恩：《管理思想的演变》，第 354 页。

③ 转引自封新建、肖云编：《世界管理学名著速读手册》，第 124 页。

首先，专业化分工原则对人性进化有很大钳制。因为，人类的个性永不停息地经历着某种自我演进和自我完善的过程。忽视人的个性差异等于宣布这一过程可能人为地加以终止，也等于宣布人的自我实现要求可以被扼杀，专业化恰恰在于取消人的差异。并且，专业化分工愈细，独立个人的能力愈得不到充分发挥，工作愈简单，愈乏味，愈不具有挑战性。而这对于成熟个性的健康发展显然是极其不利的。

其次，等级层次结构原则对人性发展也有较大影响。领导者可以利用权力雇用、开除、奖赏或惩罚职工，以便使职工的行为符合组织目标的要求。而领导者对管理控制权的不断运用，剥夺了职工参与重大决策过程的机会，使职工产生一种压抑感，又由于无法控制周围的环境，也使职工产生一种心理反应，即必须依赖、被动和从属于领导者；另外，缺乏信息来源、无法预见未来，也使他们没有长远打算。由此可见，正式组织的属性在一些方面阻碍了职工个性的发展，使个性停留在非成熟状态。

第三，集中统一领导原则对健康人性也产生负面效应。如果组织内每个单位的职工实行专业化分工，那么单位的任务目标必然也是高度专业化的。集中统一领导原则提出：如果每个单位在领导者的统一规划、指挥和控制之下，只完成一种或一系列高度专业化的单一性任务，那么组织效率就会提高。这意味着：职工的奋斗目标和达到目标的途径，以及为了实现目标所需跨越的障碍和高度及难度都由领导者全权决定。如果这样制订出来的目标未能解决职工深层的“自我”，只触及人们的外在和浅层需要，那就容易造成心理上的失败。对于健康个性而言，最重要的莫过于获得心理上的成功，而只有当职工能够按照自身的内在的需要来为自己制定目标时，才会感到心理上的成功。

第四，管理幅度原则同样也抑制人性的成熟。管理跨度原则实际上让一切都取决于上级，因为在不同部门之间的职工办事距离加长的同时，同一部门的上下级间却缩小了距离，上级密切监督控制着为数不多的几个下属。于是职工感到无法控制自己的命运，只能被动地服从、依赖、从属于领导者。这种组织环境不要求其成员具有充分发展的成熟个性，只有个性不成熟的人才适宜在那里工作。

毫无疑问，相对非正式组织而言，正式组织对职工行为的塑造更具有强制和本质性。

第四节　存乎一心的领导艺术

或许是权力太诱人、人性太复杂，对领导方式的研究成为行为科学中最有魅力也最无定见的领域。古往今来，密帷重幕后的权术计谋，横扫六合的雄才大略，都在这里留下了声音和印记。以至管理究竟是科学还是艺术，至今都让人狐疑不决。总的来说，对领导活动的研究，根据其特点大致可以分为形态学和动态学两种类型。

形态学研究早期侧重探讨领导者个人的品质和特性对领导成败的影响。在广泛调查研究的基础上，行为科学家亨利归纳出成功的领导者应具备成就需要强烈、工作积极努力、善于结交上级、协调能力强、果断刚毅、坚定自信、思想敏捷、竭力避免失败、讲求实际、忠于组织、情感独立等12项品质。鲍莫尔认为优秀企业家应该善于与人合作、高明地决策、善于授权、善于组织、灵活机动、责任心强、对新事物敏感、勇于负责、尊重别人、自我要求严格等。戴维斯通过对管理者一系列繁复甚至矛盾的特性进行论证和研究，过滤出了一些关键性的属性。他认为有四大特征是领导者必须具备的：一是智力比部属成员的平均智力高；二是较高的社会成熟性和社会宽容

度，即情绪比较稳定，具有处理极端局面能力，具有合理的自信和自重，能与他人和衷共济；三是内在动机与驱动力，即有强烈完成任务的内在要求；四是良好的人群关系与态度，重视其部属的价值与尊严。这些研究当然具有一定价值，其结论毕竟是基于观察而非臆断，因而所揭示的是带有一定规律性的现象，但存在的问题也是突出的。例如，对于成功领导者的品性究竟应包括哪些要素，并无一致的意见；对包括在品性里的哪些要素更为重要也无定见；即使是那些公认相对重要的禀赋，也还存在着一个难以自圆其说的致命伤，就是具备了这些品质，并不能确保领导的成效；缺失这些品性，也未必不能成功。不用说充分条件，就连必要条件也谈不上，至多称得上有一种正相关性。这离一门科学应具备的标准相差甚远。所罗门教授看到了品格分析方法的危险性，"这些品质对一个领导者来说显然是需要的，但它们中间没有任何一项看来是必不可缺的。"①

后期形态学的研究，则从关注成功的领导者是什么人，转向成功的领导者做什么。明茨伯格的经理角色理论，是这方面研究的杰作。该理论以分析经理角色为轴心，探讨经理职责和工作的合理性，以求提高管理效率。经理在这里指一个正式组织或组织单位的主要负责人，拥有正式的权力和职位。经理角色理论认为，其他一些管理理论未能全面地、理论结合实际地对经理的工作进行深入的研究，不能反映出经理工作的真实面貌和实质，因而对提高经理的工作效率帮助很小。他们采用的方法是，一方面采用日记法对经理的工作活动作系统的观察和记载；另一方面又在观察的过程中及观察结束后对经理的工作内容进行分类。这样，既得到了有关经理工作特点的资料，又得到了有关经理工作内容的描述。明茨伯

① 转引自卡斯特、罗森茨韦克：《组织与管理》，第 375 页。

格认为经理工作有六个特点：即工作量大，节奏紧张；活动短暂、多样而琐碎；把现实的活动放在优先地位；爱用口头交谈方式；处在他的组织与联络网之间；权力和责任相结合。① 经理一般都担任十种角色：挂名首脑、领导者、联络者、信息接受者、信息传播者、发言人、企业家、故障排除者、资源分配者和谈判者。这十种角色可以归纳为三类：前三种是人际关系方面的角色，第四到第六是从信息方面来确定的，后面的四种是从决策方面来界说的。在各种类型的经理职务中，既有共同性，又有差异性，但共同性大于差异性。前面讲的经理工作的特点和经理所担任的十种角色，都属于经理职务的共同性。但是，经理职务也存在着一些差异性。形成经理职务差异性的原因，主要有以下四类：如环境的因素，包括组织规模的大小、产业部门的影响等；职务的因素，包括等级高低、信息联系所花时间的多少、专业化程度等；个人的因素，包括个人的价值观、个性和风格等；情境的因素，包括许多与时间有关的因素。在对经理工作长期观察和深入研究的基础上，明茨伯格认为，经理工作虽然琐碎，但绝非完全杂乱无章，还是有一定程序可以遵循的。他提出了经理提高工作效率的十个要点：(1) 与下属共享信息；(2) 自觉地克服工作中的表面性；(3) 在共享信息的基础上，由两三个人分担经理的职务；(4) 尽可能地利用各种职责为组织目标服务；(5)摆脱非必要的工作，腾出时间规划未来；(6) 以适应当时具体情况的角色为重点；(7) 既要掌握具体情节，又要有全局观点；(8) 充分认识自己在组织中的影响；(9) 处理好各种对组织施加影响的力量的关系；(10) 利用管理科学家的知识和才能。明茨伯格对经理的研究当然属于领导行为的研究范畴。②

德鲁克在这个论题的研究上也有出色的表现，集中反映

①、②　明茨伯格：《经理工作的性质》，第 45～79 页、第 13 页。

在 20 世纪 80 年代出版的《卓有成效的管理者》一书中。德鲁克认为，在很长时间里，关于管理研究的重心都是放在管理别人方面，而如何使管理者本身富有效率却鲜有考虑。管理不好自己而能管理好下属是不可想像的。通过管理咨询实践，他认为，想成功地管理好企业，管理者首先要管理好自己，成为一名卓有成效的管理者。而卓有成效的管理者是可以后天习得的，只是需要训练。他认为必须在思想上养成如下五种习惯："1. 卓有成效的管理者必须懂得如何有效地利用他们的时间，他们会利用自己所能控制的点点滴滴的时间开展有条不紊的工作。2. 卓有成效的管理者重视对外界的贡献。他们不满足于埋头工作，比较注意如何使自己的努力产生必要的成果。他们一接手工作，不是立刻一头钻进工作里去，也不是马上考虑工作的办法和手段，而是首先自问道：'别人希望做出什么样的成果来?'3. 卓有成效的管理者善于利用长处，不光善于利用他们自己的长处，而且也知道如何利用上司、同事及下属的长处。他们还善于抓住形势提供的机会，做他们想做的事。他们不会把工作建立在自己的短处和弱点上面，也决不会去做自己做不了的事情。4. 卓有成效的管理者知道如何将自己的精力集中在一些重要的领域里，这样一来，上佳的表现便能结出丰硕的成果。他们会按照工作的轻重缓急，制定出先后次序，重要的事先做，不重要的事放一放，除此之外也没有别的办法，不这么做必然会一事无成。5. 最后，卓有成效的管理者善于作出有效的决策。他们知道，要这样做首先要解决条理和秩序问题，这就是如何按正确的次序采取正确的步骤。他们也知道，有效的决策总是在不同意见讨论的基础上作出的一种判断，它决不会是'大家意见一致'的产物。他们认为在很短的时间内作出很多的决策，就难免会出现错误。机构真正需要的只是数量不多的决策，但它们却是那些根本性的决策。组织真正需要的是正确的战略，而不是大轰大嗡那一套。”[①]很显然，这些闪烁着真知灼见的思想，对管理人员提高领导水平大有裨益。

菲德勒的情境理论，体现着形态学研究向动态学研究的过渡。当别人注意力还集中在企业领导采取哪种领导风格更有效时，菲德勒已经把自己的研究方向转移到更重要的问题上：民主和专制这两种领导风格分别适用于什么样的环境？菲德勒认为，一个组织的成功与失败，很大程度上取决于它的管理人员的素质，即取决于领导。但传统的做法是依靠培训使领导的个性适合管理工作的需求，这种做法从来没有取得真正的成功。相比之下，改变组织环境即领导者所处的工作环境中的各种因素，要比改变人的性格特征和作风容易得多。我们应当尝试着变换工作环境使之适合人的风格，而不是硬让人的个性去适合工作的要求。在《让工作适合管理者》一文中，菲德勒试图阐明的就是如何去修改和变化工作环境以使其具有适用性。他提出：“在某些环境条件下，专制式的领导者工作起来效率高，而在另一些环境中，民主型的领导者工作起来得心应手。在任何一种环境中我们都有可能改变那些与领导者固有风格相抵触的客观因素条件。如果一个组织的最高层领导明白这种可能性，他便可以为他们中层经理设计适合他们各自风格的工作环境，从而提高领导效率。”[②]而环境包括的内容很多，其中三类主要的环境因素决定了几乎所有特定环境所适应的领导风格。这就是领导者与下属的关系、任务结构和职位权力。其中领导者与职工的关系是最重要的环境因素。菲德勒经过大量调查研究后指出，在不同的环境条件下，应当采取不同的领导方式。最后，菲德勒认为，“最高

---

① 彼得·德鲁克：《卓有成效的管理者》，上海译文出版社，1999 年版，第 23～24 页。

② 封新建、肖云编：《世界管理学名著速读手册》，第 212 页。

领导人应当学会分析和识别工作环境，然后便可以将部门经理和下层经理分配到适合他的风格的环境里去工作。每种具体环境需要什么样的领导风格，取决于环境对领导者的有利程度，而这种有利程度又由若干环境因素决定。如领导与职工的关系，群体成员的经历是否类似，工作任务是否明确，领导对下属是否了解，等等。显然，改变这些环境因素要比调换下级经理和改变他们的作风容易得多。”①

在品质特性研究的基础上，阿米泰·埃茨奥尼、杰弗里·佩弗等行为科学家提出了影响决定论。他们认为，领导的作用是通过影响来实现的，影响力大的人是一个组织的真正领导者。他们特别探讨了领导凭什么影响他人的问题。该理论认为，正式权力固然不可少，但非正式影响也同样很重要，个人的魅力、品质、能力、知识也非常重要，领导者就应该在这方面下功夫，通过增强个人的影响力提高指挥他人的效果。

菲德勒开创了动态研究领导行为的新方向之后，后继研究者蜂拥而入。其中不乏一些影响很大、甚至脍炙人口的理论。美国的坦南鲍姆和施米特在《如何选择领导模式》一书中，提出了领导行为的连续统一体理论。他们认为：领导活动包括领导者、被领导者和环境三要素。三个要素的不同组合形成一系列风格迥异的领导模式，从专制式的、以上司为中心的领导方式到极为民主的、以职工为中心的领导方式之间，存在着诸多的领导方式，是一个连续统一体。至于其中哪种是普遍适用的最好模式很难断定，问题的关键应着重研究在决策中领导参与到什么程度最为合适。这项理论还指出，组织的类型和结构形式会影响到领导行为，如分权式组织还是集权式组织，总是多半与民主或专制式领导行为相关。此外，工作单位规模、工作环境、地理位置分布都是影响领导行为的变

① 封新建、肖云编：《世界管理学名著速读手册》，第216页。

量，采取连续体中的某一种领导行为方式都可能是适当的。因此，“不能把成功的经理简单地归结为强硬的领导者或放任的领导者。他们的共同特点应当是：在多数情况下能够准确地估量各种影响因素和条件，并据以确定自己的领导方式来采取相应的实际行动”①。

美国心理学家利克特在参与探讨企业领导模式的“密歇根研究”过程中，形成了行为科学中的“支持关系”理论。他通过大量调查后把领导方式分为专权命令式、温和命令式、协调式和参与式四种，提倡民主的参与式领导方式，认为这种领导方式能够得到职工广泛支持，有利于生产率的提高。从四类领导方式的研究中，利克特认为，领导者在管理中如果以职工为中心，不仅关心职工的工作，而且关心职工的需要和愿望，与职工互相依赖，密切交往，采取民主的合理的领导方式，那么生产效率总的来说就高。利克特总结出几条领导原则：一是互相支持的原则；二是团体决定的原则；三是高标准要求的原则。

稍后，还有斯托格第等人提出的对工作导向和人际关系导向进行不同搭配所形成的双元理论。该理论把领导行为分成“主动状态”和“体谅”这两个方面。“主动状态”是以工作为中心，它强调的是组织的需要，领导者主要通过给职工提供合理的组织结构以提高生产效率，而“体谅”是以人际关系为中心，关心职工需要、尊重职工意见。他们发现这两种不同模式的领导行为，在不同性质的组织中会产生截然相反的效果。“主动状态”适合于生产性组织，而“体谅”的领导则在非生产性组织中取得较好效果。同时，这两种取向不是相互排斥的，可以而且应该把它们结合起来，单有一种因素不能提供效率高的领导。

---

① 封新建、肖云编：《世界管理学名著速读手册》，第 141 页。

在双元理论的基础上，布莱克和穆顿于1964年提出了具有总结意味的“管理方格理论”。根据对人和生产不同向度的关系，他们将领导行为分作五种，认为最为可取也是最理想的是既高度关心人，又高度重视生产的所谓“双高式”领导行为方式。当然，这并非轻而易举可以获得的，于是，他们又说一个好的管理发展计划是能够将领导者培养成双高方式的。管理方格理论之所以普遍受到重视，是因为，一方面这种方法可以避免在企业管理工作中出现趋于极端的方式，提倡将对人关心与对生产关心高度结合起来；另一方面，它提供了一个分析领导管理水平并进而改善管理的简明模式。在运用这个模式时，可以让各个领导者进行反省，看自己的领导方式属哪一种类型，并通过集体讨论确定本部门领导管理的特征，从而明确改进领导的具体目标。

此外，还有着眼领导方式、研究领导问题的“目标-途径领导理论”。罗伯特·豪斯和特德斯·米切尔认为“领导者的工作是帮助下属达到他们的目标，并提供必要的指导和支持以确保他们各自的目标与群体或组织的总体目标一致”①。该理论主张，为了有效地实施领导，领导者应当洞察下属的动机、工作能力和感觉，进而施加影响。最好的领导应使下属获得更好的激励、更高的满意程度和工作成效。而实现这一目的，需要领导者向下属提出挑战性的目标，并对他们能够达到这些目标表示出信心。这项理论的关键是领导者应确立能吸引下属的诱人目标，并影响下属行为使之导向这一目标。

上述林林总总的理论，对领导行为作了深入探讨和详尽划分，开始形成最好的领导方式是既对生产也对职工关心的共识，试图将组织目标与群体目标、个人目标协调统一起来，显现出向系统管理过渡的趋向。通过对“人际关系-行为科

① 封新建、肖云：《世界管理学名著速读手册》，第328页。

学”学派的考察可知，这个阶段管理学理论比较庞杂，未能形成泰罗“科学管理法”那样条分缕析的理论体系，但其人性观、个体行为理论、群体行为理论以及领导行为理论之间还是有内在有机联系可寻的。

首先，梅奥的霍桑试验使得“社会人”的人性观初步确立，由此导致管理学研究由追求“效率准则”到探究“人性之谜”的重大转向。研究职工的情感逻辑，必然会将思维触角探伸到职工行为背后的动机、需要等心理和社会领域，而心理学向度上的多方位探讨，又不可避免地使得对个人行为研讨进逼、上升到揭示其共性——管理中“人性”的哲学层面上，“社会人”、“能动人”、“自我实现人”以及“复杂人”等形形色色人性假设，就是这一思路上不同阶段的界碑。

其次，组织环境、社会因素作为考虑的变数纳入管理者视野，引发了一系列问题的研究：非正式组织、正式组织对个人行为的影响；正式组织与非正式组织之间的相互关系；等等。对这些问题的解答，就形成了形形色色的群体行为理论。

再次，由于组织毕竟还是人的组织，群体也是在正式组织之中产生的，所以组织行为的研究必然与“人性”假设缠绕交织在一起。

最后，透视人性、个体行为、群体行为奥秘当然不是目的，只是为协调、控制组织行为提供科学依据。而如何有效、艺术地从事这种调控工作呢？如何有效地对待管理中的人性，调动职工的积极性、创造性，并规范小群体行为，从而优化组织行为呢？当然，这离不开实施科学的领导，所以，领导行为理论成为科学体系中水到渠成、理所当然的重要组成部分。

综上可知，构成“人际关系-行为科学”学说体系的各分支理论，无不是围绕管理中的人，特别是将人的行为作为理论的聚焦点。人群关系论把人的情绪作为解释行为的基本因素，而行为科学则从人的需要和动机方面去解释人的行为。总

之，这些理论都信奉管理就是理解组织中人的行为并加以有效调控，因而体现着鲜明的行为哲学特征。

第五节　新古典管理理论的反思

20世纪二三十年代之交，霍桑工厂成为反对泰罗主义的“人的革命”的策源地。此后，人群关系论及其延长线上的行为科学，成为近半个世纪以来对管理思想和管理实践产生最为深刻和广泛影响的理论之一。但是，它是以对古典管理理论进行反动和纠拨面貌出现的，是一种针锋相对的对峙，所以，在为管理学说研究开辟了一个新方向的同时，也暴露出该理论自身的偏忽和不足，引起诸多的批评和责难，以至有学者说过，在管理学说史上“很少有一种理论遭受过如此批评”①。对这项理论的批评主要来自以下几方面。

（1）理论前提批判　第一，“社会人”的立论有失偏颇。许多学者指出，对职工行为产生影响的不只是社会心理系统，还有经济技术系统。梅奥等人认为工业文明，特别是泰罗主义摧毁了人们安身立命的精神家园，工人需要在相互交往中摆脱工业文明对心灵的压迫，排解和发泄自己内在的恐惧、焦虑和失望。所以，他们强调人是“社会人”，工业生产中的个体具有社会属性，生产率不仅同物质实体条件有关，更同工人的心理态度、动机，同群体中的人际关系及管理方式紧密相关，从而试图通过小群体来重建被工业文明损害的人们的心理纽带。这些观点被认为是“福音主义”和“神秘主义”的结合。丹尼尔·贝尔等人指责这种“社会人”是不恰当的，其基本假设“缺少一种我们经济制度的大结构框架的观点，而正是在这种

① 杨砾：《当代西方管理学》，第99页。

框架之中，这些关系才得以产生并具有意义”①。也就是说，忽视了企业中经济、技术系统对职工的影响。现代管理论中的条件理论克服了人群关系论的这一不足。

还有，不是所有企业职工都具有依附感和归属感，只是那些自我开发的愿望得不到满足的职工才结成非正式组织。否则就不能说明为什么非正式组织对职工的行为不能产生规律性的影响。阿吉里斯和麦格雷戈，正是不同意早期人际关系学派关于人是追求安全感和归属感的“依赖性人”的论断，才提出新人群关系论，认为自主性、独立性和创造性才是企业中健全的人性。

此外，过于否定“经济人”假设也有失偏颇。泰罗将“经济人”作为企业中人们的唯一动机当然过于绝对化了，但由此而否定人们的经济需要就走向了另一极端。人们在经济组织中工作，经济动机是不言而喻的。但人群关系论和行为科学对此几乎是缄默不言，甚至矢口否认，这显然也是不合实际的。凯里激烈地抨击梅奥等人关于工资不是决定生产效率的变量是完全错误的。西蒙等人温和地说：“不把经济刺激放在重要位置上的人的模式，对于大多数人来说，是不完全的模式。”②著名管理学家彼得·德鲁克在《管理实践》一书中曾指出，人群关系论者忽视了经济方面，他们没有看到人的满足不光来自社会关系方面。多年来从事行为科学研究的洛克教授感慨地说：“过去50年，在行为科学家们（包括萨施金）当中，最受轻视的激励因素恐怕莫过于报酬了。金钱无疑是非志愿组织中的基本的激励因素。”③由此带来的问题是对管理实践的指导性不强。西方不少学者认为，人际关系学家对管理思想比

① 转引自雷恩：《管理思想的演变》，第403页。

② 转引自占部都美：《现代管理论》，第131页。

③ 转引自杨砾：《当代西方管理学》，第98页。

对管理实践工作的推动更大。R. 本狄斯就明确指出，梅奥的思想能够应用于管理实践工作的很有限，但它在管理思想中所起的作用是人所公认的。①

(2) 研究方法的批评　凯里在深入细致地调查和核对的基础上，对霍桑试验和人群关系理论方面的研究方法进行了许多“破坏性的攻击”，指出了许多问题，比如，样本太小，缺乏普遍有效性，因而结论的可信度值得怀疑；研究中主观随意性太大，在试验中有明显的“先入为主”，期待自己认定结果出现的做法。又比如，对经济激励作用人为地淡化处理，还多次按主观愿望改变产量计算方法，这是科学实验所反对的。凯里在认真研究霍桑试验的基础上指出，研究者改变他们的衡量基础，以便显示出生产量由于新监督方式而增加，而事实上总量并没有增加；特别是以“合作的”工人替换“缺乏协作精神”的工人，因而是“欺骗性的研究方法”。德鲁克也认为霍桑试验的研究人员知识准备不足，缺乏“对经济方面的任何认识。”②公允地说，有些缺憾是可以谅解的，因为当时统计学方法还没有成熟，当然，有些则确实是研究者主观局限性所致。

行为科学方面受到的主要批评是行为科学的理论结构和验证程序。由于行为科学的研究强调“事实”，随之也就突出了观察、核实和现代经验科学的方法。批评者认为理论也需要想像的非经验的假设，从验证程序讲，即使一种观点被验证得再多，也不能断言它的结论的必然性，并且行为科学能描述事实，但不能规定事实，也无法科学地确定人们最终将要达到的目的。对此，我国孙耀君教授也曾有过比较恰当的批评：“有些假说、模型和所谓的理论、学说，还缺乏足够的数据资料和严密的逻辑推理。有些术语的概念还不够确切和一致。各

---

① 参见卡斯特、罗森茨韦克：《组织与管理》，第 97 页。

② 转引自雷恩：《管理思想的演变》，第 408～410 页。

个行为科学家的主张也有较大的分歧，还没有形成一个大家公认的严密的科学体系。”①

(3) 对人群关系论结论的责难　其一是针对“满意度高→情绪高→生产效率高”的论断。企业效率与职工情绪之间存在的函数关系是人群关系论的定理之一。事实证明，远非如此。马奇和西蒙在《组织》一书中，以理论演绎和实际案例两方面得出的无可辩驳的结论表明，满意度和生产率之间不存在简单的函数关系，它们之间的关系还受到多重中介因素的影响，并且因人而异。行为科学的发展表明：需要和动机对人的行为影响更有根本性和规律性。行为科学之所以能超越人群关系论，就在于其对人性认识更深刻。

其二是针对人群关系论的非理性主义。人群关系论只看到职工是具有归属感、情绪、自我需要和个性的人，看到情感逻辑起作用的一面，否认人在组织中所具有的理性思考和权衡利弊的一面。以巴纳德和西蒙为首的现代管理学，则把微观的个人工作动机和价值偏好同宏观的组织决策过程联系在一起考虑问题，显示出更强的科学性。占部都美认为，由于人群关系论过分强调在企业的人与人的关系方面起作用的感情逻辑，所以，在经营实践中开展以人与人的关系为中心的经营活动时，个人决策的合理性往往被企业中非理性的人群关系所扭曲，造成利润率的下降。“人群关系论忘记了职工也是合理的决策者和解决问题的行动者。”②

其三是针对人群关系论的片面性和手段性。麦克奈尔指出，把人际关系作为一种独立技能来教学，存在着把知识割裂开来的危险，而事实上应该是所有各种管理培训的一个部分。贝尔曾就“社会人”所蕴涵的人性深度提出非难，认为“社会

① 孙耀君主编：《管理思想发展史》，第 342 页。

② 占部都美：《现代管理论》，第 130 页。

人”并没有真正达到“人本”境界，工人实质上仍旧是实现企业目标的手段而非目的；激励的内容改变了，但对人的理解的层次没有飞跃。贝尔认为，人际关系只是提供工人的精神发泄，而不是从根本上改变工作性质本身，因而并没有恢复做工的骄傲和减轻无目的性。① 也就是说，工人的主体性地位没有真正得到尊重和承认。

行为科学是对早期人群关系理论的延伸和发展。在拓展了许多人群关系课题时，也修正和纠拨了其中一些谬误，如后期组织行为学重视了正式组织的研究，但又不是早期的组织结构论的简单回归，而是组织本质论的深化。

但是，其非理性主义主体论缺陷，贯穿了人群关系论和行为科学阶段，他们注意的不是有自主性、创造性的个人，而是“人的类”——小群体和组织，把组织和群体提到了损害个人的程度，“团体优于个人”，“意见一致代替了创造性”②。如果说效率哲学更多的是对人的体力的盘剥，那么行为科学则是对人的思想的剥夺。

正是由于行为科学严重忽视了人的理性面，它未能真正成为强调人的能动作用的科学理论。后来西蒙的决策理论，考察了决策的价值前提和事实前提，就体现了理性主义与非理性主义合流的趋向。

总之，这个阶段的管理科学内蕴两大严重缺陷。一方面，他们所研究的人，一般还只是限于个体或非正式团体的层次上，即使涉及到正式组织中的人群关系也仍然是囿于狭隘的心理关系，强调的是个人对群体的心理依赖、归属，忽略了企业人文与生产两大分支系统的整体分析，未能将人文导向与效率导向、理性与人性有效地协调起来。也正由于此，它不能

① 参见雷恩:《管理思想的演变》，第 405 页。

② 雷恩:《管理思想的演变》，第 411 页。

彻底有效地克服古典科学管理理论的不足。另一方面，也是更为严重的是，忽视了社会外部环境对企业的影响。而二战之后科学技术突飞猛进，在有力地推动了资本主义经济发展的同时，也使企业的外部竞争更加激烈，生存环境愈加险恶。对企业的战略规划和科学经营决策要求也随之提高到无以复加的程度，电子计算机成为相当重要的管理手段。显然以行为哲学为底蕴的管理论对此不能说完全无能为力，起码显得力不从心。正是上述不足，导致了“理性主义复活”，迎来了主客体统一的现代管理论阶段。

第五章　现代管理：主客体统一的系统哲学

肇始于霍桑试验，持续近半个世纪之久、声势浩大的行为科学运动，无疑是对古典科学管理的挑战和反叛。它在管理学领域高高地扬起了人的旗帜，功不可没。然而行为哲学替代效率哲学只是一种片面否弃，而不是辩证扬弃。它在克服“见物不见人”、“唯理性主义”的同时，也将古典管理论的合理内核——科学理性轻置一旁，所以，它不可能最终取代科学管理。相反，随着企业外在竞争环境的日趋激烈，增强企业的预见能力和应变能力成为管理更突出的课题、更紧迫的任务。管理学在这方面的努力，一定程度导致了“理性主义复活”，使现代管理论显现出“理性主义”与“人文主义”合流的趋势，并在哲学上表征出主体与客体相统一、效率逻辑与情感非逻辑相协调的自觉。

第一节　管理学大步走进现代

思想史的跃变除了其内在的动因外，总有其外部触媒和时代条件。管理学经过近半个世纪的漫长跋涉，进入其多姿多彩的青春期。回顾现代管理学的诞生，从“外史”的角度分析至少有三大因素起着推动作用。

(1) 巨变的企业环境要求管理学以更大的包容性顺时应变。管理变迁的原因总是植根于经济环境的变化，二战后更直接地表现为市场环境的变化。

首先，市场约束性加强带来的变化。在科技革命的推动下，战后世界经济得到了空前发展。世界生产总值(GWP)从1958年的12 032亿美元增长到1980年的77 000亿美元，22年间增长了5.4倍。1913～1938年的25年里，资本主义世界工业生产总共增长了52%，而战后的1946～1970年的25年，资本主义世界工业生产增长了大约4倍。伴随经济快速的增长，资本积累也有了大幅度提高。战前发达资本主义国家的资本积累率(积累占国民生产总值的比率)只有个别国家超过20%，而战后大多数国家超过了20%，个别国家，如日本甚至接近40%。以1964～1973年为例，美、英、联邦德国、法、日五国的年平均资本积累率分别为15.3%、19%、27%、26.4%、38.4%。高积累又进一步转化为强大的生产能力。同时，农业现代化的不断深入发展，使农业生产在劳动力大幅度减少的情况下产量不断增加。例如，1950～1977年间，美国农业劳动力从733万减为241万，谷物产量从8 514万吨增为26 171万吨，肉产量由1 207万吨增为2 551万吨；由于农业的大发展，发达资本主义国家已从战前的粮食净进口区变成了粮食净出口区。同时，从收入上看，战后随着经济的快速发

展，人民的物质生活水平有了较大提高。不仅是制造业工人，而且服务工人、工程技术人员以及办事员的实际工资也都有所提高，1976 年比 1955 年平均增长达 40%。而且，由于就业人口的增加，特别是已婚妇女就业的增加，美国家庭收入的增长幅度更大些，1947～1978 年底，美国家庭年收入增长 4.82 倍，扣除物价上涨因素，实际增长了 99.3%。再以日本为例，1951～1975 年的实际工资扣除物价上涨因素，制造业工人的实际工资的年平均增长率在 6%上下。①

收入的增加，必然推动消费的上升，消费层次提高，需求开始出现差异。市场竞争中起主要作用的因素不只局限于产品的价格，而是消费者多样化的需求，谁能满足消费者需求，谁就能在竞争中取胜。到 20 世纪 60 年代，欧美国家由卖方市场逐步转变为买方市场，市场约束成为攸关企业生死存亡的关键因素。这就要求管理从理论到实践作出积极的反应。

其次，市场竞争白热化带来的变化。从 20 世纪 50 年代起，美国出现了第三次企业合并浪潮，至 60 年代达到了战后最高峰。同 1949～1953 年相比，资产额在1 000万美元以上的大公司，在 1964～1968 年的合并数目增加近 11 倍，其资产额增加 20 倍以上。战后初期，美国垄断资本集中形式仍以“横向合并”（即同部门的企业合并）和“纵向合并”（即加工制造企业和同期有联系的原材料、运输、贸易公司实行合并）为主，“混合性合并”（即不属于同一行业或同一生产程序的企业，甚至业务上毫不相关的企业之间的合并）在 50 年代以后日益盛行而成为企业合并的主要形式。以美国制造业和采矿企业合并的宗数而言，1948～1951 年横合并和纵合并占 52.6%，混合性合并占 45.4%；从 1952 到 1955 年横合并和

① 本段数据参见宋则行、樊亢：《世界经济史》下卷，第 23 页、第 27 页、第 97 页。

纵合并的比重下降为47.4%,而混合性合并的比重则上升为52.6%;到1960年,则为27.6%和72.4%。① 这种大规模合并的结果,使大多数垄断企业都变成了跨部门从事多样化经营的联合企业。据美国联邦贸易委员会调查统计,1968年制造业200家最大公司中,181家平均每家从事20个产业部门、33个种类的生产。美国通用电气公司,在合并了众多企业之后,其产品约达300种,其中包括普通发电站、原子能发电站、电子仪器、飞机发动、照相器材、冰箱、人造钻石、化学产品等。② 大规模的并购浪潮,使生产和资本进一步集中。社会生产更加集中于少数最大的垄断企业里。1947～1972年,美国制造业中最大的200家公司,在全部制造业中所占的比重是,资产从47.2%上升到60%;产值从30%上升到43%;销售额从36%上升到52%;利润从41%上升到64%。1969年,美国500家最大的工矿公司,只占企业总数(46.6万个)的0.1%,而它们的产品销售额占整个工矿业产品销售额的65%,雇佣工人占职工总数的71%。最重要的工业部门,都为几个大垄断企业所控制。据美国商务部统计,在汽车、炼钢、制铝、电机制造、机车、化学、烟草等部门中,4家最大公司控制了全部产量的75%～100%。③ 企业大规模的兼并浪潮导致市场结构越来越集中。同时,美国资产超过10亿美元的大公司由1940年的43家增加到1960年的96家。1954年,洛克菲勒、摩根、梅隆、杜邦、库恩-罗比、克利夫兰、芝加哥、波士顿八大财团的资产为2 180亿美元,占全国所有公司资产的四分之一。④ 巨型企业的角逐、多样化投资带来的群雄“混战”,使企业的外在环境更加变幻莫测,企业不得不把更多的关注投入到对外在市场及其变化趋势的研究上,管理学也必

①、④　金波:《主要资本主义国家近现代经济发展史》,第174页。

②、③　宋则行、樊亢:《世界经济史》下卷,第71页、第69页。

须对此作出有力的应答。

再次，市场开放度扩大带来的变化。二战后，生产和资本国际化有了重大发展，国际经济正在走向一体化。发达资本主义国家总结战前的历史教训，为了消除货币集团和货币战、贸易集团和贸易战给各国之间贸易和经济联系造成的严重危害，1944 年 44 个国家在美国举行了联合国货币金融会议，通过了《国际货币基金协定》和《国际复兴开发银行协定》，建立了以美元为中心的国际货币体系，建立了以世界银行为中心的国际金融组织。接着 1947 年在日内瓦又签订了世界性的《关税及贸易总协定》，以减少各国之间的关税和贸易的障碍，促进和扩大国际交换。这些，为战后国际贸易的大发展创造了有利的国际环境。而科技革命带来的各国经济的较快发展又为战后国际贸易的大发展奠定了物质基础。战后，国际贸易的发展比世界工业生产的增长快得多。1950～1973 年和 1973～1979 年，世界工业生产平均增长分别为 5.4% 和 3.5%，同期世界出口贸易量年平均增长分别达 7.2% 和 4.5%。① 与世界经济一体化趋势相一致的是，跨国公司在世界经济发展中发挥了越来越大的作用。1971 年，跨国公司的国际产值约为5 000亿美元，相当于资本主义世界国民生产总值的 20%；1983 年，跨国公司的国际产值已达23 750亿美元，相当于同年资本主义世界生产总值的 40%。② 特别是 20 世纪 70 年代以来，随着跨国公司日益向综合性的多种经营方向发展，成为规模庞大的混合联合公司，其经营管理体制也有所变化，即将高度集中统一管理与分权经营结合起来，一方面把重要的决策权和管理权集中于公司董事会和总经理处，由母公司统一指挥；另一方面又把需要灵活处理的具体安排和经营业务分散在各下属机构和子公司，责任自下而上分层负担。

①、② 宋则行、樊亢：《世界经济史》下卷，第 5 页、第 363 页。

企业组织形式和运营模式的变化，都对管理学研究提出了新的课题。总之，越来越多的管理学家把环境的不确定性作为研究的重点，更多地研究企业如何适应环境。而外在环境的复杂性、多变性要求着企业的管理能力必须有更强的前瞻性、针对性、操作性和包容性。现代管理理论正是在这样的情势下应运而生的。

(2) 逐步成熟的现代科学为管理学的理论建构提供了学术示范。德国哲学家恩斯特·卡西尔曾经这样评价科学："在我们现代世界中，再没有第二种力量可以与科学思想的力量相匹敌。它被看成是我们全部人类活动的顶点和极致，被看成是人类历史的最后篇章和人的哲学的最重要主题。""在变动不居的宇宙中，科学思想确立了支撑点，确立了不可动摇的支柱。"①他还提出，科学之所以具有如此伟大的力量，是因为它具有一种"首尾一贯的"、"新的强有力的符号体系"，"向我们展示了一种清晰而明确的结构法则"，"把我们的观察资料归属到一个秩序井然的符号系统中去，以便使它们相互间系统连贯起来并能用科学的概念来解释"②。对科学逻辑力量的崇拜，对科学理论结构美的惊叹，同样影响着社会科学家们的研究。战后，不少社会科学学科借鉴自然科学的方法论，进行较为规范的研究，经济学、历史学、教育学、社会学等学科都相继告别古典理论阶段，向现代科学境域迈进。管理学的研究也呈现出同方向的趋势。纵览这个阶段管理学的研究，已不满足于通过归纳方法的运用形成全称命题或者说理论名词，更不满足于通过观察和实验形成单称命题，而是注重演绎方法在研究中的自觉运用，追求成熟理论所具备的普遍性、必然性品格。古典理论阶段，惯常对管理实践总结的技术论研

①、② 参见卡西尔：《人论》，上海译文出版社，1985 年版，第 263 页、第 275 页。

究，逐步为较为规范的描述性研究取代，即不仅作出与组织行为有关的假设，而且分析与预测行为的后果。研究旨趣在于说明“是什么”的问题，既要对事物作出解释，同时又要根据这种解释作出预见。巴纳德的管理理论已突破传统管理论的技术论的性格，他在回答经营者应当做什么之前，着重就组织的本质是什么，人在组织中是如何行动等问题进行描述论的分析。西蒙的管理论，则是通过把决策的概念作为管理的统一概念，阐明管理的过程以及组织的本质、机能和结构，具有鲜明的描述论倾向。可以说，无论是巴纳德的组织论，还是西蒙的决策论，正是得益于现代科学分析工具的自觉运用和一系列基本范畴的概括，特别是运用描述方法构造了逻辑一贯的严整的理论体系，从而呈现出现代科学理论的品格。西蒙因《管理行为》一书获诺贝尔经济学奖。

(3) 跨学科交流激发了管理理论创新的活力。著名管理学家哈罗德·孔茨在《管理理论的丛林》一书中剖析 20 世纪 60 年代管理学学派林立且快速发展原因时指出，由于社会科学家、物理学家、生物学家、人类学家、社会计量学家、数学家、政治学家、工商管理学家等众多学科门类的学者对管理问题兴趣骤增，有新的“发现”，导致了管理学学科的急剧膨胀。[1]换个角度也不妨理解为多学科学者加盟管理学研究，多学科方法论的运用，有力推动了管理学向前发展。除了前面章节已经介绍过的方法外，这个阶段比较引人注目，并对管理学成长增添新质的科学研究方法，主要有系统分析方法、数理分析方法、历史文献方法和相对主义方法等，这些方法在管理科学中的运用直接导致了系统管理学派、数学学派、产业组织理论和权变管理学派的崛起。

---

① 参见孙耀君：《西方管理学名著提要》，江西人民出版社，1995 年版，第 44 页。

第二节　多姿多彩的“管理理论丛林”

1980年,孔茨在《再论管理理论的丛林》一文中指出,大约20年前美国的管理理论才6个,目前已增加到11个。的确,现代管理学的发展呈现出多姿多彩、令人眼花缭乱的现象,如若仔细考察,尽管其研究视角各有偏颇,旨趣也有所不同,但这些理论还是有共性可寻的。它们大多突破单一视角看问题的稚幼和偏狭,开始用复杂的眼光看待企业中的人和事,用系统方法作为一般方法论来研究管理问题。把组织看成由经济、技术和人等分支系统构成的大系统,管理就是了解达到组织目标而进行的各种活动之间的相互关系以及协调这些关系的活动。

最早用系统方法研究管理问题的是社会系统学派的开山鼻祖、被誉为“现代管理之父”的巴纳德。他反对以往那种从地形学和制图学角度研究组织问题的做法,运用系统分析方法揭示组织的本质。他认为“组织不是集团,而是相互协作的关系,是人相互作用的系统”;“组织,无论是单纯的还是复杂的,常常是得到调整的行为的客观系统”①。基于这种思想,他把企业看作一个“系统”,是由组织系统、物质系统、人的系统及社会系统构成的一个具体整体,组织是这个“协作系统”中起核心作用的分系统。显然,他不仅接受系统这一概念,而且已经运用系统方法研究组织问题。现代管理论是以正式组织为认识对象的,但它超出了古典组织理论偏重形式、结构的“生理学”弊端,也克服了行为科学过于注重组织中个人动机和非正式组织的不足,认为非正式组织作为发挥重要机能的

① 转引自占部都美:《现代管理论》,第147～148页。

组织也包括在正式组织之中。巴纳德指出:“正式的协作体系的重要而且往往是不可少的部分是非正式的关系。”[①]从而把正式组织和非正式组织统一起来,也不妨进一步认为,现代组织论是对古典科学管理阶段宏观组织论和行为科学阶段微观组织论的综合。

决策理论学派认为,决策是管理的核心,贯穿管理的全过程,“管理就是决策”。而决策的基础是对知识和信息进行系统分析。雷恩曾指出:“西蒙的贡献主要在于他的中心思想,即:为了对组织进行研究,就必须对影响人的行为的全部决策过程的复杂网络进行研究。”[②]对复杂网络的研究,系统方法无疑是非常得力的工具。此外,巴纳德及其继承者西蒙和马奇提出的“决策人”概念,实质上就是扬弃“经济人”和“社会人”对立的产物。巴纳德认为,组织中的个人并非像“泰罗制”所假定的是机器的附件,也非单纯接受命令的“被动的生产工具”,个人是有自由意志的决策者,有选择的自由,有通过选择而适应环境的能力。这种强调个人具有抉择自由和决策自由的“决策人”假设,无疑与“工具人”、“经济人”假设有霄壤之别。然而“决策人”是从个人主义价值观出发的,这一点显然又与“经济人”假设一脉相承。而“决策人”与“社会人”共同之处在于,它们都是把人当作主体来研究,强调人的因素在组织管理中的重要地位。二者的分野在于“社会人”只是强调个人对群体的依附,试图通过小群体重建组织。“决策人”则是既承认社会因素对个人行为的意义,同时又强调个人具有独立人格和选择自由的特性,不仅个人对群体有归属感,而且组织的存在和发展也依赖于个人主体性和创造性的弘扬。由上可见,“决策人”是对“经济人”和“社会人”对立的辩证扬弃。

---

① 转引自占部都美:《现代管理论》,第182页。

② 雷恩:《管理思想的演变》,第371页。

事实上，不仅“决策人”体现着对“经济人”和“社会人”合乎逻辑的综合，西蒙决策论本身在一定程度上也体现着对古典管理理论和行为科学的辩证综合。西蒙曾说过，“组织理论的中心任务是发现和研究对实现目的予以制约的因素。”①他把管理活动必须克服的因素归纳为：

(1) 个人在肉体能力和技术熟练程度等生理上受到的制约。

(2) 个人在对决策有影响的目的和动机方面受到的制约。

(3) 个人在与他的职务有关的知识和信息方面受到的制约。

泰罗的一系列研究，无疑是针对第一点所表达的那种“生理上”的制约，而人际关系特别是行为科学汲汲探讨的一个重要课题，就是个人的动机对组织效率的影响以及如何有效应对这种“动机的制约”。这样，我们完全有理由认为，西蒙的决策论包含了古典管理论和行为科学的主要内容，具有综合管理论的性质。

20 世纪 60 年初开始形成的条件理论，是在批判性吸收“社会-技术系统论”、“开放系统论”和“结构-机能论”基础上建立起来的。“开放系统论”是条件理论的基础，它为条件理论提供了研究组织与组织外环境相互关系的视角；“结构-机能论”认为组织是由各子系统构成的，各子系统对组织来说也发挥着特定的机能，而这种机能的充分发挥取决于组织结构。“结构-机能论”的这种思想，后来在注重组织自身设计合理化的角度上为条件理论所借鉴。“社会-技术系统论”强调组织不是作为社会系统独立于技术系统而存在，技术系统的变化也使组织发生变化，满足技术系统的组织是最佳的组织。这

① 转引占部都美：《现代管理论》，第 143 页。

些观点不仅为条件理论所接受，而且起到触类旁通的作用。条件理论有鉴于此，得出了具有公式意味的结论：组织效率取决于组织对环境的适应性，组织与环境的关系成了条件理论研究的总体课题。组织与环境都是包容了许多变量的大概念。当对组织与不同变量搭配结合加以考察时，就产生了诸多分支课题。例如，环境变量是技术系统时，组织和技术是否适应就成了研究对象；当环境变化的速度，尤其市场作为环境变量，那么组织和市场的关系就成了研究对象；如果把一个国家的文化传统作为环境变量，那么组织和文化的关系就成了研究课题；当组织规模成了环境变量，组织与组织规模的适应关系就成了研究对象。同样，如果把组织中个人、群体行为模式或者组织结构等作为组织变量，那么，研究内容又会发生变化。应该说，这种魔术般变量的更换正是得益于系统思维的神奇，而这种多维视野的交叉省察又深化、丰富了我们关于管理的知识，并且印证和丰富了唯物主义关于有机体的学说。在生产管理方面，历史唯物主义没有展开这个问题，而条件理论的这种论述，无疑是社会有机体学说的具体化。这样，对社会历史的研究也就宏观与微观统一起来了。总之，条件理论是对环境的系统研究，但偏重于客体系统方面。

大致与条件理论盛行的时期相仿，组织行为研究成为与条件理论并驾齐驱的管理学舞台上的另一显赫角色。组织行为理论并非行为科学之外的异军突起，而是在其延长线上，是对行为科学不同流派、各类观点的综合化和条理化，使之构成一个科学体系，它仍旧是以管理活动中人的行为为主要研究对象，探讨人性观与管理理论的关系，研究个体、团体、组织及领导行为的特点和规律，与前一阶段行为科学相比，只是更加重视群体行为与个人行为相互影响，群体行为之间的相互影响以及组织行为与群体行为、组织行为与个人行为之间的相互影响。总之，组织行为理论重视研究企业社会宏观环境对组织行为的影响。与条件理论相比，组织行为理论是对人的方面的系统研究，而且偏重于主体系统方面。

对条件理论和组织行为学的再综合就形成了系统管理学派。这样，管理理论的发展史上就出现了这么一个有趣现象：管理认识史的实际过程，是从客体入手进而回复到主体，最后达到主体和客体统一的大圆圈，在这个大圆圈的第三阶段上，又出现了客体—主体—主客体统一的小圆圈。

系统管理学派的集大成者是卡斯特和罗森茨韦克，他们于 1970 年推出了这个学派的代表作《组织与管理》。"系统管理论"一方面引进环境超系统概念，打破以往将组织看作一个封闭系统加以研究的缺陷，提出组织是一个开放式系统，它与外部环境密切相关，不仅外部环境对组织有重大影响，反过来组织也影响外部环境。W. H. 斯塔巴克指出："在很大程度上，组织的周围环境是组织本身的任意创造。组织可以选择它所处的环境，并主观地限定它所选的环境。"[①]另一方面，该理论又弥补了以往管理理论或偏重社会心理系统，或倾向生产技术系统的偏颇，比较全面、详尽地考察了组织中各分支系统。系统管理理论把组织系统划分为目标与价值分系统、技术分系统、社会心理分系统、结构分系统和管理分系统五大分支系统。可以说这五大分支系统基本涵盖了管理中方方面面的问题，对五大分支系统的透析及其相互关系的揭示，为诊断和解决组织管理中的问题提供了准备。

目标与价值分系统是组织的重要分系统之一。管理思想不是在没有文化的真空中发展起来的，管理思想既是文化环境的一个过程，也是文化环境的产物。管理人员总是在一定文化价值指导下从事决策和管理的。所以，目标与价值分系统着重研究直接影响组织的内部作业活动与决策行动的价值

① 转引自卡斯特、罗森茨韦克：《组织与管理》，第 164 页。

观。同时,也探讨组织价值观对社会大文化的反作用。

技术分系统指完成工作任务所需要的知识以及生产中所使用的技术、装备、方法和设施。他们认为技术分系统常常会决定组织结构的类型,并影响社会心理系统。

组织的社会分系统,主要包括人的行为与动机、地位与作用等关系,群体动力以及影响网络,实际上是重复组织行为学研究的主要内容。但他们指出,这个系统不仅受组织的技术分系统和结构分系统的影响,而且受环境超系统的影响。

结构分系统,实质上是与技术分系统和社会心理分系统交织在一起的。主要探讨组织分工以及如何协调的问题,并以组织图、工作守则之类对工作程序、职权模式、信息沟通等加以规范化、制度化。

管理分系统则在确立目标、计划工作、组织设计和控制活动以及组织沟通中起神经中枢作用,它是协调其他各分支系统的平衡器。

综上可知,这个阶段管理学尽管流派林立、观点纷呈,但主流学派大多以系统论为其哲学基石,以系统方法作为其分析框架来研究管理问题,不仅探讨了组织与组织环境之间的关系,而且探讨了组织内各分系统之间的相互关系,因而管理对他们来说就意味着将人与环境构成的系统作为研究对象。

第三节 登高望远的战略管理

战略管理理论是现代管理学的一枝奇葩,不仅以其严整的逻辑分析极大地提升了现代管理论的理论品格,而且以其对复杂环境的有效应对,极大地提升了现代管理论的理论声誉。虽然战略管理的萌芽期可以追溯到巴纳德在《经理的职能》中对企业诸因素以及它们之间相互影响的分析,但战略管理以独立的形象登上管理学的历史舞台，却是在 20 世纪 60 年代初期。其后大体经历了三个阶段：以环境为基点的经典战略理论阶段，以产业结构分析为基础的竞争战略理论阶段和以资源为基础的核心竞争力理论阶段。

第一阶段，以环境为基础的经典战略管理理论。1962 年美国著名企业史家钱德勒的《战略与结构：工业企业史的考证》一书出版，首开系统研究企业战略问题研究之先河。钱德勒在这部著作中，解释了大企业的成长，通过分析环境、战略和组织结构之间的相互关系，论证了企业的管理结构如何随企业的成长而改变，并有一个重要的“发现”：企业内管理的变化主要原因是战略方向改变，而非只是为了提高企业效率。在此基础上，他提出企业经营战略应该适应环境和满足市场需要，而组织结构又必须适应企业战略，随着战略变化而变化。该书面世后，“结构服从战略”的名言不胫而走。由此，他被公认为研究环境—战略—结构三者之间关系的第一位管理学家。其后，围绕战略构造问题的研究，安东尼、安索夫和安德鲁斯深入阐述了如何把市场机会与企业资源有效匹配，为战略规划研究奠定了基础，三者的思想被誉为战略管理研究中的“三安模式”。这个阶段代表性的管理学派有三个。

一个是以安索夫为主要代表的资源配置学派。该学派提出，企业经营战略的核心是资源配置的方式，主要通过筹划、研究企业未来的资源配置以及与外部环境的相互作用，去指导和解决企业经营发展中的一切重大问题。该学派代表人物安索夫把环境、市场定位与内部资源置于战略的核心位置。他认为，企业经营战略是“现有资源和计划的布置以及外部环境相互作用的基本模式，这一模式表明企业组织如何实现其

目标”①。战略为产品与市场范围、成长方向、竞争优势、协同、自产还是购买等五种选择提供共同思路。安索夫特别强调了“组织—战略—环境”三者之间的相互适应和协调一致。他认为，战略行为就是组织改变内部资源配置和行动方式，使之与环境相互作用的过程，并认为这一点由于环境变得日益激烈而显得越发重要。1979年，安索夫又出版了《战略管理》一书，系统地提出了战略管理模式。他认为，战略行为是对其环境的适应过程以及由此而导致的企业内部结构化的过程，企业战略的出发点是追求自身的生存与发展。

另一个是目标战略学派。目标战略学派的主要观点认为，企业经营战略的核心在于确定和实施企业的目标，既包括确定长期目标，又包括目标的实施过程。这一学派的代表人物是美国的安德鲁斯，其贡献在于区分了战略的制定与战略的实施。他认为战略包括四个要素：市场机遇（企业可能做什么）、公司能力（公司能够做什么）、个人激情（企业想做什么）以及社会责任（企业应该做什么）。战略就是实现四者的契合。② 安德鲁斯认为战略是要让企业自身的条件与所遇到的机会相适应，其基本步骤包括资料的搜集与分析以及战略的制定、评估、选择与实施。这种方法的实质是认为战略乃是如何匹配公司能力与其竞争环境的商机。SWOT（优势、劣势、机遇、威胁）分析常常被用于战略规划。战略规划的步骤是：(1) 研究外部环境条件与趋势及公司内部的独特能力，外部环境研究除了分析企业所处的一般宏观环境，尤其重要的是要分析顾客的需要与竞争对手的情况。不仅要分析当前的环

---

① 转引自简兆权、李垣：《战略管理的演进与发展趋势》，载《科学管理研究》，1999年第3期。

② 转引自周三多、邹统钎：《战略管理思想史》，复旦大学出版社，2002年版，第2页。

境，而且要预测未来的环境变化及其对企业的战略含义。内部能力分析包括公司的财务、管理、组织方面的能力以及公司的声誉和历史。(2) 识别外部机遇与风险，分析内部公司资源的优势和劣势，并且把他们结合起来。(3) 通过评估，决定机遇与资源的最佳匹配。战略是由目标、意志以及为达到这些目的而制定的方针、计划所构成的一种模式。人们可以以某种方式用战略界定一个公司所属的或应该属的类型。钱德勒实际上也属于这个阵营。他曾明确提出：经营战略所研究的问题是决定企业的长期目标，并通过经营活动和分配资源来实现目的。该学派认为：首先，在制订战略的过程中要分析企业的优势与劣势、机会与威胁，因为，这将涉及到企业的竞争环境和企业发展的外部局限。其次，高层的经营人员应是战略制定的设计师，并且他们还必须督促引导战略的实施。

环境适应理论学派是战略管理学派的又一个代表。20世纪70年代是环境适应学派的时代，战略家越来越把环境的不确定性作为战略研究的重要内容，更多地关注企业如何适应环境。激烈的国际竞争与不确定性为战略研究引进了脚本分析，即假设各种不同的市场环境，从而设计出各种不同的对策来应付这些变化。管理不确定性变成了企业的核心能力。林德布罗姆的“摸着石头过河”、奎因的“逻辑渐进主义”以及明茨伯格和沃特斯的“应急战略”，一反以往战略规划所持的“一切都在意料之中，一切都在控制之下”的理念，都把战略看成是意外的产物，是企业应对环境变化所采取应急对策的总结。

通过以上所述的内容不难看出，尽管这一时期学者们的研究方法各异，具体主张不尽相同，但总体上说，其核心思想是一致的。主要体现在以下几点：(1) 企业战略的基点是规划未来和适应环境，企业所处的环境往往是企业自身难以左右的，因而企业制定战略必须充分考虑环境的变化，只有适应

环境变化，企业才能求得生存与发展。(2) 企业战略的目标在于提高市场占有率，适应环境变化旨在满足市场需求，从而保证企业的生存与发展。可以说，企业如何获取理想的市场占有率在经典战略管理中居于核心地位。(3) 企业战略的实施要求组织结构变化与之相适应。经典战略管理的实质是一个组织对其环境的适应以及由此带来的组织内部结构变化的过程。因此，在战略实施上，势必要求企业组织结构与企业战略相适应。这些核心思想为企业战略管理理论的形成与发展奠定了基础。

然而，需要指出的是，以环境为基点的经典战略理论至少存在以下不足之处：其一，该理论缺少对企业将投入竞争的一个或几个产业进行分析与选择，它从现存的产业市场出发，要求企业所适应的环境实质上是已结构化的产业市场环境，而很少强调如何刻意去培养企业某种能力或某种别人无法替代的资源来赢得竞争优势。这势必导致：一方面，企业往往被动地适应环境，处于被动地追随领先者的困境之中，充其量只能是战略的追随者。另一方面，传统的战略规划还有一个致命的弱点即它的单向性和静态化，缺乏对变化发展的环境及时反应和弹性调整。第三，该理论忽视对企业内在环境的考虑，它只是从企业的外部环境来考察企业战略问题。明茨伯格在《战略规划的衰弱与复苏》一书中，对战略规划曾作了深刻的批判。他认为战略规划存在三种谬误：(1) 预测是可能的。事实上，除某些重复出现的事件外，由于环境的不连续性，使预测不可能。(2) 战略具有可分离性。在企业实践中，战略制定与战略实施是不可分离的。战略制定过程往往是一个学习的过程，战略家要亲自去挖掘思考，才能形成战略。(3) 战略是明确的、详细的、常规性的未来计划。在许多情况下，战略应该只是一个宽泛的远景，而不是准确描述的计划，以便能更好地适应不断变化的环境。常规的程序无法预测不

连续性或创建新战略。[1]

第二个阶段，以产业（市场）结构分析为基础的竞争战略理论。产业组织学派的出现，是企业家与学者们认识深化的产物。管理实践使他们越来越认识到市场结构与战略因素（如产业集中度、规模经济、垂直一体化、产业壁垒、产品差异等）对企业的赢利能力的影响比外部的政治、经济环境的影响要大。市场不完善对企业的赢利与成长的影响越来越大，行业选择与市场定位才是企业战略的核心问题。迈克尔·波特将产业组织理论中“结构—行为—绩效”这一分析范式引入企业战略管理研究之中，提出了以产业结构分析为基础的竞争战略理论。

波特认为，企业盈利能力取决于其选择何种竞争战略，而竞争战略的选择由两个中心问题构成。第一个问题是由产业长期盈利能力及其影响因素所决定的产业吸引力。并非所有产业都提供均等的持续盈利机会，产业固有的盈利能力是决定该产业中某个企业盈利能力的一个必不可少的因素。第二个中心问题是决定产业内相对竞争地位的因素。在大多数产业中，不论其产业平均盈利能力如何，总有一些企业比其他企业获利更多。[2] 原因在于处于竞争优势地位的企业要比劣势企业更有利可图，而要正确地选择有吸引力的产业以及给自己的竞争优势定位，必须对要进入的一个或几个产业结构状况的竞争环境进行分析。

在《竞争战略》一书中，波特提出了著名的由五种竞争力，即“进入威胁、替代威胁、买方侃价能力、供方侃价能力、现有竞争对手的竞争”[3] 所形成的竞争模型，认为这五种作用力共

---

① 转引自周三多、邹统钎：《战略管理思想史》，第 45 页。

②、③ 迈克尔·波特：《竞争优势》，华夏出版社，1997 年版，第 1 页、第 4～5 页。

同决定产业竞争的强度以及产业利润率，最强的一种或几种作用力占据着统治地位，从战略形成的观点来看，起着关键性作用。而有效战略的制定，在他看来，程序上必须把握好三点。首先是知己，正确辨识本企业目前竞争中的位势，即公司相对地位、强项与弱项、执行的现行战略是否恰当。第二是知彼，包括产业分析，竞争胜利的关键因素及产业中重要的机遇和严重的威胁；竞争对手分析，现有的和潜在的竞争对手的能力与局限性，他们将来可能的行动；社会分析，哪些重要的政府、社会、政治因素将给出机遇与危险；以及基于对产业和竞争对手的分析，公司相对于其当前和潜在竞争对手的强项与弱项。第三，企业的行动，即企业通过其战略对五方面竞争力量发生影响，并影响产业（市场）结构，甚至改变某些竞争规则，从而赢得竞争优势，提高自己的盈利能力。波特在深入分析影响企业竞争力五个方面因素的基础上，提出了赢得竞争优势的三种通用战略：总成本领先战略、标新立异战略和目标集聚战略。波特认为公司必须从三种策略中选择一种以赢得竞争优势，要么把成本控制到比竞争者更低的程度，要么提供与竞争者不同的产品或服务，让顾客感觉你提供了比竞争者更高的价值。专一化战略要求企业致力于服务某一特定的市场区域，某一特定的产品种类，或某一特定的地理范围。波特开了总结通用策略的先河，并且在其后来的研究中强调了三大战略的相互排斥性。

在企业战略管理理论的演变中，与经典战略理论相比，波特的竞争战略理论大大前进了一步。它提出了在分析产业（市场）结构竞争环境的基础上企业制定竞争战略的重要性，从而有助于企业将竞争战略的眼光转向对有吸引力的产业的选择上。然而，同经典战略理论一样，竞争战略论缺乏对企业内在环境的考虑，因而无法合理地解释下列问题："为什么在无吸引力的产业仍能有盈利水平很高的企业存在，而在吸引力很高的产业中却又存在经营状况很差的企业？受潜在高利润的诱惑，企业对进入自身竞争优势毫不相关的产业进行多元化经营，最终这些企业缘何大多以失败告终？”[①]波特后来对此缺陷有所认识，于是在此后的《竞争优势》一书中，从企业的内在环境出发，提出了以价值链为基础的战略模型，试图弥补原有理论的不足，但是，就价值链的分析方法而言，它几乎涉及企业内部所有方面，[②]但也存在着对主要方面（如特定技术和生产方面）重视不够的局限性。其原因在于深受贝恩-梅森产业组织理论的影响。贝恩等人以结构主义为方法论，对产业组织进行了深入研究，排斥任何企业内部理论，把企业当作一个“黑箱”。波特的《竞争战略》一书明显地表现这一特征，对企业及其能力的忽视是波特对战略进行产业分析的主要缺陷，同时，将产业组织视作静态的，没有充分考虑企业的多样化，把它作为有关决策者单元来研究。这一点，与战略管理理论产生之初把战略看作关于不确定性和难以预测的外部环境的企业行为的观点，形成鲜明的对比。在这样的情形下，以资源、知识为基础的核心竞争力理论便迅速地发展了起来。

第三个阶段，以资源、知识为基础的核心竞争理论。20世纪80年代，企业混合兼并的浪潮衰落，归核化成为新潮。实践证明，行业吸引力无法保证企业产生好的经营业绩，而日本企业的成功使人们感觉到内因在企业竞争中具有重要作用；经济理论的新发展，如契约理论、激励理论、信息理论和战略联盟理论的发展，又使理论工作者能够更多地从企业内部

① 波特：《竞争战略》，第18页。

② 波特认为，每一个企业都是用来进行设计、生产、营销、交货以及对产品起辅助作用的各种活动的集合。这些活动都可以用价值链表示出来。参见波特：《竞争优势》，第36页。

来寻找影响企业业绩的理论解释。① 在此背景下，由马歇尔、潘罗斯和理查德森等人共同倡导的“企业内在成长论”获得了长足的发展，并且在战略管理领域十分盛行。在此基础上逐步发展，形成了基于企业能力的战略理论。这是关于企业竞争优势的形成、保持和更新的理论，它构成了当今企业战略研究的一种全新范式。以 1990 年普拉哈拉德和哈默尔在哈佛商业评论上发表《企业核心能力》一文为标志，能力理论一跃而成当今战略研究的主流，并由此产生了战略管理中的新主角——企业能力学派。

企业能力理论认为：企业内部的能力、资源和知识积累是解释企业获得超额收益和保持竞争优势的关键性因素。与企业外部条件相比，企业内部条件对于企业占据市场竞争优势具有决定性的作用；传统的“基于产业结构定位，以其十分明确的市场细分产品来获得和防卫其市场份额，从而获得竞争优势的竞争战略已经过时”，在急剧变化和充满竞争的环境下，企业“战略的核心不在于公司的产品和市场的结构，而在于其行为反映能力；战略的目标在于识别和开发别人难以模仿的能力”②。哈默尔因此认为，企业能力理论不仅是对传统产业组织理论“结构—行为—绩效”分析的替代，而且是对波特产业分析模型应用于战略管理领域分析方法的替代。

很明显，该理论着重强调的是企业内部条件对于保持竞争优势以及获取超额利润的决定性作用。这表现在战略管理实践上，要求企业从自身资源和能力出发，在自己拥有一定优势的产业精心经营，从而避免受产业吸引力诱导而盲目地进

---

① 福斯、克努森：《企业万能——面向企业能力理论》，东北财经大学出版社，1998 年版，第 2～5 页。

② 参见王永友：《动态复杂性环境中的组织创新研究》，《经济管理》，2002 年第 6 期。

入不相关的产业进行经营。

该理论进一步认为，并不是企业所有的资源、知识和能力都能形成持续的竞争优势，而只有当资源、知识和能力同时符合珍贵、异质、不可模仿、难以替代的标准时，它们才成为核心竞争力，并形成企业持续的竞争优势。因此，要培养和发展核心竞争力，企业应首先分析自身的资源、知识和能力的状况，然后依据上述标准，选择其中某方面或几个方面，充分发挥这一方面或几个方面的优势，并成为最擅长者。显然，核心竞争理论不仅克服了波特的价值链分析模型涵盖面过宽的弱点，而且对知识经济时代企业如何形成真正的竞争优势更具指导性。

然而，其理论也有其明显的局限，周三多和邹统钎教授曾对此作过精辟的分析，他们认为：(1) 人们无法确定在企业众多的资源中，何种资源或哪组资源对企业的成功起决定作用，难以评估企业资源的价值，是因为无法将各种资源的作用隔离开来。(2) 可操作性是资源基础论的一大难题。核心竞争力理论缺乏一种坚实的实证基础和微观理论基础，尤其缺乏简洁明了的分析工具，使这一理论的应用价值大打折扣。战略规划理论、战略适应理论和产业组织理论都有代表性的分析工具，如 SWOT 分析、分额/增长矩阵、脚本分析、五力模型、价值链等，而资源基础论没有一个分析工具被人普遍接受。它只是提供了一个分析视角，即从企业的内部来寻找企业获利能力的根本原因。(3) 资源基础论忽视了对外部环境的分析。相对战略规划学派强调匹配，产业组织理论注重市场结构，基础理论走向了强调内部资源的另一极端，即将市场需求看成是一个相对静态的、结构的因素，而忽略了它的动态特征及其战略主宰力量。(4) 资源基础论强调对现有资源的

分析，而忽略了如何创造新的资源。① 这些理论的缺失，正成为目前知识管理理论的研究重点。

第四节 “理性病偏失症”的文化疗治

以系统哲学为内核的现代管理论，既是古典管理论与行为科学的综合，又是顺应“战略制胜”时代的需求而产生和发展的。尽管一定程度上兼顾管理主体和管理客体的统一，至少在理论上认识到这种统一的重要性，但在管理实践中，特别在欧美“理性主义”根深蒂固的国度，更多的还是重视经营战略、财务控制和组织设计等硬性因素，如战后由运筹学发展起来的现代管理科学理论曾引起广泛的瞩目并风行一时。雷恩对它有十分精当的评价：“管理科学是科学管理一词的倒置，它与其说是探求管理的科学，不如说是努力把科学用于管理之中。”②的确，这个学派主要探讨如何利用数学和科学的工具来最优地解决管理中的问题，可以说是一种应用研究，对管理学理论的贡献和影响都不大。孔茨就曾说过：“它们（指数学——笔者注）对促使人们把管理领域看成是一个逻辑关系系统起了很大的作用，并促使管理的人去检查和经常改进信息源和信息系统，以便赋予数学以切实的定量意义。可是，尽管如此，我还是认为不能把数学工具的应用作为一个独立的管理学派。”③所以，在系统哲学阶段，没有专门考察这门理论。但这门学派所散发的浓烈科学主义气息曾浸染了整整一个时代，冲淡了行为科学温情脉脉的氛围。

---

① 转引自周三多、邹统钎：《战略管理思想史》，第 92 页。

② 雷恩：《管理思想的演变》，第 511 页。

③ 封新建、肖云：《世界管理学名著速读手册》，第 182 页。

20世纪70年代，日本经济的腾飞与美国经济的衰微形成鲜明反差，使得科学与人性、事实与价值的对峙再一次剑拔弩张。现实的窘迫、理论的困惑，烦扰着管理学故乡的泰罗子孙们。他们发现一向崇奉的“理性主义”法则正受到越来越多的质疑和挑战，于是，不惜屈尊东泊日本，“以日本为镜子”反思自己的管理模式。通过美日企业管理的比较研究，他们发现：企业管理不仅是一门学科，而且是一种文化，即有它自己的价值观、信仰、工具和语言的一种文化。与日本相比，美国管理的落伍，不在管理手段、方法和技术的落后，而在于企业文化的落后，在于疏漏了对“管理的灵魂与精神”的关注与把握。而治疗“理性偏失症”的根本药方，是重新确立人文主义的管理理念，恢复企业管理中人的地位，而且是超越以往行为科学对人社会心理层次的关注，触及到对人的行为影响更深远、更有力的文化价值层面。

美国管理学家劳伦斯·米勒面对“纯粹理性主义”的尘嚣一时，曾忧心忡忡地说：“公司被视为一个不讲人性的唯物主义机构，它既不激励人类去追求崇高目标，又不激励个人为了自己而对公司忠诚和献身。”①托马斯·彼得斯认为：20世纪下半叶管理学进程中出现的所谓“管理理论丛林”的态势，由于没有形成统一的基础，对严峻现实的挑战只是一种各自为战的应付，②没有取得理想的效果，其根源在于“最后终于丢

① 劳伦斯·米勒：《美国企业精神》，中国友谊出版公司，1985年版，第10页。

② 这一点很深刻，孔茨在《再论管理理论的丛林》一书中也谈到过这个问题，他说：“如果继续生长的丛林只是学术思想研究上的争论，那还无关紧要。但如果它妨碍有效管理科学理论的形成，而且给实际管理工作带来混乱，那问题就严重了。”（转引自崔绪治、徐厚德：《现代管理哲学》，安徽人民出版社1991年版，第23页）事实上，现实出现的正是那种问题严重的状况。不过，“对统一的探求”的努力在西方管理学界已成为一项热门课题。

掉了我们的基本原则。我们的全部注意力都放在那些技术、方法和方案上了，结果忘掉了生产产品和提供服务的人以及使用产品和服务的人”①。

鉴于此，托马斯·彼得斯大声疾呼：“企业文化学派的兴起，实际上是一场‘恢复基本原则’的革命。”②的确，企业文化理论，是对美国管理学界那些“计划和技术至上论”者、那些抱守某一理论固步自封者、那些盲目的科学乐观主义者的当头棒喝；它要把湮灭在枯燥数据海洋中的人的主动性、创造性、人的生存意义、人生终极价值拯救出来。

企业文化理论的勃兴，堪称管理思想史上的一次壮丽日出。以往管理思想，无论是古典科学管理论将人视为“物”来管理的思想，还是行为科学以人的行为激励为中心的管理思想，以及追求企业管理数量化、系统化的管理思想，本质上都是人管人的模式。企业文化理论则是以人为中心、以文化导向为根本手段，力图消弥管理中由来以久的主客对立矛盾的一种管理思想。

管理文化学派所演奏的宏大交响曲，其最初的旋律是20世纪80年代初由威廉·大内、理查德·帕斯卡尔、泰伦斯·狄尔和托马斯·彼得斯等人演奏的。《Z理论》、《日本的管理艺术》、《企业文化》和《寻求优势》四部著作被誉为“四重奏”。其后，彼得斯和南希·奥斯汀于1985年又推出《寻求优势》的姊妹篇——《赢得优势——领导艺术的较量》，劳伦斯·米勒则发表了《美国企业精神》。关于企业文化研究的著作竞相问世。中国也出现了企业文化研究的热潮，数十年间出版了数

---

① 托马斯·彼得斯、南希·奥斯汀：《赢得优势》，企业管理出版社，1989年版，第3页。

② 张宗源、黎永泰：《企业文化概论》，四川大学出版社，1989年版，第28页。

以百计的著作和铺天盖地的学术论文。企业文化理论一度被视为管理理论走出纷乱迷津的唯一方向而备受关注。

由于企业文化理论未能创造出人们所希望的奇迹，进入20世纪90年代以后，不仅独领风骚的风光不在，在学理上也频遭诘难。然而，事过境迁，平心而论，企业文化理论虽不是“管理理论的终结”，却也绝非毫无价值的“管理时髦”。企业文化理论对管理思想的发展至少有三个方面的重要贡献。

1. 拓宽了对管理的理解境域。一方面，管理是文化产物的理念得到播扬。由于企业文化理论最初产生于比较管理研究，文化模式的多样性使人们认识到管理模式的多样性，追求定于一尊、普遍适用的管理模式，不仅是可笑的，也是徒劳的，管理模式无所谓最好，只有最为适合。霍夫斯坦在《文化的结局》、《文化与组织——观念的软件》等著作中明确表明了这种思想。他认为，管理不是处理具体的东西，而是处理对人有意义的“信号”。这种信号是在家庭、学校、社会等文化背景下长期形成的，它渗透于管理和组织文化的全过程，对管理产生着决定性的影响。霍夫斯坦认为存在着四种模式，即“权力差距型”、“防止不确定性型”、“集体主义或个人主义型”和“男性化或女性化型”，不同的国家、不同的民族，由于文化上的这些差异，决定了管理模式上的区别，因而，作为管理活动的具体方式——领导方式、激励方式、组织结构等就会由于文化的影响而不同。雷恩在《管理理想的演变》一书中，对文化与管理的关系提出了一个归结性、同时也为学界普遍认可的观点。在他看来，一切管理都是文化的产儿。就管理思想、管理理论来说，人们对人、管理和组织的思想，是根据整个历史中各种不同的文化道德准则和制度的变化而向前发展的，有关如何进行管理的知识体系的发展，也是根据这种文化中的经济、政治和社会等方面的变化而演变的。管理思想的发展既是文化的一个过程，又是文化环境的产物。不仅在思想理论上是这样，而且就实践中的管理模式而言，管理人员同样受他们所处的文化环境的影响，而他们分配和利用资源的方式，也随着文化的缓慢变迁而发生变化。这一观点得到了德鲁克的呼应。他也认为，管理自身知识和技术的发展决非万能，无论管理自身如何力求发展，它总还是以文化为转移的，并且受其社会的价值传统与习俗的支配。①

另一方面，管理深层是文化的理念日渐深入人心。传统管理中目标、战略、结构、制度一直被视为管理中的关键要素，而企业文化理论超越了以往专注于企业中器物与人的行为的层面，认识到企业的文化传统对职工的思维方式、行为模式、道德观念更具有决定性的影响。其中，价值观在企业文化中处于核心地位，企业哲学的旨趣、伦理的境界和特色风格以及企业的“形象”如何，都是“无形的手”——文化，特别是由价值观在幕后导演的。彼得斯不仅对文化在管理中的作用推崇备至，认为“一个伟大的组织能够长久生存下来，最主要的条件并非结构形式或管理技能，而是我们称之为信念的那种精神力量，以及这种信念对于组织的全体成员所具有的感召力”②。而且断言“总经理所起的真正作用看来是把企业的价值管理好”③。

我国也有学者触及到企业文化底蕴，提出“企业文化是经济意义与文化意义的混合，即在企业或企业界形成的价值观念、行为准则，在人群中和社会上发生文化的影响。这里的‘文化’不是指知识修养，而是人们对知识的态度；不是利润，而是对利润的心理；不是人际关系，而是对人际关系所体现的

① 参阅曾仕强：《中国管理哲学》，台湾东大图书公司，1983 年版，第 27 页。

② 托马斯·彼得斯《寻求优势》，第 139 页。

③ 转引自周祖城：《管理与伦理结合：管理思想的深刻变革》，《南开学报》(社科版)1999 年版第 3 期，第 81 页。

为人处世的哲学……不是舒适优美的工作环境，而是对工作环境的感情；不是企业管理活动，而是造成那种管理方式的原因……总之，企业文化是一种渗透在企业一切活动之中的东西，它是企业的灵魂所在”①。

这些论述，显然都是从文化的角度解读和诠释管理问题，把文化视为解决管理矛盾的纽结，从而开辟了一个以往管理学派未曾触及的论题境域。

2. 创新了消解主客对立的新型管理方式。具体讲就是运用文化力量进行管理的方式，即通过文化的力量调控人们的行为，整合组织的资源。企业文化理论对管理学发展的一个重要贡献是，由注重探讨管理硬技术转移到软硬结合的管理艺术上。卓越的企业文化，除了正式的组织控制之外，它引导管理者通过非正式规则的约束、文化微妙性的暗示以及集体精神的感染，实现从硬性管理技术向软性管理艺术的转变，把管理中系统性、计划性、程序化的方面同灵活性、权变性、非程序化的方面结合起来，把管理中的精确性和模糊性结合起来，最终也就把管理中的理性精神与人本主义结合起来。

对于文化的管理功能，美国学者菲利普·R. 哈里斯从11个方面作了具体分析。其中文化给人以认同感，文化的知识可以使人更好地相互了解，文化的认知和技巧对发展和影响组织文化十分有效，文化的概念和特征对分析工作大有裨益，文化的洞察力和工具对比较管理的研究十分有帮助等观点，②应该说都为管理实践所印证，也都是很有价值的思想。

企业文化以一种“大道无形”的神奇发挥其管理功用。一方面，它形成一种弥漫于企业的独特文化氛围，以“润物细无

① 许宏：《企业管理新谋略》，湖南文艺出版社，1986年版，第5页。

② 参见李兰芬、崔绪治：《管理文化》，苏州大学出版社，1999年版，第36～37页。

声”的形式，协调、规范和引导职工行为，使职工行为有助于企业目标实现。由于它不是以管理者的面孔，而是以价值观来对企业行为进行控制和调节的，这就在一定程度上缓解了管理者与被管理者的对立。特别是企业文化追求一种企业整体的优势和卓越良好的集体感受，把激励的理论与方法落实到树立企业的整体共同价值观念上，着力塑造优秀的群体意识，由此必然有益于消解企业职工个体目标之间的差异，引导他们向同一目标迈进，从而在企业中产生强大的向心力和凝聚力。另一方面，企业文化利用“文化惯性”，充分发挥传统文化所具有的认同作用及亲和作用，使人们自然地接受和体认某种观念，减少管理中的文化阻抗和心理抵拒，增大职工和社会的认同效应。

自由、自觉的活动，乃是人的本质要求，企业文化正是使企业主体在本质上去实现自己、弘扬自己，从而在竞争中能够处于自觉、自由的有利地位。所以，能克服企业和职工在生产经营中的自发性、盲目性，而使企业始终为一种高度自觉性所驱使。高度重视人的主体创造精神，这是企业文化理论与以往管理理论的根本区别所在。

3. 弘扬了企业的社会伦理责任。对社会伦理的重视，是企业文化理论另一个重要题旨。20 世纪 80 年代，伴随企业文化理论的风行，企业伦理在现代管理学中的地位显著提升，几乎所有的管理教科书都辟专章讨论“企业社会责任和企业伦理”等课题。例如，海因茨・韦里克在 1988 年版（第 9 版）的《管理学》中，新增了“道德决策模型”、“政府工作人员的道德准则”等内容；第 10 版中更对企业伦理作出了比较明确而又全面的界定：“企业伦理准则是有关忠实和公正，以及有关诸如社会期望、公平竞争、广告、公共关系、社会责任、消费者的自主权和在国内外的公司行为等多种方面。”①几乎同时，还相继出版了一批有影响的管理伦理学著作，如《道德管理的力量》、《公司战略与追求伦理》等。一时间，“追求卓越实质上就是追求伦理”、“企业通过竞争焕发活力，依靠伦理而得以生存”等名言广为传诵。

的确，越来越多的企业家认识到，企业讲究伦理是一种责任，利益与诚信二者不是对立的，而是可以相互促进和兼得的。在《论语与算盘》一书开篇，日本著名学者涩泽荣一有一句意味深长的告诫：“算盘要靠《论语》来拨动，同时《论语》也要靠算盘才能从事真正的致富活动。”这可以说是这种思潮的生动写照。随后他又说：“要说致富的根源是什么？那就是只有依据仁义道德和正确的道理去致富，其富才能持续下去。”②无独有偶，日本著名的企业家松下幸之助也反复强调道德对商业企业的意义，“我们在做买卖时，不能只顾物质的充裕，还要考虑如何使精神生活充实。”“做生意不仅要提供丰富的物质，而且对提高精神方面的层次也负有不可逃避的责任。”③他还说：“它不仅对于个人精神方面会有所增益，就是对社会和个人物质方面，也能带来实际的利益。所以我们应该培养适合潮流而又正确的道德观念，加强推广的决心，使人类生活各以道德为基础，推己及人，必然创造出一个安祥、祥和的社会。”④理论与实践不同路径上同时响起同一声音，绝不是偶然的，在某种意义上，可以讲是东西方管理思想会通的前兆。

① 哈罗德·孔茨、海因茨·韦里克：《管理学》第10版，经济科学出版社，1998年版，第45页。

② 涩泽荣一：《论语与算盘——人生、道德、财富》，中国青年出版社，1996年版，第3～4页。

③、④ 松下幸之助：《经营人生》，中国建设出版社，1998年版，第111页、第116页。

文化管理学派之所以在 20 世纪 80 年代兴盛一时，有其深刻的内在逻辑。其一，现代管理论是科学管理与行为科学的结合，只能使管理理论比较全面，但并不能就此克服行为科学固有的不足。“工人仍旧被看作是达到工业生产率这一目标的一种手段。社会技能是新的手段，目标仍是对工人进行操纵，人际关系并没有恢复做工的骄傲和减轻非目的性，只是代之以工人的精神发泄，并没有从根本上解决问题，即改变工作本身的性质。”①把人当作人本身，“人是目的”，给工作导入意义，是企业文化理论的重要特色，或者说到了企业文化理论阶段才开始得到重视并试图加以解决，即通过崇高目标的确立和优秀价值观的培育、灌输，使工人真正感到工作的意义，从而在这种追求崇高、卓越的创造活动中体认到自身的价值。

其二，波诡云谲的商战形势，单靠数学模型和计算机控制是不能完全胜任的。不仅企业不单是纯粹的人机生产系统，它还有社会心理分系统、目标和价值分系统，这些子系统连同企业组织外的许多因素都是不可量化的因素。不同国度、民族的历史传统，这些子系统连同文化心理，都是管理的有效性不可忽视的制约因素。现代管理论最根本的要求是，在管理过程中必须从系统的角度出发研究事物，要求对所有与系统有关的因素进行全面的分析研究，实行计划、方案、设计、决策的最优化。但由于它忽略了社会文化心理，片面、粗浅地理解人性，所以，不可能达到管理的最优化。

而企业文化理论的最大价值在于，运用文化的适应和整合力量，根治“被理性的模式和数量分析所袭卷”②的管理中的“理性偏失症”，为企业的发展注入新的活力。因为优秀企业文化确立的企业最高目标，一方面可以使企业超越狭隘的

① 雷恩：《管理思想的演变》，第 405 页。

② 托马斯·彼得斯、南希·奥斯汀：《追求卓越》，第 25 页。

功利眼光，转而强调社会、顾客和职工的目标和利益，这样企业就能在社会责任与经济目标、长远利益与短期利益之间作出明智的抉择，使得企业能够目光远大，面向未来，适应信息时代对企业的要求。另一方面，企业崇高目标的树立，使得个人觉得献身于它、努力工作就意味着创造一个引以为豪的未来，个人追求生命意义的本性可以通过崇高目标的实现而满足，从而形成企业与职工命运共同体、利益共同体关系，大大增强了企业的对外竞争力和对内凝聚力。此外，灌输、传播优秀价值观，以潜移默化方式为企业全体职工提供共识与日常行为方式的指针，而这些价值观一般皆是针对以前的管理误区，为顺应时代发展而提出的。对外大多强调向顾客提供第一流的产品和服务；对内强调企业中人是主体，要尊重人性，维护个性，从而激发人的主动性、创造性，实现相互协作与沟通；同时，又面向未来，提倡追求卓越，敢于创新、冒险，允许失败，以激发企业的活力。而上述价值观念归根结蒂，无不回到人本身，没有对人的价值的尊重和理解，就不会有创新和冒险，得不到尊重的职工也决不可能懂得和去尊重顾客作为人的价值。人的太阳又一次高高升起。由此不难看出，企业文化理论所倡行的非理性的价值哲学，的确是“理性偏失症”的解毒剂。

总之，20 世纪 80 年代曾被视为是一个“文化制胜”的时代，当时许多管理学家们都提出和认同“管理不仅是一门学问，还应是一种文化，即有它自己的价值观、信仰、工具和语言的一种文化”①。“文化是明天的经济”成为他们的共识和心声。

但是，企业文化研究中，也存在着一系列缺陷。首先，是对企业文化研究具有明显的“工具理性”倾向。强调的是管理

① 转引自《中国传统管理思想的新探索》，第 47 页。

效益原则制导下的文化合理性和伦理合理性，突出文化和伦理的技术性或工具性。显然，工具理性一旦成为企业文化研究中唯一原则或压倒性价值取向，必然会影响到这一理论研究的科学性和深刻性。其次，企业文化理论的学理基础薄弱。由于缺乏终极关怀，即对人类管理活动合理性、合法性和社会生活的终极理想探求，也没有从根本上思考“管理”与“文化”结合在理论前提上“何以可能”的问题。当然，也就无法说明结合的内在依据和深层学理基础。

西方管理思想史的嬗变，在昭示了科学主义与人本主义反复烙饼的事实同时，也表明了这样的两难选择：一方面现代大工业生产需要探究事实的理性精神，使人的活动更符合客观规律的要求。另一方面，资本主义制度的对抗性必然使得科学理性成为贬抑个人人性的枷锁，并且不可能寄望通过人本主义来克服“异化”现象，只有最终消除这种前提，即对抗性质的资本主义矛盾，才能使理性与人性完美地协调。

对于管理学应用来说，我们还应认识到，对于管理活动客观规律的把握，不能“抱残守缺”、以偏概全，而应看到规律是一个复杂的群落和体系。只看到其中一种或片面的几种是不行的，需要辩证地、全面地加以把握。

第五节　走向统一的探索

最初提出管理理论“统一”命题的是美国著名管理学家孔茨，而缘由则是他对管理学研究中出现“丛林”现象的发现和思考。孔茨在 1961 年出版的《管理理论的丛林》一书中指出，在西方，只是到了 20 世纪，特别是到了 20 世纪 40 年代，才对管理进行系统的研究。最早的一批著作都是由一些富有实际经验的管理人员写出来的，如泰罗、法约尔、穆尼、阿尔文·布朗、谢尔登、厄威克等人。可是,到了 60 年代初期,管理方面的学术论著却如雨后春笋般地出现,带来了众说纷纭、莫衷一是的乱局。他形象地将此比喻为“管理理论的丛林”。为了使管理研究者能够取长补短,管理实践者能够抄近路穿过这片“丛林”,孔茨在《管理理论的丛林》中把各种管理理论划分为 6 个主要学派,而到 1980 年出版《再论管理理论的丛林》一书时,他发现学派的数目已激增到 11 个。

在数十年的时间内,何以会形成如此众多的学派?又如何评价学派林立的状况呢?对于这些问题,在美国管理学家中间,大体上存在着三种不同的看法。

1. 一部分美国学者认为,各种不同的管理理论是适应企业类型的多样化而逐步形成的,因而这种状况是完全正常的和有益的。多姿多态的理论观点,只会促进对管理过程的全面研究,有利于管理科学的发展。持这种观点的学者们主张对这种状况应该表现出最大的耐心,并认为通过辩论、交流和相互促进、相互补充,终将形成统一的管理理论。有的甚至断言:“形成一种综合性理论的日子已经为期不远了。”①

2. 另一些美国学者则持悲观的态度。其中最为典型的,当数密歇根大学的教授奥迪奥恩了,他把学派林立、各成一家的局面称为“真正的疯人院”。同时,他把管理问题完全归结为企业家个人才干和个人经验的问题,甚至把企业经营的成败归结为纯粹的偶然性。在他看来,各派学者之间的争论不过是“盲目的飞翔”,建立统一管理理论的努力无异于缘木求鱼,过去、现在和将来都不可能有什么一般管理理论。为摆脱争论不休、莫衷一是的困境,他认为应停止为创建管理理论所作的一切努力。管理活动的任何规律和原则都不过是空中楼阁。可见,奥迪奥恩在管理理论问题上走到了另一个极端,他

① 参见方群:《简明管理学》,中国青年出版社,1987 年版,第 53～55 页。

所采取的观点是否定管理理论的虚无主义的观点。

3. 第三种意见似乎介乎前两者之间。这种意见的代表人物应首推孔茨。他认为当前学派林立的状况，一方面反映了学术界和管理实践家们对管理论产生了更为浓厚的兴趣，因而有助于管理学的发展，促其早日走向成熟；另一方面也反映了某些不健康的现象，从而带来了不少消极的影响。孔茨认为，面貌殊异的理论并不是由于各学派对周围的自然和文化环境的论断有很大的分歧，主要原因可以从语言学和解释学上寻找：一是语义上的混乱；二是对管理和管理学的定义和所包含的范围，没有取得一致意见；三是把前人对管理经验的概括和总结看成是“先验的假设”而予以摒弃；四是曲解并抛弃前人提出的一些管理原则；五是管理学者不能或不愿互相了解。后来孔茨进一步指出，“在本世纪(20 世纪——笔者注)早期从事管理理论的研究和著述的，都是有实际管理经验的人员……可是，从 50 年代中期以来，从事管理理论研究的主要是高等学府中受过专门训练但却缺乏实际管理经验的人。这有点像医学院中教外科学的教授，却从来不曾给病人做过外科手术，于是难免造成混乱，并失去实际管理人员的信任。”①

应该说，孔茨对管理理论“丛林”现象的描述有其客观性的一面，有些原因的剖析甚至可以说鞭辟入里。然而，仔细考察当代西方管理学发展的现状，我们就会发现，“丛林”的提法总体上夸大了事实真相，争论确实存在，但它们大多是研究层次不同或研究方向不同的直接反映，而不是同一问题上截然不同的观点对立，各“学派”也没有使用自己独特的一套概念、语言和工具。孔茨的错误在于，他把因对同一问题的不同层次、不同角度的研究而出现不同声音，理解为不同见解，进而

① 参见孙耀君：《西方管理学名著提要》，第 45～46 页。

视为研究中出现了问题和麻烦。事实上不同维度、不同层面的研究是对管理学的丰富,是知识增长、学科进步的重要途径。在管理学上,一些人主要研究组织结构和管理职能,一些人集中研究人的动机和积极性问题,另一些人侧重考察环境对组织的影响,还有一批人探讨数学模型和计算机的应用,如此等等。这都是很正常的现象,没有什么奇怪。与其说管理学界存在着好多学派,不如说存在着好多分支。当然,西方管理学界确实存在着很多理论,也有不少学术争论。但是,大多数争论是出于“补足对方观点”的目的,而不是试图推翻一种理论。人群关系论补充了泰罗等人的科学管理论的不足;现代组织理论弥补了古典组织理论的缺陷;管理科学方法和权变学说又丰富了当代管理学的内容。从当代管理学论著(尤其是近期文献)中可以看到,各个分支理论相互融合和共存的局面是明显的。被认为是属于不同学派的术语,如决策、系统、职能、行为等等,几乎包括在所有的现代管理学著作和教材当中了,并且取得了比较一致的“语义”。也就是说,“学派”观点的争锋并不激烈,而“学派”趋同的倾向却越来越明显。

赫伯特·西蒙在讨论“丛林战”问题的那次著名的会议上曾经说过:“在任何时候,我们对管理职能、行为科学、决策、系统和数学方面的研究兴趣,都不存在任何对立面。对每一位想为促进管理科学和管理艺术的进步这一令人振奋的任务做出贡献的人,我都真诚地希望他采取多方面兴趣的综合途径。我知道孔茨教授最近在《哈佛商业评论》上发表了一篇文章,提出了与此相反的看法。我认为,他对管理理论的‘语义丛林’的描绘,是不能得到承认的……我们要把我们自己和所有[从事管理学研究的]这些人,都看作从事同一事业的人,而不是种种竞争的或对立的学派的代表者。”①应该说,西蒙的见

① 转引自杨砾:《当代西方管理学》,第73～74页。

解是较为贴近管理学研究实际的。为孔茨所夸大的所谓“学派”，主要是和管理思想史的不同阶段相联系的，各学派侧重研究某一方面的组织管理问题，它们彼此之间的学术分野多于学派之争。

事实上，20 世纪 60 年代以来，管理学研究中出现了较为明显的探求“理论统一”的努力。主要有三种模式：

一是理论综合的模式。回顾管理学研究过程可知，管理认识史的实际过程，是从客体入手进而回复到主体最后达到主体和客体统一的大圆圈，在经历了古典管理理论重视客体研究、人际关系和行为科学重视主体研究之后，具有集大成意味的系统管理学派开始形成。1970 年，该学派主要代表人物卡斯特和罗森茨韦克发表了《组织与管理》一书，他们将组织划分为目标和价值子系统、技术子系统、组织结构子系统、社会心理子系统和管理子系统。五个系统的阐述，实际上是对二战后其他管理学派思想资源吸纳和理论的综合。目标和价值子系统与文化管理学派联系紧密，技术子系统与社会技术系统学派渊源很深，组织结构子系统则显然受到了巴纳德社会协作系统学派的影响；社会心理子系统则几乎是照搬了组织行为学的观点。正是得益于对众多管理理论的营养吸收，系统管理学派弥补了以往管理理论在社会心理系统和技术系统两端摇摆的偏失，也使其理论初步显现出走向统一的气象，具有了比一般管理理论对实践更强的解释力和概括力。特别值得一提的是，进入 20 世纪 90 年代，系统科学进入复杂性科学的新阶段。复杂性最基本的理念是，系统及其组成部分具有某种智能，即具有适应和学习能力，能够通过与环境及其它个体的相互作用，改变自身的结构和行为，以适应环境的变化。正是由于复杂性科学更多的重视和强调组织的进化与应变能力，（而这恰恰是管理者在日趋复杂的环境中无可回避的难题，）抓住了管理实践中的“要穴”，形成了名噪一时的组织修炼理论和企业再造理论，被一些学者视为走出“管理理论丛林”的必然选择。①

二是案例总结的模式。经验学派是这方面的主要代表。该学派认为，有关企业管理的科学，应该从企业的实际情况出发，以大企业的管理经验为主要研究对象，提炼出成功的原则和做法就行。他们都比较注重思考管理实践中带有根本性和全局性的重大问题。如德鲁克对管理任务、管理者的职责以及如何成为一个有效的管理者等问题的思考，就有很浓厚的管理哲学意味，对管理者思维的启发和具体做法能够产生深刻的影响。他认为，管理的任务主要是三条，即取得经济效果；使工作具有生产性，并使工作者有成就；妥善处理企业对社会的影响和承担企业的社会责任。而成为一个有效的管理者必须管理好自己的时间，以对企业作出贡献为宗旨，能发挥其他人的长处，懂得做好优先重要的工作，以及善于有效决策。显然，这些思考和论述不是针对一个局部问题、一个环节进行思考的，由于成功的实践管理天然具有完整性，分析其背后起作用的原则、方法和规律，进而形成的理论也就具有完整性。更重要的是，该理论既是针对管理实践中存在的问题而提出的理论构想，又自觉地不断以实践对理论加以检验，使理论在多变的管理实践面前具有极强的解释张力。德鲁克能够获取“大师中的大师”的赞誉，在不同的历史时期都能发出自己独到的声音，给管理实践以巨大的指引和影响，并深化人们对管理本质的认识，充分反映出经验主义学派的理论活力。经验理论学派另一位代表人物戴尔说过，运用经验概括方法，我们可能不会立即建立起一种普遍适用的理论，但也许可以

---

①　参见高文武、丁耀：《试论西方管理学理论的演变》，《湖北社会科学》，2002 年第 10 期。

建立起当前有用而最终普遍适用的理论的某些部分。① 也许当这些“部分”累积到足够的程度,“统一理论”就会出现在人们期待的视野中。

三是普遍主义的模式。主要代表是管理过程学派。该学派源于法约尔,他从公司总经理的位置上思考管理问题,提出了管理的五要素说,并且把这些理论叫做一般管理。后来以孔茨为代表的管理过程学派沿着这一思路,对管理的职能进行了更深入的思考。他们把管理作为一个完整的过程进行思考,并试图通过分析其中的要素,建立普遍的管理原则和组织理论。孔茨认为:分析管理的最好方法就是将管理划分为若干主要管理职能,然后,围绕这些职能形成基本的概念、观念、原理、原则以及技术等。由于完整地思考管理的全过程,而不是从一个角度、一个领域、一个环节来思考管理,该学派提出的理论形态较为完整,对其他学派的理论资源有极强的吸纳能力。孔茨与奥唐纳合著的《管理学》,自 1955 年面世后已发行十数版,成为使用最广泛的教材之一,就充分反映了该理论的变通和融汇能力。在这个意义上看,它至少也是“走出丛林”的有价值的探索。

---

① 参见张远风:《经验主义方法论研究》,《经济管理》,2002 年第 18 期。

第六章　后现代管理：主体回归的创新哲学

人们在探讨20世纪90年代美日经济盛衰变化时，越来越多的学者把美国胜出归因于知识经济的崛起，更深层结论则是美国文化的胜利。美国文化传统由来以久的对创新的推崇，在新时代为经济增长注入了魔力。90年代浮出水面的知识管理理论虽然还处在形成之中，但其对创新能力的重视和培育已昭然若揭。创新哲学成为后现代管理深沉的底蕴和本质要求。

第一节　知识经济悄然降临

如果说，1959年德鲁克提出“知识工作者”还是先知者的喃喃自语，1973年贝尔提出“后工业社会”还是寓意在明晦之间的空谷足音，那么到1996年世界经济合作与发展组织(OECD)发

表《以知识为基础的经济》年度报告，提出完整的知识经济概念时，知识经济确乎已蔚然成势。

当然，这并不是因为在20世纪90年代，经济突然出现了不断加速的爆发式增长，推动经济增长的主导产业发生了变化，信息技术的重要性被提到一个前所未有的高度，我们就有理由断言出现了新的经济形态。尽管这些都是新的经济形态的重要表征。

事实上资本主义诞生几百年来，特别是工业革命以来，经济高速增长绝不止于以知识经济命名的这一波。二战以后，整个资本主义世界，尤其是日本都有过持续高增长的上好表现。即便是相对于知识产业的迅猛崛起，以往重工业、汽车等作为新兴产业成长时也有过毫不逊色的佳绩。并且在工业文明的行程中，也曾出现过电气技术替代蒸汽技术及其相应的主导产业的演变，那么既然“在整个历史中，知识一直是增长的一个要素，经济发展的重要里程碑，诸如航海的发展、印刷术、蒸汽机、电或电话，都是帮助塑造和改变世界经济的进化阶梯……为什么我们应该相信今天的知识服务和高技术的集中将会比以前的盘尼西林或原子核裂变的发明更能导致经济学理论的深远变化呢？”①德鲁克对自问的回答是，尽管在过去二百年间有许多创新，但是亚当·斯密古典经济学的基本框架没有被触动，尽管知识和科技一直被强调，但从来没有像现在这个时代有过这么多的知识劳动者和网络化的基础设施，特别是社会开始出现凝聚知识劳动者集体发明新思想的利益机制和组织设计。显然，德鲁克的回答没有他的提问深刻。

一般而言，断言经济形态发生质变至少要有两个标志：一是经济增长的原动力发生了迥异于以往经济形态的突变；二是既往的经济理论受到了挑战，新的经济现象在不少方面超

① 达尔·尼夫主编：《知识经济》，珠海出版社，1998年版，第21～22页。

越传统经济理论的解释能力。对照这两条，我们可以断言，当今世界经济的确在发生深刻的革命。知识经济时代的到来不是偶然的，知识管理不是屠龙术。

从经济实践看，目前知识经济在OCED的主要成员国中，已占国内生产总值（GDP）的50%以上，OCED国家投入研究的经费占国内生产总值的2.3%，教育经费占OCED国家政府支出的12%，职业培训方面的投入，德国和奥地利等国占GDP的2.5%。[①] 特别是在知识经济发育最为成熟的美国，许多高科技企业的无形资产已超过总资产的一半以上，知识财产成为时代的主要通货。不仅知识的生产、扩散和应用，对经济增长起到了强劲的拉动作用，其对经济增长的贡献率在各生产因素中也已上升为第一位，而且稳定性大大提高，逐步实现了向“内在化”的转变过程。据统计，1993～1999年间，信息服务业（含软件业）平均每年增长10.7%。信息技术制造业增长14.2%。在信息技术产品价格持续下降的情况下，信息技术产业在经济中的比重从1993年的6%上升到1998年的8%以上，并成为美国在国内销售和出口商品最大的产业部门。1993～1999年间，信息技术产业对经济总增长的贡献平均每年超过了1/3。并且在吸纳劳动力方面也表现不俗，自1991年至1996年，信息技术产业为美国创造了1500万个新就业机会，其职工工资比全国私营企业平均工资高出了73%。专家们预测，随着全球信息高速公路的全面开通，科技知识对经济增长的贡献率可以由20世纪初的5%～20%提高到90%。依靠信息基础设施建设，到2007年，美国的生产率将比目前提高20%～40%。总之，知识，特别是知识的创造性应用，已成为现代经济增长的青春泉。

---

① 陈胜昌主编：《知识经济专家谈》，经济科学出版社，1998年版，第193页。

更加引人注目的是，自 1991 年 3 月开始到 2001 年 3 月，美国连续取得 120 个月的高速增长。并且与以往不同的是出现了“两低一高”的现象，即美国经济在持续高速增长的情况下，出现了低通胀与低失业率。这是起初令人困惑不解，继而让人刮目相看的现象。以往的规律是低失业率、高增长总是伴以高通胀，而低通胀又总是与高失业率、低增长为伍。这三者从来没有出现过理想的搭配，现在出现了异常却又令人振奋的情况。国民生产总值、资本开支、人均国民收入、就业人口、出口额、股票市场容量、消费者信心、企业信心等，该增加的都增加了，而失业率、通货膨胀率、利率等该下降的都下降了。据此，一部分经济学家认为，传统宏观经济理论，特别是建立于 20 世纪 30 年代的凯恩斯的宏观经济理论，已经难以描述和解释今日经济生活中的现象，有待于作出修正，甚至在某些方面，因知识经济而要改写传统经济学的一些基本结论。

首先，劳动价值论受到挑战。传统经济，包括传统农业和工业，主要靠人的直接劳动创造价值和使用价值，而商品价值由凝聚在商品中的社会必要劳动时间决定。在知识经济时代，知识成为创造价值和使用价值最基本的生产要素。新的财富形成不排除劳动但又不是主要靠延长劳动时间，靠剥削雇用工人来获取传统意义上的剩余价值。利润的丰厚程度由产品中注入的新知识和创新程度所决定。由于知识本身的生产和运用知识进行的物质产品的生产，大多是一种创新活动，颇有点类似艺术品。由于艺术品具有不可替代性、独创性而往往很难按常规决定价格，获得的报酬也就往往超乎常规。知识产品的独创性使它带有垄断性。比尔·盖茨 1997 年拥有 386.6 亿美元的净资产，而他的产品，无论是过去的“DOS 系统”，还是后来的“Windows 95”或者“Office 97”，就是一张软盘或光盘。一张光盘，用聚碳酸酯做成，物质成本大约是 3 元人民币。而一张“Office 97”光盘值8 000元人民币！这就是知识和创新的价值。确如德鲁克所说，知识经济时代,提高体力劳动者的生产率不再是财富创造的主要源泉了。今后重要的是非体力劳动者的生产率,即知识的生产率以及使知识转化为技术和产品的效率。

第二,经济增长理论失灵。新古典经济学的“生产函数”理论,注重的是劳动力、资本、原料和能源等有形生产要素的投入,知识被排除在生产要素之外。美国经济学家罗伯特·索罗、爱德华·丹尼森等人曾提出一个增长核算的公式,即:经济增长=3/4 劳动增长+1/4 资本增长。然而,当他们将 1948～1984 年美国劳动力和资本投入代入公式进行核算,却发现美国实际经济增长比理论计算出来的经济增长高 66%。也就是说,经济增长中有很大一块不是资本和劳动投入增长的结果。留下了关于生产力增长著名的“余数之谜”[①]。对传统经济增长理论致命一击的是美国经济学家罗默。在《递增报酬与长期增长》一文中,敏锐于知识经济的出现,他提出了完全内生化技术进步的增长模型,即不仅将技术看成内生的因素,理解为经济系统中的一个核心部分,而且揭示了知识生产的投资不仅能增加知识的积累,还能增加其他经济要素生产能力的特性。这就解释了知识经济较为领先的国家能够持续保持强劲经济增长率的原因。

第三,经济周期理论也发生动摇。经济周期性震荡是资本主义的一个痼疾。工业革命以来的 200 年间,资本主义总是从萧条、复苏到繁荣、衰退周而复始的循环。由此经济周期问题成为经济学研究的一个重大课题。[②] 知识经济出现以来,由于知识迅速而普遍地运用于产品和服务的生产,经济发展的周期特征明显淡化,传统危机所固有的强震荡性和破坏性大大弱

---

① 可参见曼纽尔·卡斯特:《网络社会的崛起》,社会科学文献出版社,2001 年版,第 93～94 页。

② 经济学说史上先后提出了康德拉季夫周期(长周期)、库兹茨周期(建筑周期)、朱格拉周期(中周期)、基钦周期(短周期)等若干种经济周期类型。

化，表现为经济有增长高低的波动而没有明显的周期衰退。

由此确实可以讲，一种区别于工业经济的新颖而独特的经济形态——知识经济已初具雏形，虽然离知识社会还路途遥远。明显的变化主要有这么几个方面：

1. 经济增长的主导资源发生变化。农业经济的命脉是土地和人口，工业经济的核心生产要素是资本和劳动，知识经济时代，知识资本成为推动经济持续增长的源泉。知识作为生产要素和以往的土地、资本有根本的区别。以物质为基础、依托资本和土地等有形物质生产的工业经济，遵循的是报酬递减规律，因为物质总是稀缺的，所以，工业文明的逻辑是谋求最小的投入达到最大的产出。实现的手段主要是一个“大”字。工业社会中企业的优势来源于大，大就意味着低成本，意味着竞争力，“大鱼吃小鱼”是惯见的现象。

相对于工业经济“以少量的知识凝结大量的资源获得产品，运行遵循着马歇尔的报酬递减规律”，知识经济是“以少量的资源凝结必要的知识获得产品，运行遵循报酬递增规律”①。因为报酬递增，领先的会进一步领先，丧失优势的会进一步丧失优势，这是由高技术的特性决定的。② 可见，知识

---

① 达尔·尼夫主编：《知识经济》，第133页。

② W·布瑞恩·阿瑟在《报酬递增和新商业世界》一文中提出，由于预先成本、网络效应和顾客习惯等一系列的原因，高技术产品遵循报酬递增规律。所谓预先成本，在他看来，像医药、计算机硬件和软件，它们典型地具有和其单位成本有很大关系的研究开发成本。微软投入50万美元来开发 Windows 的第一张磁盘，第二张和随后的磁盘仅用3美元。随着销售增长，单位成本下降；而网络效应，则指许多高技术产品是需要与网络用户兼容的。如果因特网上出现大量可下载的、用太阳微软系统的 Java 语言编写的程序软件，用户就需要在他们的计算机上安装 Java 来运行这些软件，Java 有竞争者。但是它流行得越广泛，就越可能成为一个标准。至于顾客习惯，是指高技术产品使用起来特别困难，需要进行培训。一旦用户投资于培训，比如说，“空中客车”客机的维护和驾驭，他们只需不断地更新这些技术，以适应该产品的新类型。随着占领市场增多，它会变得更容易占领将来的市场。参见达尔·尼夫主编：《知识经济》，第112～113页。

经济奥秘是一个“快”字。快就意味着领先，意味着优势。近几年，企业兼并中出现大量的“蛇吞象”的现象，就充分体现了这一点。对知识企业而言，不断“淘汰自己的产品”是生存和成功的法则，否则很快会被别人淘汰。工业经济以开采有限的自然资源为主，本质上是稀缺经济，而知识经济被喻为无限的资源。① 知识经济时代孕育着开发无限人力资源——人们头脑中智慧的可能性。因此，知识经济时代对创新管理提出了特殊的要求。

2. 产业构成和就业人员发生变化。近 30 年来，在当代科技革命影响下的各种新兴工业，如电子计算机工业、家电工业、航空工业、核能工业、生物遗传工程等得到了迅速发展，而这些都是知识、信息、电子密集型产业。特别是一些知识高度密集的新型产业，如网络经济、在线经济和电子贸易等迅速兴起，表现出强大的生命力，软件产业就是突出的例子。软件产业于 20 世纪 60 年代初在美国出现后，就成为增长最快的一个产业部门，1995 年全球软件产品销售额已达到 914 亿美元。万维网（WWW）从推出到积累 1 千万用户，仅花了 3 年时间，而电话达到同等的普及程度却花了 30 年时间。产业结构的变化在一、二、三产业的关系上，则是以服务业为主的第三产业的重要性及其比重急剧上升。经济合作与发展组织（OECD）的统计反映了这一显著的转变。自 20 世纪 60 年代起，服务价格以超过工业价格三倍的速度飞快地增长。服务业对美国 GNP 的贡献率（典型的 OECD 国家的例子）从 50% 增长到 80% 以上。在这些服务业中，63% 被认为属于高技能服务类型。根据世界银行的报道，现在世界上 64% 的财富由

① 美国乔治·华盛顿大学管理学教授、世界未来学会理事威廉·哈拉勒，曾著有《无限的资源》一书，解读知识的这种特性，提出知识作为资源而具有的无限性。

人力资本构成。最近由麦肯锡公司完成的一项研究推断，21世纪，美国所有的工作中，80%以上的工作在实质上将属于“脑力”工作。① 由于社会的生产和生活领域日益信息化，对知识、信息、技术服务的需求急剧增长，促进了以各种形式提供知识、信息、技术服务的新型服务业迅速发展。美国服务业产值占 GDP 的比重在 1997 年达到了 75%。

产业结构的变化直接引起就业结构的变化，有学者以“五减五增”来概括就业结构所产生的变化。即传统制造业的就业人数减少，服务业就业人数增长；生产第一线的就业人数减少，经营管理就业人数增加；传统体力劳动型就业岗位（蓝领工人岗位）减少，技术型、脑力劳动型的就业岗位（白领工人岗位）增加；传统的办公室工作岗位减少，使用计算机及信息系统的工作岗位增加；全日制就业机会减少，非全日制就业机会增加。美国经济学家杰里米·里夫金认为，在发达国家，75%的就业人口从事的工作或多或少都是重复性的劳动，而越来越完善的自动化系统、机器人和计算机完全可以从事这类劳动。例如，美国今后若干年内，1.24 亿个工作岗位中的9 000多万个工作岗位（75%）将会取消，由自动化系统去负责完成有关的工作任务。美国研究知识经济的著名学者达尔·尼夫曾精辟地指出，以往就业中主要由蓝领制造业和农业部门中中低技能工作组成的格局已经变化，由于“今天知识工作涉及到包括教育、广告、建筑、研究与发展、媒体制作、销售量、电影制作、会计工作、法律、剧院、计算机软件开发、咨询服务、摄影、卫生工作的更多部分、社会工作、出版、管理、银行、教会的世界、房地产和大部分政府工作等诸多领域”②，范围非常之大，从而正吸引越来越多的知识工作者进入，知识产业成为现

① 参见达尔·尼夫主编：《知识经济》，第 81 页。

② 达尔·尼夫主编：《知识经济》，第 18～19 页。

代经济中创造财富和就业的主体。1995 年在办公室就业的人员占总就业人数的 40%。工业经济时代，工人阶层是社会主体；知识经济时代，知识阶层成为社会的主体。这个变化对人力资源的开发赋予了新的内涵，也对管理提出新的要求。

3. 企业配置资源的方式发生变化。“国家经济式微、全球经济兴起"是知识经济带来的另一重大变化。既有技术条件的原因，网络的无限延伸和知识无国界影响，使知识经济成为“无边疆”经济；更有知识经济自身特殊性的原因，知识产业领域十分广阔，任何一个国家都不可能全面领先，必须根据比较优势有所选择，有所侧重。这样两个因素，加上工业经济要求资源在更大范围内配置的规律仍然起作用，使得“无国籍”跨国公司以新的形式更趋活跃，在生产经营活动中愈益成为世界经济生活的主宰。罗伯特·赖希在《从高产量到高价值》一文中曾列举了一个现代全球生产网络的典型例子：“精致的冰球设备在瑞典设计，由加拿大资助，在美国克里夫兰和丹麦装配，分发到北美和欧洲。所用合金的分子结构是在美国特拉华进行研究的，并注册了专利，合金是在日本制造的，所进行的一次广告战是在英国构思，在加拿大拍摄胶片，在英国配音复制，在纽约进行编辑的。”[①]他认为，突飞猛进的网络技术使厂商梦寐以求的按比较优势生产经营的设想最大程度地变成现实。生产机构与公司总部不在同一个地点的现象越来越普遍。目前美国公司的生产大约有 20% 在国外进行。许多像雀巢公司这样的跨国公司，分散在国外的生产量高达 98%。全球化浪潮的高涨及由此引发的“无国籍”公司大量出现，也给管理带来了大量的新的课题，特别是在信息管理和跨文化管理方面要求作出有力的回应。

4. 企业的生产方式发生变化。网络的诞生深刻地变革

---

① 达尔·尼夫主编：《知识经济》，第 23～24 页。

着传统企业的生产方式。知识经济在某种程度上已呈现出个性化、小型化的经济特点。工业经济时代的生产方式是标准化、专业化和社会化，与此相伴生的是，大批量、单一化和高效率成为大工业的特征。知识经济时代更注重非标准化的生产方式。信息技术为满足人们多样性的需求、突破单一化禁锢提供了可能。应用计算机辅助制造，按事先编好的程序，在一条生产线上，每一个产品就是一个型号。因为标准多到“没有标准”，故称非标准化生产，并且虽然小批量、多品种却同样保证高效率。现在企业的竞争优势在于提供特殊的服务和个性化产品的能力。相对标准化的“刚性”，非标准化获得柔性化的美誉。可以说，工业经济时代，企业竞争主要表现为生产同一产品的规模大小的竞争，而知识经济时代，则是企业生产产品的品种数量的竞争，企业的命运由获取和创新知识及运用知识产生的效益所决定。

同时，知识经济还为分散化生产提供了前提。职工通过计算机网络，可以在家里或分散的办公室指挥车间的运转。欧美正在流行的SOHO，就是“小办公室”或“家庭办公室”的生产方式。这种分散的生产并不是回到自给自足的小生产，而是协作性生产，是建立在网络之上分工更合理、成本更低、更有利于持续发展的社会化生产。这些变化自然促进柔性管理、弹性管理等新的管理方式兴起。

第二节　以知识为中心的管理论

知识经济时代，创新成为主宰企业“生存还是死亡”命运的“上帝之手”。在一个“不确定”是唯一可确定因素的经济环境中，不创新就衰亡，慢创新必落后，无数企业的潮起潮落、生死兴衰，一再演绎着这个带有规律性的现象。然而，创新决不是一句空洞的口号、一个抽象的理念，它本质上是一种能力，而这种能力又以知识作为濡养自己的泉源活水。进一步说，创新的能力取决于一个企业对知识的积累、开发、共享和利用，即知识的管理水平。因为知识尽管是创新能力成长的土壤，但要把知识转化为现实的创新能力，很大程度上取决于对知识的管理。

重智是植根于人类深层心理的天性。从苏格拉底视知识为美德，到培根呐喊知识就是力量，直到当今知识成为经济发展的最重要资源，世界进入"能力本位"、"智力中轴"的时代。的确，知识的寻求像人类的历史一样古老。

然而，不同时代的知识观不一样，对知识重视的兴奋点也各不相同。管理大师德鲁克通过对知识进化的长期研究，在《后资本主义社会》一书中指出，追求知识的社会目的有明显的时代差异。他认为知识的社会目的可以分为三个历史阶段。第一阶段，工业革命之前，对知识的探求纯粹是为了知识、启迪、智慧本身。探讨诸如应该知道什么以及如何才能知道这类问题。"知识不表示做的能力。它不表示功用。功用不是知识而是技能。"①第二阶段大约从公元 1700 年开始，随着技术的发明，知识开始指有组织、有体系、有目的的知识，知识被用于工具、生产过程和产品，这就是我们所说的应用知识。接下来，在 1881 年前后，泰罗对工作实行的科学管理带领人们进入到第三阶段：将知识应用于知识本身的重要开始。利用知识找出如何把现有知识最大限度地转化为生产力。实际上就是我们所说的管理。德鲁克近乎武断地说："这是知识转变的第三个阶段，或许也是最后阶段。提供知识以找出应用现有知识创造效益的最佳方法，事实上就是我们所说的管理。但是，它是否可行以及为了使知识生产效益必须做些什

① 德鲁克：《后资本主义社会》，上海译文出版社，1998 年版，第 29 页。

么。换句话说，知识正在被用于系统创新。”①

很显然，德鲁克最为推崇的是知识转变为创新。“我们现在认为的知识是知识显示于行动中。我们现在所说的知识是在行动中有效的信息，着重于效果的信息。效果在人体之外，在社会和经济中，或在知识本身的提高之中。”②至于知识为什么从非实用演化为实用的原因，法国著名后现代主义哲学家利奥塔则有深刻阐述。他认为为了出售而被生产，为了在新的生产中增殖而被消费的商品化了的知识，由于与生产结合在一起，致使知识成为价值的一种形式，凡是与生产有密切的直接关系的知识才是合法的，才可能受到重视，否则便得不到公司与企业的资助，就会失去价值，甚至丧失存在的合法性。③

由于知识运用于生产实践创造了令人惊异的经济奇迹，反过来又推动着人们对知识的进一步研究。经济合作与发展组织 1996 年年度报告中关于知识的整编归类，较好地概括了人们近年来对知识的研究成果。该报告中把知识划分为四种形态：第一，知道是什么的知识(know-what)，是指有关事实方面的知识，包括人类对某些实际存在的事物的基本属性、特点的认识和对事物发展变化的基本情况的掌握，如纽约有多少人口；第二，知道为什么的知识(know-why)，是指自然原理和规律方面的知识，即对某些事物、事件的发生、发展和变化的原因及规律的认识；第三，知道怎么做的知识(know-how)，是指对某些事物的技能和能力，指能够转化为人的实际行动，以便实施某项计划和制作某个产品的方法、技能和诀窍等等的知识；第四，知道是谁的知识(know-who)，涉及谁知道和谁知道如何做某些事的信息，包含了特定社会关系的形成，尤其

①、② 德鲁克：《后资本主义社会》，第 45～46 页、第 49 页。

③ 参见程刚、郭瞻予：《知识的批判》，辽海出版社，2000 年版，第 42 页。

是接触有关专家并有效地利用他们的知识。① 该报告将前两类知识称为"可编撰的知识"，主要是指能够以语言和图形的形式进行系统化处理的传统知识和现代知识，并认为可以通过读书、听讲和查看数据库而获得。

后两类知识则归结为不可编撰的知识，主要是指在生活实践中摸索积累起来、难以用语言加以清晰表达的知识。这种知识属于"无言之知"或"难以言说的知识"，也可以译为"隐含经验类知识"。事实上，人们所拥有的知识明显地要超出人们能用语言诉说的范围。由于承认和强调"难以言说知识"，或如波普尔所说的"无意识的知识"的实际存在，经济合作与发展组织 1996 年度报告认为后两类知识的获得主要靠实践，有时也通过特殊的教育环境学习得到。它们是在社会深埋着的知识，不易从正式渠道转移这些知识。由此可以看出，知识经济中的知识概念并不等同于指示或描述事物及其关系的陈述的全部，进而也就意味着知识经济所理解的知识不仅表现为语言，还表现为能力。

就两类知识而言，由于显性知识可以通过各种媒体和市场交易取得，也相对易于模仿，虽然重要却还不是知识管理的重点和难点。而隐性知识由于其不可模仿性、不可交易性以及飘忽不定、难以把握等特点，特别是直接对企业创新能力起孵化作用，事实上也确实成为企业管理的重心所在。知识管理论主要就是关于知识的生产、共享、测度和应用的理论。知识生产是知识管理的中心环节，如何使企业的知识源源不断地生产出来，目前这方面至少有文化论、沟通论和竞争论等多个视角的研究。

文化论者认为，创新的企业首先应倡导标新立异、不拘一格的企业文化，有了适宜的文化氛围和宽松的条件，企业创新

① 参见陈胜昌主编：《知识经济专家谈》，第 194 页。

之泉才能喷涌而出。文化论者特别提倡没有“知识的劳动分工”之类理念,强调在知识创新型企业里,并没有一个专门的部门或专家小组单独承担创造新知识的责任,创造知识是每一个人的职责,高层管理者、中层管理者和一线员工都有责任创造新知识。有的学者还形象地提出,知识型企业中“高层管理者都应该是一群追求理想的浪漫主义者”。体现在管理方式中更是花样繁多、层出不穷。以往那种“我叫你干什么,你就得干什么”控制命令的方式,很大程度上转变为“你需要什么,我能提供什么”之类协商服务方式。比如,知识型企业大都没有计算工时的时钟,没有对病假的限制,没有管理者的特权,也没有创造知识的专门人员。①

沟通论者则认为,发散性讨论、深度交流对创造性思维起强有力的刺激作用。通用电气公司总裁杰克·韦尔奇认为,森严的部门界限,阻碍了信息的流动,把个人和小组彼此孤立起来,会导致偏见的产生。为此,他提出跨越企业界限,推行将企业与客户及供应商联系起来的讨论会、集会或项目小组,以推动企业内思想的及时交流。他把这个方法命名为“无界限”。由于韦尔奇巨大的管理成功实践,“无界限”战略的实施被誉为通用公司“90 年代战略转折点”,“无界限”这个概念也在企业管理理论中风靡一时。

无独有偶,美国两位女学者多萝西·罗纳德和苏珊·斯特劳斯,则从学理上深化了交流沟通和思维创新的关系。在《充分发挥公司的智力》一文中,对于如何激发和捕捉蛰伏在企业中的创造力,她们从认知心理学角度提出了许多有价值的观点。她们认为,不同人的思维方式是不一样的,分析或直觉的、概念或经验的、社会或独立的、逻辑或利益的,管理者的职责就是鼓励各种思维方法和观点,兼容并包相互尊重。管

① 参见孙涛:《知识管理》,中华工商联合出版社,1999 年版,第 19 页。

理者要了解自己的思维方式，警惕自己的偏好和价值取向对组织内创造性的窒息，当然也要防止组织内的认知分歧导致个人的冲突，即非创造性碰撞。她们形象地指出管理者职责是要“创造用整个大脑思维的团队，而不是偏重于左脑或右脑的人一统天下”①。

竞争论者的代表人物是知识创新专家、日本著名学者野中郁次郎。在《知识创新型企业》一文中，他从竞争的角度，对企业创造知识提出了许多建设性的构想。他认为企业中的知识分为隐性知识和显性知识两种。知识管理的一个很重要的目标就是把隐性知识显性化，也就是让知识管理不止于对客观信息进行简单的“加工处理”，而要发掘员工头脑中潜在的想法、直觉和灵感。他把企业中的知识创新划分为四种基本模式。(1) 从隐性到隐性，工场作坊阶段的拜师学艺，大多是这种类型，主要是观察、模仿和练习，这种方式学来的技能有相当大的局限性，因为不管是师傅还是徒弟都没有掌握技能背后的系统化的原理。他们所领会的知识从来都不能清楚地表述出来，因此很难被组织更有效地共享和利用。(2) 从显性到显性，主要是指对企业内信息知识的综合，虽然这种形式是必须的，甚至可以说是一种新知识，但这种“综合”并没有真正扩展公司已有的知识储备。(3) 从隐性到显性，即企业中的员工能把学习来的技能、诀窍和以往的经验综合并加以创造性地运用，开发出新的知识。这是知识创新最主要的途径。(4) 从显性到隐性，这个过程主要是指随着新的显性知识在整个企业内得到共享，其他员工开始将其内化，用它来拓宽、延伸和重构自己的隐性知识系统。野中郁次郎认为，在企业的知识创新中，上述四种模式都存在，而且发生动态的相互作

① 参见多萝西·罗纳德和苏珊·斯特劳斯：《充分发挥公司的智力》，见德鲁克等著《知识管理》，中国人民大学出版社，1998 年版，第 100 页。

用，他用“知识螺旋”形象地比喻这个知识生产的过程。

对如何推动企业的知识创新，他也提出了一系列办法，最著名的是“组织重叠”法。“组织重叠”法就是说，公司根据“内部竞争原则”，组织产品开发小组，一个项目被分为多个相互竞争的次小组，它们采用不同的方法完成同一个项目，然后就各种方式的优缺点进行辩论。这种方法鼓励人们从不同的角度研究项目，并在项目组长的指导下，最终得出一个大家一致赞成的最佳方案。看上去重叠对资源是一种浪费，事实上当人们共同承担责任，信息最终会迅速增长，企业创造和实现新概念的能力也大大提高了。

实现重叠的另一种途径是战略性轮换，主要是在不同技术领域之间，以及像研发和营销等不同部门之间进行轮换。战略性轮换有助于员工从多个角度理解企业的业务，使企业内的知识更容易传播，更容易付诸实践。野中郁次郎认为，通过看到或听到别人的阐述来了解事实是一回事，自己亲身经历是另一回事。靠被动的方法很难获取真正的知识，而积极地经历某事，要比只是描述该事更有价值。由此他列举了若干方法，如把直线管理人员调配到职能岗位轮换，让有经验的经理人员把他们所学的知识提炼成新的标准、政策或者培训内容，并传播到整个公司中去。他认为这些都是知识传递、知识创造的途径，都值得积极的尝试。①

组织内知识的有效共享和运用是知识管理的另一个重点，而显性知识的分享，加强硬件的基础建设又是前提，具体讲就是建立知识库系统。企业知识管理大致是这样一个过程，企业从外部（包括消费者、批发商、零售商、政府机构等组织）获取有用的信息和知识，经过加工处理，在企业内部传播

① 参见野中郁次郎：《知识创新型企业》，见德鲁克等著《知识管理》，第18～39页。

和交流，作为企业知识库的组成部分，被用来发展新技术、开发新产品。这个过程实际上是从外部到内部，转而又是以新产品、新服务的方式回到外部。正是这种内部与外部不断的交流，促使企业能够持续地进行知识创新，因而在企业知识管理中，一个重要的任务就是建立知识库系统。知识库系统包括知识库、传输网络和运用系统三个组成部分，其中知识库是知识系统的核心。知识库系统借助信息传输网络和运用系统，使其成为一个开放的系统，使之获取知识范围更加广泛，延伸的领域更加宽广。知识库的建立以及其在企业知识管理中的运用，对提高知识管理效率将发挥越来越大的作用。首先，知识库作为知识的集合，有利于对知识进行系统化的集中管理，避免由于知识分布零散而降低知识管理的效率。利用现代数字技术，将知识加以编码，有利于知识的存储、分类、搜索，提高了知识使用效率。其次，知识库的建立有利于知识的传播与共享。知识库借助信息传输网络，把整个企业连成了一体，同时也使知识库向每个工作岗位、每个员工延伸，甚至向企业外部扩展。知识库将企业的知识集中起来，每个人、每个小组创造的知识都必须存储到企业的知识库中，而需要知识的人也能从知识库找到所要的知识，知识库在其中起到纽带作用。第三，知识库还能起到“蓄水池”的作用。由于企业的人员不是固定不变的，人员的流动是不可避免的，在每次人员变动中，知识库的作用就是把每个员工在企业中创造的知识成果记载下来，不致因为人员的变动而削弱企业知识的储量。信息技术的发展，特别是互联网，解决了显性知识的分享问题。计算机的计算功能与知识工作关系不大，但联网计算机的通信与贮存功能使其成为知识的臂膀。通过电子邮件、通用软件、互联网和局域网，计算机及其网络可以协助人们获取知识，将天各一方却需要分享知识的人们联系起来，使得某个人将其丰富而细微的信息远距离迅速传递给另一个人成为

可能。当然，这一新的信息技术只是知识交流的管道和贮存系统，该系统并不创造知识。

分享知识虽然并不直接创造知识，却是知识创造的前提，知识分享的难点在于隐性知识的分享。美国软件网络公司的乔丹·利比特说："从许多方面来说，在公司内部实现知识共享同与竞争对手共享知识的难度一样大。"[①]达到知识共享首先必须解决知识传递的问题。托马斯·H. 达尔波特和劳伦斯·普鲁萨克在《营运知识——工商企业的知识管理》中，把约束知识传递的因素称为"磨擦"，他认为共有七种磨擦因素："缺乏信任；不同的文化、词汇和基准框架建立；缺乏时间和集会地点，人员交流困难；地位与奖励归于知识拥有者；受教人缺乏接受能力；认为知识是某一群体的特权，是非我所有的东西；不容许有差错"。与此同时，他还提出了相应的解决办法："通过面对面的交流建立关系和信任；通过教育、讨论、出版物、合作和工作轮换来建立共同的基础；根据分享情况评估工作表现、给予奖励；培养员工的灵活性，提供学习时间，培养接受新观念的能力；鼓励非等级知识观念，观念的质量比其拥有者的地位更重要；接受并奖励创造性的错误与合作，不知者不为过。"[②]由于著者有长期知识型企业工作的经验，这些观点很有见地，也启人心扉。

上述关于知识的创新、生产、共享和运用主要是在技术层面上展开探讨的，但为了保证这些管理技术有效实施，知识型企业的组织架构事实上也在不断发生适应性变化。

---

① 转引自孙涛：《知识管理》，第 41 页。

② 封新建、肖云编：《世界管理学名著速读手册》，第 555 页。

第三节　谋求主动和适应的组织论

伴随着企业规模的扩大和外界环境的日趋复杂化，对一招一式管理技能的重视，越来越让位于对恒常起作用的组织制度的安排。进入现代管理阶段，在许多管理学家那里，组织与管理几乎在同一意义上使用。因为组织结构的调整，本身就意味着，也必然促进管理方式发生深刻的变化。

而组织形式的变化，又导源于经济环境的变化，企业组织形式的革命，则往往是经济形态变革的结果。自 19 世纪下半叶以来，企业的组织概念和结构曾发生两次重大的变化。一次转变发生在 1895 年至 1905 年这 10 年期间，由于私人企业的管理能力跟不上企业规模扩张的速度，为了保证企业的健康成长，西方企业界掀起了一场所谓“管理权革命”的浪潮，即把由私有产权带来的管理权让渡给职业管理者，管理工作由此成为独立的专门化工作。其理论基础是泰罗的职能化管理思想。另一次变化发生在 20 年之后，为了追求规模经济，大批家族公司通过自我改造，私有产权社会化，催动企业规模迅速膨胀，发育出较为典型的直线制组织结构，逐步向现代企业制度过渡，这也就是今天普遍存在的“命令-支配型等级组织体系”。20 世纪现代企业的组织结构，基本上是一个以等级为基础、以命令控制为特征的金字塔结构，横向分工始终处在以直线组织为支柱、纵向分工为基调的框架内。现代企业的职能式结构和事业部结构，本质上属于纵向层级的结构的变形，矩阵结构在横向联系上虽然有所突破，但就总体而言，还谈不上革命性变化。

贯穿专业化、标准化和统一命令等原则的直线型组织，以其符合现代大工业内在规律而大大提高了组织的效率。有学者指出，自从在企业中实施科学管理以后，生产力开始以每年3.5％～4％的速率上升。自从泰罗开始，生产力在所有先进国家增长了近50倍。在这前所未有的扩展上，发达国家的生活标准和生产质量都得到了提高。① 事实上，这个辉煌的成就早在19世纪后期，当直线制组织结构在西方社会开始扩散时，就存在于韦伯的预言中："直线式组织结构必将因其更高的效率而成功，直线制组织结构就其运行的准确性、坚定性、严格性和可靠性而言，超过所有的其它形式。"②

然而，任何事物都有自己的生命周期。伴随现代信息技术和知识经济的兴起，直线型组织面临难以回应的挑战，不得不向新的历史形态转变。

如前所述，直线型组织的最大优势在于有效地组织生产，高效率地生产产品，而不是快速地创新产品。创新更需要的是敏锐、灵活、变通的氛围和冒险求变的精神，是组织结构的弹性和动态性，而这恰恰是直线型组织所欠缺的。吉福特等以知识经济为背景，对"为什么直线型组织结构形式不灵了"这个问题作了深刻的剖析。他们认为，以往企业里大量熟练的工人正在被越来越多的拥有专业技术的知识工作者所替代，知识经济时代，适合于直线型组织结构管理的简单重复性工作正在急剧减少，机器可以完成更多的机械性工作，而剩下的工作更需要创造性和灵活性；直线型组织的结构规则更多强调的是对上司的严格服从和忠诚，而不崇尚独辟蹊径的创新，自由思考和大胆创新在直线型组织中被严重地窒息着；还有直线型组织对合作与沟通、对复杂问题的处理以及对环境的快速反应都力不从心。他们的结论就是"昔日直线型组织

① 参见达尔·尼夫主编：《知识经济》，第53页。

② 保罗·S.麦耶斯主编：《知识管理与组织设计》，珠海出版社，1998年版，第73～74页。

结构带来巨大成功的东西今日却成为局限”①。另一个美国管理学家约翰·马修斯几乎是不约而同地得出类似结论：“在迅速转变的市场和技术变化的环境中，恰恰是过去曾为实力来源的(组织的)刚性，现在却变成了一个主要负担，”并进一步认为：“灵活性、适应性、反应能力和快速革新能力——他们正日渐被看作知识结构中最佳组织结构要素。”②德鲁克则讲得更为透彻，早在1988年发表的《新型组织的出现》一文中，就对未来企业提出了更具体的设想：“20年后的典型大企业，其管理层级将不及今天的一半，管理人员也不及今天的1/3。在组织结构、管理对象和控制范围上，这些企业将和50年代以后崛起的、今天仍被教科书奉为经典的大制造业公司没有丝毫相似之处，而更可能接近于那些被现在的经理人员和管理学家所忽视的组织。在我的脑海里，未来的典型企业应该被称为信息型组织。它以知识为基础，由各种各样的专家组成。这些专家根据来自同事、客户和上级的大量信息，自主决策、自我管理，其组织类型更像是医院或交响乐队。”③

与这些有见识的声音遥相呼应的是近十年来企业的生动实践。在企业并购、流程再造等内外因素的交织推动下，组织变革成为令人注目的动向，最明显的是纵向结构特别是中层公司官僚正在被搬除。美国公司在20世纪90年代的头两年中已经迅速地将其中间管理阶层至少削减了三分之一，速度显然比前几年的预计要快；以前的预测是：90年代美国企业平均11～13个的管理阶层将会被削减10％～40％。同时，为了“加强公司的基础”，国际大公司的总部正在收缩，随之各

① 保罗·S. 麦耶斯主编：《知识管理与组织设计》，第84页。

② 达尔·尼夫主编：《知识经济》，第224～223页。

③ 参见彼得·F. 德鲁克等：《知识管理》，第3页。

国大公司的规模也正在向适度或精干的方向调整。① 美、日、欧各国大企业的“非纵”、“缩小总部”和“调整组织格局”的改革动向表明:20 世纪 90 年代以来美国及其他西方公司的组织结构正在从“金字塔型”向“网络型”方向转变,传统垂直型企业正在让位于网络型企业。

如此众多的企业,其组织结构发生如此深刻的变化,自然有其深层的逻辑依据。就其高效性而言,网络组织由于其界限不固定,具有伸缩性和变动性,需要某个职能支持,可以通过合作将其纳入网络之中。网络型组织分工按成批原则分工,各批(相当于各子公司)间通过有机的联系而成为一个整体。目前如何建立这种网络分工,已成为高度信息化环境中组织论的一个重要课题,西方企业界出现的所谓“空壳公司”、“临时公司”都与此相关,由此而来。

就其适应性而言,由于知识经济是一种无壁垒进入的经济,市场变化加快要求企业反应能力提高,要求决策尽可能接近市场,从而要求决策与实际操作人员紧密联系。在知识企业中,懂得经营业务的人将主要是基层工作人员,这些专家各自从事技术性质不同的工作,并且由于技术经验的独占性而势必拥有很大的自主权。而决策由高耸的顶端下移,必然要求中间程序削弱,形成扁平结构。

就其创造性而言,由于知识企业内部各职能部门的作用也与以前不同,企业的职能部门将负责检验质量标准、培训和安排专家工作,而生产任务主要由专门工作组去完成。这样横向分工替代纵向分工成为主导,企业的网状化不可避免,恰如有学者所比喻的交响乐队。在交响乐队中,所有的乐器都演奏着同一乐曲,但每个乐器演奏着不同的部分。它们在一起演奏,但很少是齐奏。乐队中有着很多小提琴手,但第一小

① 参见萧琛:《全球网络经济》,华夏出版社,1998 年版,第 98~99 页。

提琴手并不是管乐手的上司，他事实上也不是其他小提琴手的上司。只不过大家都按照同一乐谱演奏，每个人都对自己的演出效果负责。网络状组织中的情况与此类似，只不过没有共同的乐谱，而靠目标管理和自我控制。

当然不是有这种扁平化的需要，扁平化组织就会呼之而出。而是时代提供了扁平化组织产生的现实条件。这一点德鲁克早有精辟之论，他认为导致这种变化的原因有很多，其中一个是人口统计学意义上的，即雇员队伍的重心从体力员工和文案员工迅速转向知识型员工。知识型员工削弱了“命令-支配型”管理模式存在的基础，这种模式从 100 多年前军队的管理衍生而来。导致这种变化的另一个原因是经济方面的，即大企业需要勇冒风险、不断创新。不过，在众多的原因当中，最根本的还是信息技术。①

知识经济条件下的组织设计，在西方管理学界是一个热门课题，已有许多学者作了出色的研究。如约翰·马修斯围绕提高组织学习能力而进行的组织设计，查尔斯·M. 萨维奇在《第五代管理》中对虚拟组织结构的构想，以及保罗·S. 斯麦斯等人围绕知识管理而提出的组织创新的观点，都加深了我们对未来组织的理解。

结构决定功能，功能反过来牵引结构变化。我们可以预见，为了增强组织获取、积累、分享和创造知识的战略能力，新型组织机构将是网络-层次式的组织结构。

一是具有层次性。这里所说的层次，与以往依据权力划分的组织结构的层级不同，它把企业的组织结构划分为三个不同的层面，即项目小组层、经营管理层和知识库层。最上面的一层是项目小组层，在这一层中，多个项目小组从事知识创造的活动，如新产品开发、新工艺流程设计等等。小组成员是

---

① 参见彼得·F. 德鲁克等：《知识管理》，第 3 页。

从经营管理层中的不同部门选拔出来的，被安排在一个工作小组中，直到这个小组的任务完成为止。中间的一层是经营管理层，它执行企业的日常管理工作。最底层是知识库层。在上面两个层次中，创造的知识在这里被重新加以分类和整理。这一层面并不是一个组织实体，它主要以文本、数据的形式存储于计算机中，还有一些体现在公司的远景和组织文化之中。

二是具有网络性。组织中的层次不是相互独立的，而是相互联系并形成一个联结整个组织的网络。利用信息技术，把知识库层与经营管理层和项目小组层联系起来，后者产生的知识存储到知识库中，借助信息网络，在组织内部迅速扩散和传播，达到知识共享的目的。组织知识创新的过程，也可以看成是知识在这三个层次转变的过程，最上层的项目小组层成员，致力于知识创新活动。高层管理者制定的远景目标和公司战略成为他们努力的方向，一旦小组完成了任务，组织成员回到最底层（知识库层），把他们在工作小组中获得和创造的知识进行整理和分类，这些知识包括成功与失败的经验教训以及在项目小组中工作获得的体会。在他们把这些知识处理完毕，存储于知识库中以利于大家共享之后，这些小组成员又回到经营管理层，继续他们的日常工作，或者他们重新被召集起来从事另一个项目的工作。正是组织成员在不同的层次中灵活、快速地转换角色的能力，形成了知识动态、循环的过程，最终决定了组织知识创新的能力。

三是具有开放性。网络-层次式的结构具有开放性，它具有转变组织外部知识的能力。由于它是一个开放式的组织结构，因此可以与消费者和其他组织之间不断地进行知识交流，具有搜集消费者对新产品的反馈信息、消费者需求变化趋势以及与其他组织创造新产品概念的能力。

然而，网络状组织不会自动发生作用，它的建构是有条件的。德鲁克在以交响乐队比喻未来组织时曾触及此问题。“以信息为基础的组织要求有这样一种领导，他尊重绩效，但是要求职工有自律性和从基层监工直到高层领导的对上的责任感。”①这实质上已触及到组织文化的问题。对这个问题作了出色解答的，则是美国麻省理工学院的彼得·圣吉教授。

如果说，德鲁克为知识经济时代的组织提供了结构设计，那么彼得·圣吉的学习型组织则提供了组织文化的导引。在《第五项修炼——学习型组织的艺术与实践》中，彼得·圣吉对学习型组织作了通俗的解释，把学习型组织解释为这样一种组织：“在这里，人们不断地扩张自己的能力，去创造他们所真正期望的结果；在这里，人们可以释放出他们郁结已久的激情；在这里，人们可以不断学会如何在一起学习。”②为了取得上述结果，圣吉建议进行系统思维、自我超越、改善心智模式、建立共同远景和团队学习等五项修炼。知识经济时代，越来越多的企业以自身的成功实践表明：不少企业得益于身体力行“五项修炼”，从而打通了网络状组织的“经络”，特别是对组织形成一批高素质团体起了极大作用，而这种高素质的团体，又为学习型组织“地方为主”的管理创造了基础。网络化是组织具有适应力的体制条件，而组织内在的创造力主要还靠学习，只有有效地建立起学习型组织，适应能力才能提高。

第四节　渐趋现实化的人本管理

人是管理学常解常新的斯芬克思之谜，以人为本更是许多有识管理学者信奉的大道，一代代有为企业家追求的化境。

① 参见杜拉克：《管理思想全书》，九州出版社，2001 年版，第 333～334 页。

② 彼得·圣吉：《第五项修炼》，上海三联书店 1998 年版，第 10 页。

早在科学管理时代，就有大量人事管理的记载，只不过人是为完成“事”而存在的，是抽剥了主体性的纯客体存在，对人的关注与对机器的关注并无二致。行为科学是人性不满于屈从机器附庸地位的一次反抗，是人唤呼主体性的觉醒。对职工社会和心理需求的多方面探究，不仅拓展了人们对企业中人性的认识，也在实践中一定程度上改善了职工的境遇。但是，只有知识经济，才最终有可能使以人为本真正从抽象的口号和理念走向具体的制度安排，从小规模零星尝试演化为普遍的管理实践。也就是说，只有知识经济才能为人本管理奠定必不可少的现实基础。虽然，恩格斯在《社会主义从空想到科学的发展》一文中对这个道理早有深刻的阐述：“一切社会变迁和政治变革的终结原因，不应当在人们的人脑中，在人们对永恒的真理和正义的日益增进的认识中去寻找，而应当在生产方式和交换方式的变更中去寻找；不应当在有关的时代的哲学中去寻找，而应当在有关的时代的经济学中去寻找。”①然而，仍然有必要对知识经济所蕴涵的催生人本管理的逻辑机制作深入剖析。

逻辑链条中的第一个环节是，知识在经济增长中的压倒性作用凸显了人力资源的空前重要性。对知识的强调和人才的重视，当然不是始于知识经济，“知识就是力量”、“得人才者得天下”在古今中外都是常识性真理。但农业社会土地是财富之母，土地的作用绝对压倒农耕技术；工业社会劳动异化为资本的奴隶，资本成为经济增长的源泉，在工业化早中期本质上仍是物质资源起主宰作用。进入工业化晚期，特别是知识经济出现以后，知识成为经济增长的主导因素，负载知识的人力资源由此获得推动经济增长“第一生产力”的地位。“人的知识、能力、健康等人力资本的提高对经济增长的贡献远比物

① 《马克思恩格斯选集》第 3 卷，第 425 页。

质、劳动力数量的增加重要得多。”[1]现代人力资本的开创者舒尔茨，早在20世纪60年代初就发现了这个具有革命意义的现象。他从全部要素生产率中分解出人力资本对经济增长的贡献。据他测算，1828～1957年间美国经济增长中的全部要素贡献部分有70%是人力资本的作用，人力资本对国民收入增长的贡献达33%。因此，一国经济增长主要是劳动力增长、资本投入增长以及人力资本的贡献共同作用的结果。进入20世纪90年代，知识企业所创造的一个又一个经济神话使这个论断似乎更加颠扑不破。近10年迅速崛起的知识企业，几乎无一例外走的是一条网罗天下人才、依靠人力资本求发展的道路。现实比任何理论都更有说服力，它对确立人才制胜的时代理念具有强制性。

然而，管理好人力资源要比认识到人力资源的重要性困难得多，对人力资源的有效管理，必须建立在把握好人力资源特殊性基础之上。人力资源的特殊性至少有以下三条。

一是依附性。也就是双重主体的问题。人力资本既有资本的一般属性，又有不同于物质资本的特殊性。其最大特殊性在于，物质资本一旦为所有者拥有，所有者就完全享有对其的占有权、支配权、收益权和处置权等权利，而人力资本是“活”的资本，虽然人力资本的投资者可以具有多元性，既包括社会、企业和其他团体，又包括个人，但每个人力资本承载者都是其体内人力资本的“天然”投资者，无论由谁进行投资，都至少需要人力资本承载者本人付出一定的体力、精力和时间，或者放弃某些收入和机会。人力资本的这种特殊性，使其与人力资本其他所有者之间必然存在着矛盾，由此带来人力资源开发、利用、流动以及保障等方面的一系列新问题，从而要求着管理制度的创新和管理制度的变革。

① 舒尔茨：《人力资本投资》，商务印书馆，1990年版，第40页。

二是增值性。按照《新帕格雷夫大词典》的定义，“作为现代和未来产出与收入的源泉，资本是一个具有价值的存量。人力资本是存在于人身上的技能和生产知识的存量。”①也就是讲，某一特定时段，依附于特定个人的人力资本是一个恒定存量，但作为主体性的人，其智力、体力和技能不是一成不变的，可以通过接受教育和职业培训而与时俱进。

三是动态性。作为血肉之躯的人，包括其创造力在内的智能的稳定性，在很大程度上不仅受到人力资本承载者个人的意志、情绪与行为的影响，更受到诸多外部环境变量的影响。尊重人力资源的这三重特性，必然呼唤和要求人本管理。

双重主体的问题是管理人本化实现的最大瓶颈，以往行为科学实施的福利化、民主化都只能缓解而不能消解主客对立的根本矛盾，人本化管理最高境界是组织中没有管理者或者说都是管理者，这只有在人力资源成为人力资本，即职工凭知识和技能成为企业所有者后才有可能。目前国际上出现的企业法人治理结构的变革，实际就是为了适应人力资本发挥作用。从 20 个世纪 90 年代开始，过去那种以货币资本为基础，以货币资本的所有者和经营者的关系如何界定为中心的治理结构，转向了以货币资本和人力资本为基础，以这两种资本的关系如何界定为中心的治理结构，也就是说人力资本作为企业的制度安排已登上社会经济历史的舞台。

人力资源可增值性的特点，则从另一个侧面推进了人本管理。既然企业的命脉在知识，知识的背后是人才，人力资源的开发必然成为企业重要的战略抉择。而培养人是对人的最大尊重和最好关心，这又与人本管理的深层底蕴相契合。

还有，人力资源的动态性也逻辑地要求着发挥好现有资

① 转引自兰邦华编著：《人本管理：以人为本的管理艺术》，广东经济出版社，2000 年版，第 222 页。

源的作用，不仅使人尽其才，配置到合适的岗位上；更在于营造一种刺激思想活跃、促进创新的组织氛围。这同样要求从企业文化到组织结构以及控制方式，都要体现对人性的充分尊重。

正是人力资源的这三重特殊性及其对管理的特殊规定性的要求，以人为本的管理方式终于在西方企业界由星星之火渐成燎原之势。

尊重人力资源的特性，必然带来管理方式的深刻变革。20 世纪 90 年代以来，管理实践中出现了引人注目的新变化，最明显的特征是管理人本化色彩越来越浓。与之相应，管理理论研究中"人的太阳"重新升起，最突出的成就则主要集中在人力资源理论和创新管理的进展上。

首先，关于人力资源的激励理论发生了深刻变化。相对传统西方企业中流行的单一绩效报酬制度，当代西方企业报酬制度的建设有了很大的发展，表现为报酬类型的丰富化、报酬制度的多样化、报酬更加注重群体的激励和长期激励等特点。西方一些学者提出，在指导思想上对拥有核心知识的职工必须区别对待，给予特殊待遇；应根据个人对企业的增值能力来付薪而不是工作责任大小；以及让雇员享有更多的财富分配等，①其中，期权激励理论最有影响。该理论主张要从以资本为中心，资本雇佣劳动，股东占有企业的传统模式，逐渐转变为以知识为中心，知识统帅资本，股东和职工共同拥有企业的模式。这样，通过人力资本作为一种投入获取企业的股权，使知识劳动者成为企业的所有者。知识所有者与资本所有者共同拥有企业。舒尔茨在《人力资本投资》一书中指出："劳动者成为资本拥有者不是由于公司股票的所有权扩散到民间，而是由于劳动者掌握了具有经济价值的知识和技能。

① 参见陈胜昌：《知识经济专家谈》，第 165～169 页。

这种知识和技能在很大程度上是投资的结果，它们和其他人力投资结合在一起是造成技术先进国家生产优势的重要原因。”①

我国著名经济学家魏杰对人力资源的激励也提出了更加具体的设想。他认为，因为人力资本是作为资本而存在，所以，人力资本的回报就不应只是工资，工资只是劳动的报酬，因而要考虑新的回报形式，这种新的回报形式就是人力资本的薪酬制度。对人力资本经济利益激励最具深远意义的，不是岗位工资、年终奖、职务津贴和福利补贴而是期权激励。人力资本拥有期权的后果，就是导致人力资本拥有者虽然不是出资人，但是却拥有了企业的产权。“谁出资谁拥有产权”这个产权制度上的重要法则，被人力资源成为人力资本的现实打破了。人力资本既然是一种资本，那么，资本的经济收益就不应只是工资，资本的报酬应该是产权的收益。因此，既然承认人力资本是一种资本就应当承认它应拥有产权。目前，国际上人力资本在企业中所拥有的产权数量，已经达到了企业总产权数量的38%左右。这标志着管理学最大的难题——主客体对立正在解决之中。②

应该讲这是非常有见地的思想。因为这种经济地位的根本性改变，极大地提高了人力资本在企业经营活动中的地位，增大了人力资本在经营活动中的权利。一个重要的例证就是，西方企业制度中首席执行官(CEO)的产生。CEO的产生实际上表明了企业整个治理结构的全面调整。CEO不是总经理，也不是总裁，但其权力非常大，除了拥有总经理的全部

---

① 转引自尹继东：《走向知识经济时代的管理变革趋势》，《当代财经》1998年11期，第23～24页。

② 魏杰：《人力资本的激励与约束机制问题》，载《新华文摘》2002年，第1期，第48页。

权力之外，其权力中还有董事长的百分之四五十的权力。它使得在CEO产生的条件下，董事会已成为小董事会，董事会不再对重大经营决策拍板，董事会的主要功能是选择、考评和制定以CEO为中心的管理层的薪酬制度。作为首席执行官，虽然不是企业的出资人，实际是人力资本，但是由他对企业的重大经营决策拍板。由此可见，人力资本和董事会的功能也完全和过去不一样了，董事长不再对重大经营决策拍板。这也减少了过去的很多矛盾。经营活动已交由CEO来独立进行，从而实现了功能性分工。人本管理的“本”是什么？那就是劳动者本身也成为所有者。

其次，关于人力资源开发的理论有了深化。传统企业管理中的应用型培训，即组织只是对员工的技能进行培训，重在授予企业所需的一技之长，现代人力资源管理理论反对这种做法，提出了许多体现知识经济要求的新观点，其中以生涯管理尤有影响。该理论认为，只注重眼前的短期培训，不利于建立员工与企业命运共同体的感觉，企业要着眼长远，通过提供有针对性的职业生涯信息和升迁机会等方式，帮助员工规划好未来，不仅适应当前的工作，而且为未来的变革作好充分的准备。把工作活动与人生幸福结合起来，使员工感到自己工作和生活意义的重大，感到现实的工作与自己的职业理想有着紧密的联系，进而提高员工的工作满意感和价值感。目前，生涯设计在西方企业界风靡一时，为许多战略思维超前的公司所采用。例如苹果公司，以举办各种讲习班、职业生涯开发咨询、报销学费等形式支持员工的自我发展；同时告诉员工，要为自己的个人职业生涯开发负责，决定他们未来的不是老板或公司，而是他们自己。当一个员工的个人目标在苹果公司不能充分实现时，公司咨询人员甚至可以帮助他们设计在公司之外的发展途径。

显然生涯管理理论是对传统人事管理理论的挑战。传统的人事管理基本上是把劳动力看做是一个普通的生产要素，是以静态岗位的需要为唯一出发点的，而生涯管理则在动态的企业目标和组织结构观的指导下，更多的不是从某一静态岗位出发，而是从每一个员工个人的角度，考虑到员工个人的因素，即能做什么，想做什么，从员工整个生涯来进行该员工的人力资源开发和配置的设计，并为生涯计划的实现提供信息、咨询、轮岗、培训、弹性的时间和工作方式，这就使得每一位员工感到这种计划是以自己为中心而制定的。生涯管理是对以往将职工视为工具的一种反动，对建立职工对企业的皈依感、摆脱存在的手段性、恢复目的性起到积极作用。

另一个在企业界较有影响的理论是“工作生活质量运动”。20 世纪 80 年代以来，风行西方发达国家的工作生活质量运动(英文简称 QWL)，对当今企业人力资源开发与管理理论和实践起到了重要的引导作用。所谓工作生活质量运动，按照美国职业开发与培训委员会的定义：“工作生活质量对于工作组织来讲是一个过程，它使该组织能让处在各个级别的成员积极地参加与营造组织环境，塑造组织模式，产生组织成果。这个基本过程基于两个孪生目标，提高组织效率，改善雇员工作生活质量。”①

该理论强调企业应该放弃一味追求生产效率的做法，重视每个员工的个人价值在工作中的体现，通过个人价值的实现，反过来促进组织效率的提高。其最大特点在于将企业发展和个人发展、工作要求和尊重人性结合起来，并寓于每日实践之中。以往管理者和雇员都认为，如果人有了稳定的工作、高收入、好的收益，他们将不再希望更多别的东西。雇主和雇员都不把尊重个人尊严看成雇佣交易或交易合同的一部分，

---

① 谢晋宁、翁涛：《工作生活质量运动与人力资源开发与管理》，载《外国经济与管理》，1998 年第 9 期，第 18 页。

但是，当人们在他们所属的家庭、社会团体或其他组织中都享受民主、自由和尊严时，他们就很自然地会想到每天花在工作上的8小时也应该享受同样的东西。QWL所追求的就是在工作中建立这种尊严，通过这种尊严，管理者惊奇地发现，工作者在获得了尊严的感觉后，总是作出积极的回应。当人在工作中也能感受到这种尊严时，就会趋向于作出更多贡献，产生更高的生产率。因此，尊严是QWL运动中的核心要求和本质所在。

西方人本管理一步步实现的历程昭示我们：社会历史进步仅靠管理方式的变革、唯管理主义是不行的；但如果以为只要确立了先进的社会制度就一定能落实以人为本，同样也是不行的。人的全面发展依赖于先进的社会制度和科学的管理方式的统一。

第七章　管理学的方法论研究

普列汉诺夫曾经说过，方法是任何一个理论体系的精华。不仅因为理论总是有其时空局限性，而科学的方法是常青的，在层出不穷的新事物面前永远有着开拓新答案的活力；更重要的是，一个完整的理论体系，它的理论和方法总是密切关联的。前民主德国学者克劳斯曾从控制论的角度，探讨过研究对象、科学理论和科学方法的密切关系。他认为由于研究对象的不同，会出现不同的理论，而不同的理论就派生出以之为根据的方法；而且更要看到，就开创性的工作来说，针对新的研究对象，有时必须提出开创性的新的方法来进行探索。①

理论是人们认识世界、改造世界过

① 参见克劳斯：《哲学看控制论》，中国社会科学出版社，1981年版，第162页。

程中所形成的关于事物本质的理性结论。而方法则是认识世界和改造世界的过程中所运用的方式、法则、手段和规范等的总和。人类科学史演进图景表明："科学是随着研究方法所获得的成就而进步的。研究法每前进一步，我们就要提高一步，随之我们面前就开拓了一个充满种种新鲜事物的、更辽阔的远景。因此，我们的头等重要的任务乃是制定研究法。"①古代科学的认识，主要以自然哲学的形态存在，带有简单、直观、零散等特点，这是由这个时期直觉、猜测的认识方法所决定的；近代科学突破经院哲学的禁锢，狂飙突进，则与培根、笛卡尔和伽利略等人相继掀起的哲学和科学方法论革命有关；而随着相对论、量子力学等等的创立，人类对自然界的认识进入到现代科学阶段。与此相适应，科学认识方法也从实证化、分析化跃进到主体化、系统化，进入到以系统方法为主体的方法论发展的新阶段。

恰如有的学者所指出的，"一个学科之所以称之为科学，是由于应用了科学方法，科学的成功是由于科学方法的成功。"②在管理思想变革和管理学派创生进程中，方法的更新一直是重要的推动力

①、②　转引自陈波等著：《社会科学方法论》，中国人民大学出版社，1989年版，第21页。

量。认识方法的革命导致科学本身的革命，认识方法的发展推动科学认识的发展。通过对林林总总管理学方法论的考察，可以为我们更好地领悟各派管理理论的精髓，更深刻地把握管理思想演变的逻辑，提供一种特殊的视角和新的途径。

方法论一般分为两大层次。首先是哲学层次上的方法论。它在认识的最高层次上，以知识总体为对象，从认识论和价值论的角度，把握认识的普遍性原则，以概念框架的形式，提供一套特定的思维模式。其次是科学方法论。科学方法论既研究对各门科学包括社会科学均有普遍适用性的思维原理与方法，如系统论、信息论、控制论、逻辑方法（归纳与演绎）等等；也研究以特定的学科范围为对象促进特定学科知识进步和理论发展的方法，如心理学的个案研究、自然观察和心理测验。纵览西方管理思想史演变过程不难发现，哲学方法论和科学方法论，都对西方管理学知识增长和变革产生过重要影响。

第一节　管理学的学科特性解析

方法论从来不是孤立、自足的。大哲学家黑格尔认为："方法并不是外在的形式，而是内容的灵魂和概念。"①这就是

① 黑格尔：《小逻辑》，商务印书馆，1980 年版，第 427 页。

说方法是对象的方法，不是外在于对象的形式，而是内在于事物的本质。一定的研究方法，总是从属于一定的研究内容并为后者所决定的。研究对象、研究内容也内在地要求着相应的研究方法。当然，方法意识也是对于内容本质的自觉。从“为什么是这样的方法”和“这样的方法又是如何推动了管理学前行”的角度思考问题，将拓宽我们解读管理学的视角，深化对管理学本质的理解。

泰罗倡导“科学管理”运动不过百年，管理学的广度和深度均已得到极大发展，由涓涓细流而汇成汪洋大海。伴随管理实践活动的拓展，对管理的认识活动也处在不断的深化之中。管理的研究领域由局部到整体，由内部到外部，由微观到宏观，管理学也由此成为20世纪学科扩张迅猛、知识体系庞杂的“显学”之一。同时，这又是一片仁智互见、百家争鸣的领域。

很少有一门学科其研究对象如管理学那样多歧多义。据我国学者翁文艳研究，关于管理的定义，据不完全统计就有40多种，并不断涌现新说。有人把管理视作一种活动，认为管理是“由一个或更多的人来协调他人的活动，以便收到个人单独活动所不能收到的效果而进行的活动”。有人把管理看作为某种职能或多种职能的综合。如德鲁克视管理“是一种以绩效责任为基础的专业职能”。西蒙强调管理就是执行决策的职能。法约尔和厄威克等人则把管理视为由计划、组织、指挥、协调及控制等构成的职能活动。也有人把管理看作是一种活动的系列，是连续的动态过程。其中美国管理学家孔茨的定义最为经典，并为管理学教材广泛采用，“管理就是创造一种环境，使置身于其中的人们能在集体中一道工作，以完成预定使命和目标”。而美国管理学家纽曼等人，则直接以《管理过程》为题著书立说。还有人提出管理实践性很强，不仅是一门科学，更是一种艺术，不仅需要知识，更需要智慧。

因为管理在更多情况下“是直觉反射式的而不是思考式的，是情感式的而不是推理式的，是繁杂零碎的而不是系统化的状况”①。

与管理研究对象见智见仁的理解相伴随，管理学研究领域开阔，学派林立，学科繁荣。有学者指出，百年来管理学经典著作所关心的主题涉猎面很广，可以归结为管理与管理者，领导、组织与人事、效率，市场与顾客，市场与战略，创新与变革，现代公司的组织逻辑和管理的国际化等诸多方面。② 既关心低层次的、微观的操作效率和现场监督问题，也关心高层次的、宏观的经营战略和决策问题；不仅研究业务工作的分工和部门设置问题，而且研究决策职能的专业化和决策系统结构问题；不但重视组织内部的管理问题，而且强调组织与外界环境之间的相互作用关系；不光考虑组织管理上的经济因素和物质因素，还考虑社会因素和心理因素。显然这不是一门学科的知识和方法所能胜任的。由此，管理学发展成为横贯自然科学和社会科学两大门类，涵盖基础管理、职能管理和战略管理三个层次的高度交叉的学科。这是横向视野的观照。

从纵向视野看，管理学发展的过程，可以说是众多学科不断加盟的过程。在管理学诞生伊始的古典管理理论阶段，管理学的研究视角主要聚焦于管理的客体方面，即作为管理主体认识和实践活动对象或载体的东西，如工作量的测定、工人动作的规范以及机构设备、原料、工作条件的标准化等等，侧重研究生产活动中的作业程序及其科学性。例如，工人在劳动过程中应当先干哪一部分工作，后干哪一部分工作；工作当

---

① 参见翁文艳：《“管理”概念界定新论》，《管理科学》（人大复印资料），1998 年第 6 期。

② 黄群慧：《面向未来的管理学变革》，《上海行政学院学报》，2001 年第 2 期。

中最好采用什么样的姿势;怎样安排一项任务的作业日程;等等。早期的工业工程范围较窄,仅限于操作效率、作业程度、成本计算、物质刺激和现场监督等方面。但其科学成果仍是相当丰富的。特别是采用实验和观察等自然科学方法来研究生产作业活动的合理性,具有重大意义。工业工程研究开了工效学研究的先河,后来企业管理中的很多管理技术,如安全管理、作业管理、设备管理、质量管理、材料管理、库存管理、成本管理等,都是其广泛运用的结果。这个期间的研究者以自然科学家为主,有的更是直接的企业工程师和总经理。如泰罗和甘特是机械工程师,巴思是数学家,吉尔布雷思夫妻分别是建筑专家和心理学家,埃默森和库克是经济管理专家,法约尔是总经理,等等。

管理科学在某种程度上可以讲是科学管理的精神后裔,是理性主义在现代管理阶段的复活。二者在追奉科学理性方面,内在精神一以贯之。如科学管理要求找出一种"最好的方法",管理科学则要求"最优化"。科学管理用甘特图作为管理的一种工具,管理科学则用从甘特图发展而来的计划评审网络作为管理的工具。当然严格讲,管理科学不是关于管理的科学,而是将科学的原理、方法和工具应用于管理的各种活动,制定出用于管理决策的数学和统计模型,并将这些模型通过电子计算机应用于管理,降低不确定性。实质上是为有效决策提供工具。管理科学在创立时也有各方面的专家参加。如有名的布莱克特小组的领导人布莱克特教授是 1 名物理学家,诺贝尔奖金获得者;小组成员中有 1 名实验物理学家,2 名数学物理学家,3 名生物学家,1 名天文物理学家,2 名数学家,1 名大地测量专家。[①] 现代管理学中的许多基本方法,如运筹学、数学规划、决策论等都是许多自然科学家通过对管理

① 参见孙耀君:《管理思想发展史》,第 474 页。

研究而发展起来的。

新古典管理理论阶段，主要研究人的情绪动机和行为，形成了形形色色的激励理论、领导理论、人群关系理论、小群体理论、组织行为理论、组织文化理论等分支理论。一大批声名远扬的研究者如梅奥、巴纳德、马斯洛、麦格雷戈、麦克利兰、阿吉里斯、卢因、赫茨伯格等等，或者是社会学家、心理学家，或者是人类学家、行为科学家，乃至精神病医生。他们携带各自学科的方法论武器，加入管理学研究的战阵，为管理学增添了社会科学气息和人文主义关怀。

现代管理阶段，把人和环境构成的系统作为管理研究的核心内容，呈现出将管理客体和管理主体二者综合起来研究的趋势。尽管以往的自然科学研究方法和社会科学研究方法，分别通过管理科学和组织行为学仍在运用和发展，但系统分析方法开始成为管理学研究方法的主流。无论是巴纳德、西蒙的现代管理论，还是稍后的战略管理理论、系统论都是其分析问题的框架和工具。

后现代管理理论阶段，还没有形成严格的、独树一帜的管理理论，但可以说区别于以往阶段的管理哲学已现端倪。现代管理阶段，得力于系统分析方法的运用，管理理论应对现实挑战的能力有所增强，但是管理所要处理的参数，有许多是难以量化和程序化的，数理分析技术在错综复杂的现实面前经常相形见绌，困窘无力。这使得人们开始从迷信工具理性的形而上学中觉醒：管理不是凝固的结构，而是流动的过程；管理没有不变的“法则”，需要的是无穷的探索；管理单靠知识和技能不行，还要靠直觉和创造。总之，相对于长青的生命之树，理论是灰色的；相对于火热的实践，理论同样也是灰色的。科学理性在实践中的碰壁，理论与现实的反差，导致了神秘主义和直觉思想的抬头，进而又催生了权变理论思潮的勃兴。当然，他们并不否定管理理论的存在，解构所有的管理理论，但否认普遍适用的管理理论存在，强调实践是管理理论创新的泉源活水，管理的精髓在于能够解决现实问题。多样化和适应性，是后现代管理的旗帜。与之相连，认知心理学关于直觉的理论和方法，后现代主义哲学反规范、反普遍、反理性的思维方式，都正成为管理学研究中的新武器。

还是黑格尔讲得好，方法“只能是在科学认识中运动着的内容的本性，同时，正是内容这种自己的反思，才建立并产生内容的规定本身”①。的确，不同的学科在提供发现新问题视角的同时，也在提供解决问题的方法论。自然科学、社会科学和思维科学的方法论，一同涌进管理学营盘，使管理学注定成为高度交叉的一门新兴学科，管理领域注定成为最富生机的学术盛产之地。

第二节　哲学方法论对管理学研究的影响

在全部方法论体系中，哲学方法论有着不同于一般科学方法论的特征。哲学方法论通过对获得真理过程的探求，对知识类别的研讨，对把握这些不同类别知识所需方法的考察，对科学与价值、审美关系的反思，提出自己认为行之有效的认识世界的方法模式。这些方法模式并不具有直接的可操作性，并不能直接运用于科学、文化的研究之中，但这些方式经过反复的论证和思考，逐渐内化为人们的方法意识，构成人们观察、思考问题的视角，最终凝结为各种不同的思维方式和思维原则，从而形成哲学层面上的方法论。也就是说，哲学方法论作为最高层次的方法论，主要是通过转化人类思维方式和

---

①　黑格尔：《逻辑学》，商务印书馆，1966年版，第4页。

确立特定思维原则而实现的。[①]

在现代西方哲学史和思想史上，曾经存在过多种方法论形态，其中不少方法论都曾对西方管理学研究产生这样或那样的影响，或者改变着管理思想史发展走向，或者制约着管理学研究的空间、对象和具体方法。其中，实证主义哲学思潮贯穿着管理学发展的全程，使管理学从总体方法论特征看，打上很强的实证主义印记。这里主要阐述实证主义思潮对管理学的影响，兼及其他哲学思潮的影响。

（一）实证主义思潮及其演进

“实证”(Postire)一词来源于拉丁文 Positirus，其原意是肯定、明确、确实。16 世纪以来的自然科学强调观察和实验，要求知识的“确实性”或“实证性”，与空洞、荒诞的中世纪经院哲学形成鲜明的对立。因此，当时有人称实验的自然科学为“实证科学”，并称 16 世纪以来推崇实验反对经院哲学的时代为“实证的时代”。实证主义哲学的创始人是法国思想家孔德，他的名言是科学即实证，认为科学的特征在于得到经验事实的实证。“除了以观察到的事实为依据的知识以外，没有任何真实的知识。”[②]马赫进一步断言，只有感觉经验是可靠的，科学就是对感觉经验的描述和整理，必须从科学中排除掉一切得不到经验证实的“形而上学”。逻辑实证主义承继和发展了这种观点，把可证实性原理作为纲领和核心。持这种观点的学者认为，只有可能得到经验证实的命题，才是科学的、有意义的命题，否则便是无意义的废话。经验科学的任务是对

---

① 陈嘉明:《当代西方哲学方法论与社会科学》，厦门大学出版社，1991 年版，第 1 页。

② 转引自洪谦主编:《西方现代资产阶级哲学论著选辑》，商务印书馆，1964 年版，第 27 页。

观察和实验中所获得的经验事实作逻辑系统化和简明化的陈述,科学就是经验事实逻辑系统化的语言系统或命题系统。从实证主义到经验批判主义再到逻辑实证主义,尽管前后思想观点有所变化,代表人物之间观点也有这样或那样的分歧,但基本思想是清楚、明确的,也是一以贯之的。证实原则,始终是实证主义方法论的基本原则。这一原则坚持一切科学知识必须建立在来自观察和实验的经验事实的基础上,经验是知识的唯一来源与基础;主张哲学、认识和思维只能以可观察的事实或现象为对象,通过归纳的方法探索事实、现象或经验的意义及其之间的关系;强调只有这样的方法才是真正的科学方法和发现真理的方法。可以讲,实证主义方法论倡导实用、实在的知识,拒斥形而上学,不仅对 20 世纪哲学发展有深刻的意义,同时,又对科学研究起到了引航导向的作用。

但是,实证主义方法论反对任何形而上学的哲学思辨或研究路线,强调科学应该是也只能是经验事实或经验现象的描述,科学的任务不是揭示事物的本质或规律,而是再现真实的研究对象。循着这样的思路,社会科学研究必然是零散的,因为包摄于经验世界中的研究对象始终是各种具体的和可实证或可检验的具体对象,这样,社会科学的发现和知识的增加无疑将会呈现过度繁复甚至支离破碎的格局。实证主义方法论放弃事实、现象、经验背后的原因、本质、规律的探索,这一缺陷不仅导致实证主义方法论容易流于表层化乃至肤浅,同时也与实证主义的实证精神方枘圆凿。事实上,管理学在很长一段发展时间内,停留于简单的管理经验的收集与描述,满足于管理外在现象表面的联系,而不是内在关系的揭示,是与实证主义过于强调知识的经验基础,把经验作为科学的最终根据分不开的。

（二）实证主义对管理学研究的影响

实证主义作为一种哲学思潮，对管理学的产生和发展产生了深远的影响，既表现在对管理实践者科学精神的启蒙，又表现在对管理研究者思维方式和理论建构的帮助。

（1）实证主义从科学观上对管理学产生了影响。实证主义运动兴起的动因，是对形而上学虚妄的纠偏。在《实证哲学教程》的"导论"中，孔德声称发现了人类理智发展的一条伟大的基本的法则："我们的每一种主要的观念、每一个知识的分支，都依次经过三种不同的理论状态：神学的或虚构的状态；形而上学或抽象的状态；科学的或实证的状态。"①与这三种状态相对应的是三种不同的哲学思考方法，即"神学方法"、"形而上学的方法"和"实证的方法"。在神学状态和形而上学状态中，人类理智走偏了方向，探讨无意义、也不可能有结果的绝对知识，形成了形而上学的迷雾。在实证状态中，人类的理性已经得到充分的发展，承认绝对知识是不可获得的，不再探求宇宙的起源和目的，而是力图去发展现象中的不变的先后关系和相似关系，而"推理和观察的密切结合则是获得这种知识的方式"②。孔德还指出，在他所处的时代，首先是天文、地理，然后是化学、生物已进入实证阶段。这些学科应该成为尚处在形而上学阶段学科进化的示范。总之，实证哲学摈弃任何神学的和形而上学的玄思，强调向科学讨教，用科学的精神和方法改造传统哲学和其他尚处在形而上学阶段的学科。实证哲学发出的这种科学就是一切、奉科学为主臬的时代最强音，笼罩着管理学诞生前夜的天空。

首先，实证主义把科学作为人类合理认识和论述的准则。

①、② 转引自俞吾金：《问题域外的问题》，上海人民出版社，1988年版，第59页、第60页。

当然，他们承认还有其他论述形式，但是科学是衡量其他论述是否有意义的标准。我国学者江天骥先生曾对此作过较为精辟的概括：在实证主义看来，科学是唯一的知识、永恒的真理。伦理的、美学的和神学的思想都将被科学所排除；科学知识的确定性在于它以主体中的明白清晰的观念为基础；自然科学之所以是客观实在的正确表象，是由于科学方法的应用，它成了一切知识的标准和范例；科学是文化中最有价值的部分。[①] 显然，实证主义的主旨就是统一科学，使之都具有自然科学如天文学、物理学、化学、生物学等已经获得的"精确性"和"确实性"。孔德认为，一切科学都必须是在被观察到的事实基础上发展而来的，不仅自然科学应从属于观察和事实，社会科学也必须如此。只有当社会科学以观察和事实为基础，把社会现象作为自然现象对待，并按照真正的自然规律加以把握时，它才能成为一门关于人类社会的真正的实证科学，才能跻身科学的行列。泰罗的科学管理建立在三大实验的基础上(搬运铁块、铁砂和煤炭的铲掘实验和金属切削实验)，毋庸多说，人际关系-行为科学，固然有很强的社会学、心理学背景，但理论建构模式仍然是以实验为主体的实证方式，至于热衷于数理统计方式的现代管理科学，其自然科学的色彩更不待言。

其次，实证主义所倡导的一系列基本原则也为各学科研究提供了指导。例如决定论，启发人们每一事件都有原因，事件与原因的因果关系是可以被发现的，科学家的任务就是发现这些因果关系定律或事物的规律，用以解释周围世界的现象，从而给人以预测和控制外部世界的稳固的基础。经验论原则秉持可靠的知识只能源于经验的理念，理论或假设的可靠程度只能依靠经验证据的证实程度。还有一般原则，提出

---

① 转引自孙正聿:《哲学通论》,第 367 页。

科学研究的结果应当是普遍适用的。在科学研究中，概念、变量、命题和格式是共同的要素。理论是由概念组成的，概念的联结构成理论，说明概念所指称的事件的联系方式，解释事件如何以及为何发生相互联系。理论陈述的组合，构成理论格式。

很显然，实证主义哲学思潮，不仅为管理学诞生从知识观上提供了价值导向，而且从研究原则、研究方法乃至成熟的学科范例等方面提供了指导。可以形象地说，管理学是在较为严格的自然科学搭设的轨道上徐徐前行的。

(2) 实证主义从思维方式上对管理学产生了影响。孔德整体性的方法论主要来源于生物学。生物学分析问题不像化学和物理学那样从孤立的元素开始，而是从有机整体开始。孔德受此影响，使实证主义的方法论呈现出很强的整体性原则取向。他认为，科学不应仅仅满足于解析性的层次，而要追求综合性的境界。“整体先于局部”、“综合先于分析”，研究要从整体出发，从整体的有机性出发。只有在统一中才能认识社会现象。如果把社会的各个部分分开研究，就不是一种科学的研究。很显然，管理过程学派的研究，就明显地受到整体主义方法论的影响。法约尔、穆尼、厄威克和古利克等都把管理过程看作是浑然一体的过程。该学派在提出管理职能假说的基础上对管理进行剖析，提出管理学的基本概念和基本原则。以法约尔为例，他的管理思想主要体现在三个方面：管理是一种普遍的方法；管理与组织的领导者有关；管理基于系统的概念。他先将企业的全部活动分为六项：技术活动、商业活动、财务活动、安全活动、会计活动和管理活动；然后又将其中的“管理活动”分解为五大职能，即计划、组织、指挥、协调和控制；并进一步提出著名的“法约尔管理原则十四条”。普遍主义学派的后来者厄威克等人虽然对上述原理作了增加和补充，但其学术研究的致思模式一以贯之。管理学研究从思维模式讲主要有两大类：一类是着眼于过程展开逻辑思路，另一类是以提出问题展开研究。时至今日，绝大多数管理学教科书，仍然主要以法约尔提出的职能说为基本论述框架。

(3) 实证主义思潮还从学术规范上对管理学研究产生了影响。实证主义哲学的聚焦点是对科学的认识论和方法论的研究。具体讲主要探讨科学的性质、科学与非科学的分界；科学发现和证明的逻辑；科学概念和理论的提出、检验和评价；科学理论的结构、解释和更替；科学思维的形式、要素和特点等论题。这些思考对管理学的健康开展起到了很大作用。其中，实证主义关于理论构造的程序，更是对管理学的研究起到直接的指导作用。比如，人际关系理论的提出，就充分体现了根据实验情况提出假设，构造理论体系，并以经验证据去检验和改造理论这一理论建构的程序。科学管理理论的假设是理性经济人，认为人既是理性的动物，也是经济的动物，理性的动物决定着人们的行为会最大限度地趋利避害；经济动物决定着人们的行为受物质奖惩的制约。古典管理理论都是建立在理性经济人这一假设基础上的。而霍桑试验反映的情况不是这样，早期的"照明试验"和"工资报酬与调整工休时间的试验"表明，工作条件和经济报酬不是影响职工劳动积极性的主要因素；后期"工作气氛试验"和"访谈计划试验"表明，职工的满意程度才是工作积极性和劳动效率提高的决定因素。继电器装备室的实验表明，尽管工资和休息时间等作业条件发生了变化，但生产效率仍然继续提高。这种现象只有根据把组织中的人不是作为"经济人"而是作为"社会人"这种新的假设，才能得到解释。也就是说企业中的人，不仅要求在社会上寻求收入的源泉，而且作为人，他还需要得到友谊、安定和归宿感。人际关系理论根据霍桑试验的结果，提出了"社会人"这种组织中人性的新假设，并且采用了情绪和非正式组织等新的概念，从而为管理论的发展开辟了新的方向。后来阿吉

里斯提出新的人群关系理论，也是因为新的实验提出了反证。针对初期人群关系理论关于组织中的个人行为最受非正式组织影响的论点，阿吉里斯通过实验指出，非正式组织未必经常对每个人的行为产生有规律的影响。他说，在精神上成长起来的个人所要求的是独立性，并有自我开发的强烈愿望；正是那些自我开发的愿望得不到满足的职工，才形成了非正式组织，他们起的作用是限制产量的增加。①

（三）其他哲学思潮对管理学的影响

除上述哲学思潮对管理学产生影响外，其他哲学思潮也对管理学产生了影响，其中主要有如下三大思潮。

（1）人本主义哲学思潮　其对管理学研究的影响，主要体现在研究范式的影响。按照科学哲学家库恩的观点，范式是科学共同体的共同信念，库恩认为，“范式”并不是科学家们共同认识世界的结果，即它并不是认识论意义上的知识体系，而仅是科学家集团的共同信念。他认为，在一定历史时期，科学家集团的成员们由于接受共同的教育和训练，以共同的基本理论、基本观点和基本方法取得了相当的成就，从而在心理上产生了一种共同的信念，认为这种基本理论、观点和方法是该学科解决一切疑难的钥匙（模式和框架），从而形成该学科的范式。在现代哲学中，“人本主义”作为与“科学主义”相对的哲学思潮，以人的本质、价值、地位等为研究重心，倡导人的价值和尊严，把人看作是万物的尺度。其流风所及，影响到20世纪众多的社会科学学科，并一度成为其看待问题、思考问题的主导价值范式。

20世纪的欧洲大陆哲学，改变了主要以数学、物理学等自然科学知识为对象的研究方式，日益显著地以人及其关于

① 占部都美：《现代管理论》，第129页。

人的人文学科为对象，从而形成了与英美占主导地位的“分析哲学”相抗衡的哲学思潮，即“反科学主义”的哲学思潮。

这种“反科学主义”的“人本主义”思潮，反对把自然科学视为一切文化样式的典范，反对把自然科学的理论和方法供在哲学祭台的中央，要求对“科学”本身的种种预设前提进行批判性反思。特别是在“语言转向”中，欧洲大陆的人本主义哲学反对“科学主义”地对待语言，即反对单纯地强调语言的逻辑性，反对分析哲学把对语言的哲学思考仅仅诉诸于概念的确定性、表达的明晰性和意义的可证实性，而要求对语言的“人本主义”进行思考，最突出的表现是法兰克福学派的社会批判理论和萨特的存在主义哲学。

第二次世界大战以后，科学技术的发展加深了西方资本主义世界固有的各种矛盾，各种经济危机、社会危机、精神危机加剧，社会异化现象严重，法兰克福学派的社会批判理论应运而生。“批判理论”所持有的观点是人本主义的观点，它重视人，关心人，把人看作是全部历史生活方式的生产者。其开创者霍克海默尔与阿道尔诺在他们合著的《启蒙的辩证法》一书中指出：随着现代科学技术的发展，不是人类的幸福和进步的增长，而是统治者对被统治者的统治力量的增长，以及对人性的压制和异化的增长。因此，他们断言：“恐怖是和文明分不开的”，“文化的发展是在绞刑者的记号下发生的”①，等等。他们认为，现代资本主义的生产取消了人们在本质上的差别，人们不仅在劳动职能上而且在需要和思想习惯方面都被单一而广加宣扬的文明划一了。自由、自发性越来越少，人们被“降低为单纯的原子”。文明与工业毁灭了个性和自由，过度提高的物质生产，失去了本来作为一种手段的意义而成为绝

① 参见夏基松：《现代西方哲学教程》，上海人民出版社，1985年版，第377～378页。

对的目的了。因此，他们断言人在本质上被贬低了。法兰克福学派另一位主将弗洛姆断言，随着人类文化从原始社会，经过中世纪到资本主义社会的发展，人获得了“自由”，但这是一种“消极的”、“可怕的”自由，因为冷酷的自由竞争引起了人们的“孤寂”和“恐怖”等“不安全感”。他写道：“某些强大的超人力量如资本和市场，开始对人产生威胁。因为每一个人对它都变成了潜在的竞争者。他同别人的关系变成冷漠无情和彼此敌对的了。因而这种新的自由是同一种犹豫、软弱、怀疑、孤寂和恐怖的情感紧密地联系在一起的。”“我们确认人首先是一种社会生物，不是如弗洛伊德假定的那样，人首先是自由的。其次是每个人需要别人来满足他本能的需要。”为此，他提出要建立人本主义的社会主义。而马尔库塞认为，在高度的物质和技术发展的发达工业社会中，人在物质和技术的压制下已变成只求物质，不求精神；只顾现实，不讲未来；只按技术合理性行动，而没有批判性和创造性的“单面人”了；社会也变成了“没有反对思想”，“没有反对派”的“单面社会”了。他认为，这就是“当代人的全面的异化”。为此，他提倡解除人的心理压制的“生物学的革命”或“心理学的革命”①。以萨特为代表的人本主义的存在主义，其所凸显的是人的存在与其他一切存在的区别，并从而把人的存在作为哲学理解的真正对象。存在主义认为：人以外的一切存在，都是“本质先于存在”，即某种特定的物种的本质预先地规定了该物种的每个个体的存在；与此相反，人的存在则是“存在先于本质”，即人在自身的存在过程中构成自己的本质，人是一种不断地超越自己先前之所是的存在。显然，萨特是从人的“存在”出发去理解人的价值和尊严的，从“存在先于本质”这个观点出发，他认为人的本质是自我选择决定的，这样他就把人与物截然区分

① 参见夏基松：《现代西方哲学教程》，第384～385页。

开来了，从而才真正肯定了人的价值和尊严。

从早期人群关系理论研究职工的情绪动机，强调“好好对待员工”，到行为科学研究组织行为规律，再到新人群关系理论研究人的深层心理需要，强调“好好利用人力资源”，直到知识管理强调通过制度安排和方法创新，加强对人的创造力培育，可以讲人本主义与管理学相伴相随，不同的历史阶段，人本主义有不同的重心，管理学也有相应的反映。人本主义思潮对管理理论的渗透和影响是非常清晰的。

(2) 后现代主义哲学思潮　恰如有学者所指出：“后现代哲学所讲的‘后现代’主要不是指‘时代化’意义上的一个历史时期，而是指一种思维方式。”[①]更具体地说就是对“现代主义”的态度。针对西方哲学中由来已久的一系列哲学传统和主流思潮，诸如中心主义、基础主义、本质主义、理性主义、根源主义、结构主义等思潮，后现代主义将中心、基础、本质、根源、结构等统统作为消解和颠覆的对象，反表象主义、反本质主义、反中心主义、反根源主义和反基础主义，构成了“消解”的基本对象。我国学者孙正聿教授对此作过精辟的概括：“所谓‘反表象主义’，就是消解主体与客体的认识的二元对立，也就是消解哲学所追求的‘思想客观性’。反本质主义，就是消解现象与本质的逻辑二元对立，亦即消解哲学所追求的超验的‘本体’；所谓反中心主义，就是消解中心与边缘的结构二元对立，亦即消解哲学所追求的‘全体的自由性’；所谓反根源主义，就是消解本源与派生的历史二元对立，亦即消解哲学所追求的‘发展的规律性’；所谓反基础主义，就是消解深层与表层的文化二元对立，亦即消解‘知识分类表’或‘自然等级秩序’对哲学的‘诱惑’。”究其实质，“后现代主义”对“哲学”的“消

① 王治河：《扑朔迷离的游戏——后现代哲学思潮的研究》，社会科学文献出版社，1998年版，第4页。

解”，就是消解普遍对个别的规范，现实对根源的依赖，必然对偶然的支配，规律对创造的制约，统一对选择的排斥，伟大对平凡的蔑视，等等。重构甚至是倒置普遍与个别、现实与根源、必然与偶然、规律与创造、统一与选择、伟大与平凡的关系。①

后现代主义哲学思潮中尤以费耶阿本德的多元主义方法论对20世纪后期管理学发展产生了深刻的影响。权变理论可以说是这种思潮在管理学中的直接反映。费耶阿本德在其名噪一时的《反对方法》一书中，反对那些不以时间和地点为转移的、放之四海而皆准的所谓“普遍的”标准、规则和观念，明确指出，“关于存在一种固定的方法，存在着一种固定的理性理论的思想，显然是以一种对人及其社会环境的过分天真的看法为基础的。对于那些考察由历史所提供的丰富材料的人，对于那些无意于以使这些材料变得空泛为代价来取悦自己的低下本能并满足对理智确定性、明确性、严格性与‘真实性’的追求欲望的人来说，可以在所有情况下，在人类发展的所有阶段得到维护的，显然只有一个原则，这个原则就是：什么都行(anything goes)。”②需要指出的是，他不是反对所有的方法，他是提醒人们“所有的方法论，即使是最显著的方法论，也存在着自身的限度”③。因为科学史的事实证明，没有任何一种方法论原则不在此时此地或彼时彼地遭到违反和否弃。与传统一元的唯我独尊的方法论原则相反，费耶阿本德的多元主义方法论允许采用一切方法，容纳一切思想，反对传统方法论原则的唯一性、普遍性，反对传统方法论对其他方法的排斥和打击，并认为非方法较之传统所推崇的理性的、科学

① 参见孙正聿：《哲学通论》，第423页。

②、③ 转引自王治河：《扑朔迷离的游戏——后现代哲学思潮的研究》，第234～235页、第237页。

的方法更有成功的机会。费耶阿本德运用科学的史实证明，不存在什么纯粹理性的“科学方法”，也不存在任何一种单一的规则或方法能够构成一切研究的基础，并保证它是科学的、可靠的。用他的话就是，“任何方案、理论、程序都必须按照它自己的优劣，根据适应于它所应付的那些过程的标准予以判定”①。

可见，费耶阿本德虽然拒斥一切固定的、普遍的方法论原则，但并无意取消所有规则、标准和方法论，而是旨在将一切规则、标准和方法论都统统容纳进来。其最终目的则是增进自由，使人的个性得到充分自由的发展，使人过上一种真正丰富多彩的生活。他的结论是：“现实的科学比人们所料想的更接近多元论。”②如果我们要了解自然，如果我们要掌握我们的物理环境，那么，我们必须运用一切观点，一切方法。因为只有方法上的多元论才能“导致真理”。

从洛希等人的权变理论可知，其主要观点是管理无固定模式，没有对任何组织都有用的普适的管理理论。针对麦格雷戈“y”理论的偏失，在大量实验和分析比较的基础上，提出管理的指导思想和管理方式要视工作性质、环境特点、成员素质等不同情况而定，不能一概而论。把权变理论视为“无政府主义方法论”在管理学领域中的活的范本，并无任何牵强之处。

(3) 文化人类学思潮　人类学是“研究人类的科学”，研究的范围包括人本身及其所创造的文化。文化人类学则侧重研究人类的社会属性，是企业文化理论的母体思想资源，主要从两个方面催生了企业文化理论。

其一，文化模式理论的影响。罗思·本尼迪克特在《文化

①、②　转引自王治河：《扑朔迷离的游戏——后现代哲学思潮的研究》，第248页。

模式》一书中提出，每一个民族都有自己独特的文化，这种文化犹如一个人的思想和行为模式，多少具有一致性；每一种文化内部又都有其特殊的目标，而这种目标是其他别的社会所没有的，所以，不同的社会有不同的文化模式。同时她还指出，这种文化模式是由民族潜意识造成的，并且任何民族都有这种潜意识。也就是说，生活方式、行为方式的背后，起决定作用的是价值观念和思维方式。关于文化模式的研究思路，直接启发了美国管理学界对管理进行跨文化研究。凑巧的是，二战结束时，本尼迪克特曾以文化人类学家的身份前往日本进行文化考察，就美国政府战后对日本采取何种管理模式提供决策依据。作为其研究成果结晶的《菊与刀》，成为文化人类学的名著。跨文化比较研究的方法论也风靡一时，产生了广泛影响。二战后，战败国日本迅速崛起，高速增长，20 世纪 60 年代成为实现工业化的第一个非西方国家，70 年代在石油危机中战败欧美诸国，一枝独秀，创造了令人刮目相看的经济奇迹。相反，美国在商战中，面对日本的凌厉攻势，节节败退，陷入了所谓“滞胀”的泥淖中，这很自然促使美国经济学家和管理学家对美日经济盛衰倒置的结果进行沉思，并且很快进入到差异背后深层原因的探究。从哈佛大学伏格尔教授的《日本名列第一》揭开比较研究的序幕，到《日本企业管理艺术》、《Z 理论》、《未来的企业》、《公司文化》，直至“卓越三部曲”(《追求卓越》、《追求卓越的管理》和《创造卓越》)，掀起了比较研究的高潮。其间经历了由最初警醒美国管理落伍到褒扬日本企业文化特色，再到反思美国文化的缺失，研究不断深入。而《公司文化》、《美国企业精神》等著作已经在具体探讨美国企业到底需要确立和弘扬什么样的价值观念和企业精神，拯救美国经济。

其二，文化功能理论的影响。马林诺夫斯基认为，文化的价值“都是直接的或间接的满足人类的需要”；一切文化要素

“都是活动着，发生作用，而且是有效的”；“文化历程是具有一定法则的，这法则是在文化要素的功能中”。因此，在他看来，“人类学的重要工作就在研究文化的功能”①。马林诺夫斯基把各种功能划分为两种：一种是满足于人们生物性需要，如食物可察味，音乐可以充声，绘画可以视色；第二种是满足于社会调适，一切的社会制度、礼仪、风俗以及道德、法律、教育等等都具有这种功能。

后人沿此思路进一步深化研究，一般认为，文化概念具有狭义和广义两重含义。狭义的文化是指以社会意识形态为主要内容的观念体系，是由政治思想、道德、艺术、宗教、哲学等意识形态所构成的领域。广义的文化是以各种各样民族的、区域的、世界的文化形态出现的，它的本质含义是自然的人化，是人和社会的存在方式，它映现着在历史发展过程中人类的物质和精神力量所达到的程度、方式和成果。从最一般的意义上，可以把文化分为物质文化、行为文化和精神文化三种类型。在文化结构中，精神文化处于核心地位，它体现着文化主体的价值取向，是把这一文化形态与其他文化形态区别开来的依据。精神文化是人类的文化心态和精神活动的对象化，包括人们的文化心理和社会意识诸形式。精神文化的地位决定其具有信息功能、教化功能、促进功能以及认识功能。其中文化的教化、培育和塑造人的功能，受到企业管理者的重视，并在企业的管理实践中得到运用。此后又经过管理学家们的观察、概括和提升，形成企业文化理论。

综上可知，企业文化理论的精髓在于对企业价值观念的管理。在静态层次确立适应本国、本行业、本企业特点的价值取向；动态层次则是把先进的文化观念在企业灌输推行，使之成为企业共同奉行的价值规范。而伴随世界经济一体化浪潮

① 参见马林诺斯夫基：《文化论》，商务印书馆，1945 年版，第 13 页。

腾涌，跨国公司“全球化决策、本土化执行”战略的实施，企业文化理论一时成为管理王国中的新贵。

第三节 科学方法论对管理学研究的影响

科学方法是认识自然和社会、获得科学知识的程序或过程。它既意谓特定的科学门类所使用的科学研究的程序、途径、手段、技巧或模式，通常在步骤上是比较系统的、有序的、合乎逻辑的和有效的排列；又意谓处理科学探究的原则和技巧的学科，大体相当于“科学方法论”。科学方法种类繁多，既有适合科学各个部门的普适方法，各门科学也有各自的特殊方法，甚至还有一些专门性的技巧。但从总体上看，科学方法对管理学研究产生重大影响的主要有这么几种。

1. 实验方法 所谓实验，是指人们根据研究课题的需要，利用专门的仪器和设备，对研究对象进行积极的干预，人为地变革、控制或模拟研究对象，以便在最有利的条件下对其进行观察，从而获得经验事实的一种方法。任何实验都有三条基本要素：实验者、实验装置和实验对象，且不同的实验要素有各自的特征。社会科学中的实验一般包括实验室实验、区域实验和自然实验，主要以区域实验为主。区域实验是在实际的社会环境中进行的，这种方法的特点是，实验对象是在实际环境中活动，很少有人为因素的影响，通常区域实验要比实验室周期长。区域实验的主要问题是缺少控制，实验对象可能在实验环境中产生一些不期望有的变化，对所进行的实验产生干扰和影响。①

实验方法一直是最基本的研究方法。在管理学的萌芽阶

---

① 参见陈波：《社会科学方法论》，168页～169页。

段，实验方法就已为许多研究者使用。威廉·杰文斯研究的重心是工人疲劳与劳动强度的关系。通过大量实验，在《政治经济学理论》一书中，他详细地描述了工人在用铲子劳动的过程中，铲子的大小、铲土的软硬与工人疲劳的关系。科学管理运动在某种程度上可以讲就是科学实验的产物。首先“搬运铁块”、“煤块铲掘”和“金属切削”三大实验奠定了泰罗制的基础。为了解决合理的工作量问题，泰罗在贝瑟利恩钢铁公司进行了著名的“搬运铁块试验”和“铁锹试验”。他通过对熟练工人劳动过程的细心观察，归纳出一套去除了“错误的”、“缓慢的”和“无用的”动作的、用最短时间完成每项工作的“最优工作方法”。然后通过用秒表测定每一必要动作所需时间和“合理”休息时间的办法，制定出合理的工作定额。泰罗在系统地进行动作研究和时间研究的过程中，还进行了工具“合理”化的研究。在“铁锹试验”中，泰罗发现用同一把铁锹铲不同的物品是不合理的。比如工人铲煤屑时，每锹负量 3.5 磅，而铲铁矿石时，每锹负量为 38 磅。他通过安排一流铲工进行的试验确定，每一锹的合理负量应为 21 磅。为使每锹负量大体上都不少于或多于这一标准，他提出应准备 10～15 种大小规格不同的铁锹。铁矿石属于重型物料，铲掘时以小锹为宜；煤屑在铲掘时容易滑动，属于最轻型物料，以大锹为宜。

至于“金属切削”实验，其科学实验的性质更为典型。实验初期，泰罗已经具备了金属切削技能和知识。在他看来，金属切削效率应该远比当时的实际效率高。因此，他决定花费 6 个月时间解决这一问题。实验的步骤是：其一，确定何种刀具、何种速度能够取得最大的金属切削效率；其二，确定何种变量影响金属切削效率。在诸多变量中，泰罗选择了 12 种变量，其中重要的变量包括金属的成分、工件的直径、切削的深度、进刀量等。实验过程非常复杂，原计划的 6 个月时间根本无法完成，最后实验延长至 26 年，耗费 80 万吨钢材，并且得

到许多学者的帮助，最后才取得成功。实验的最大收获是高速钢材的发明和切削效率的提高。[①]

类似的研究还有吉尔布雷思夫妇对于工作过程中的动作分析，疲劳研究；管理学历史上最著名的霍桑试验；等等。它们都体现着科学实验的一般特点，即实验过程遵循特定的程序，具有可证实性和可重复性；保证实验具有客观的和可量度的指标。同时，按照一定的科学原理指导实验，在多次实验的基础上，综合分析多种变量，揭示变量之间的逻辑因果关系，最终提出适用于一般工作领域的改进工作的方式。在管理学的发展中，实验的方法不仅成为管理学知识发现的源泉，也是管理学理论验证的依据。正是科学实验为管理学提供了坚实的科学基础，管理学在实践的呼唤下快速发展。

2. 观察方法　所谓观察，就是人们通过感觉器官或借助于科学仪器有目的、有计划地观察和描述研究对象的方法。一般来说，观察主要指视力或视觉的资料搜集，但它也可包括经其他感官如听觉、触觉、嗅觉的资料搜集。观察是获得有关现实世界信息的最基本的方法。现代社会科学研究仍有赖于观察。马克斯·韦伯曾指出，从某种意义上说，所有的社会研究始于观察且终止于观察，无论从什么地方开始对任何一个社会机构之研究，其必不可少的一个部分便是细致与长期的个体观察。通过这种观察，研究者能获得很多材料，并以此来清晰自己的观点与思想，修正自己先前的某些临时分类，检验某些试探性的假设。与自然科学中的观察相比，社会科学中的观察研究具有一系列不同的性质和特点。根据不同的标准，可以把观察分为不同的类型，我们这里主要讨论下述三组：参与性观察和非参与性观察；结构式观察和非结构式观察；直接观察和间接观察。这几种观察方法在管理学的研究

① 参见泰罗：《科学管理原理》，第203～208页。

中都得到了运用。

需要指出的是，实验的方法和观察的方法经常结合起来使用，观察往往是实验的先前环节。前面所说泰罗的“三大实验”中，其中“搬运铁块”、“煤块铲掘”这两项实验，就运用了科学研究中的观察方法。在管理学中最典型的、最著名的观察方法应用，是明茨伯格对经理行为的长期观察，在大量观察的基础上，他提出名噪一时的经理角色理论。他指出，一个人如果考察一下自20世纪50年代以来零星出现的实际调研报告，然而再亲自跟管理者呆上一段时间，留心观察一下，就不难看到，管理者们整天处理多种多样的事务，如开会、打电话、签字、会见等等，内容十分繁杂，从事的根本不是理论上所讲的计划、协调、组织、控制等工作。他通过长时间与公司经理密切接触，观察他们的工作情况，描绘了高层经理从事管理工作的6个特征。

(1) 管理者连续处理大量事务。明茨伯格实际考察的5个人，平均每人每天处理36封信函，参加8个会议(其中一半是预定的)，通电话5次，巡察一次。总经理的下班时间有很大一部分用在与工作有关的阅读上，一般高级管理者也摆脱不了与工作有关的事务。

(2) 管理活动零碎、短暂、多变。明茨伯格发现，他考察的所有管理活动，有半数只花了不足9分钟，只有10%的活动超过1小时。总经理喜欢短时间的活动，并且对于受到打扰毫不介意。无论他正在干什么事情，他都不得不在必做和可做之间作出选择。因此，他便采取了一种突击式的、蜻蜓点水式的办事方式。

(3) 管理者喜欢处理眼前的、具体的问题。在管理者的眼里，特别报告比日常报告更受重视，眼前的、不确定的信息比过去的、确定的信息更受重视；紧急通报最优先。管理者同他人接触，很少是为了一桩日常事务，几乎总是为了解决很具体的问题。

(4) 管理者处于组织和联系网之间。对管理者时间分配情况的观察表明,管理者用于信息沟通的时间多得惊人。管理者从这张网中获得的信息,远比他向别人提供的信息要多。管理者有时直接获取信息,有时则通过其秘书(信息筛选者)。

(5) 管理者很喜欢口头联络方式。管理中有 5 种信息沟通媒介:文件(信函)、电话(纯粹口头的方式)、临时碰头会(非正式的面对面接触)、预定会议(正式的面对面接触)和巡察(观察)。其中,口头方式是管理者最喜欢的,也是最常见的。管理者利用所有的信息沟通媒介,但最喜欢灵活的、省事的、立即得到反应的方式。

(6) 管理者能够支配自己的事务。管理者似乎是受人操纵的人。他们回答别人提出的问题,批复信函,参加别人主办的会议,听下级的汇报,应付突发事变,等等。但是,他们也能够支配自己的事务。一是他们有权规定长远任务,二是他们在一定的问题面前可以主动决策。据此观察:明茨伯格提出了管理工作的要素。管理者的三种角色是:① 人事角色(名义首脑、联络官和领导者),② 信息角色(神经中心、信息传播者、讲演家),③ 决策角色(实业家、解决难题者、资源分配者、谈判者)。①

无独有偶,哈佛商学院教授约翰·科特花了两年时间对"一般管理者"进行实际考察,观察时间计 500 多小时。观察后,他在其所著的《一般管理者》中,对负责全面工作的管理者做了如下刻画:(1) 大多数工作时间用于同别人交谈,仅用 24%的时间单独工作;(2) 交往范围不限于直接的上下级;(3) 谈话、讨论和研究的内容非常繁杂;(4) 在谈话当中常常

① 参见明茨伯格:《经理工作的性质》,团结出版社,1999 年版,第 89～154 页。

提出许多问题，例如某人有一次在半小时谈话中提出了上百个问题；(5) 谈话当中一般不做“大”的决定；(6) 讨论过程中往往夹杂一些笑料，讲一些与工作无关的话题；(7) 讨论的问题一般不是很重要；(8) 谈话当中没有“官架子”；(9) 总是试图影响别人；(10) 在时间安排上是被动的；(11) 大部分时间用于片断的短时间交谈；(12) 工作时间长。此外，科特还描绘了管理者的性格、生活情趣、家庭状况等等。科特认为，从他的实际考察上看，“管理行为中的共同要素”有四点：即计划-制订议事日程；联络-建立信息沟通网络；影响-使用信息沟通网络；决策-执行议事日程。

值得注意的是，明茨伯格和科特通过实际考察得出来的结论同现代组织理论的基本观点相当吻合。管理者的角色，很大程度上是信息处理者、信息传递者和决策者。①

3. 调查方法　管理学所研究的一般管理理论，需要从大量个别的管理实践活动中加以总结和抽象。这就需要研究者进行大量的调查。但是，这种大量的调查，并不是全部的调查，而只能是选择、搜集一些管理活动中典型的案例进行调查分析。

科学管理的先驱查尔斯·巴贝奇的研究较早地运用了案例调查研究的方法，在 1832 年出版的《论机器和制造业的节约》一书的前言中曾有涉及。他说：“我在过去的 10 年中曾被吸引去访问英国和欧洲大陆的许多工厂和工场，以便熟悉其机械工艺。在这过程中，我不由自主地把我在其他研究中自然形成的各种一般化原则应用到这些工厂和工场中去。”②巴贝奇通过科学研究归纳企业管理的一般原则，前提就是通过严谨的调查而获得数据，通过分析数据提炼一般原则，并运用

① 参见杨砾：《当代西方管理学》，第 342 页。

② 转引自孙耀君：《管理思想发展史》，第 44 页。

于企业管理。为此，他通过运用科学的方法，调查生产过程，内容包括生产原料、正常耗费、工具磨损、产品价格、最终市场、工人工资、工人技术、工作周期、作业频率、投资效率、原料供应等，提炼出了一系列管理原则。

而法约尔则明确把调查研究作为管理学理论原则形成的基本途径。他在1925年出版的《法国社会年鉴》上曾发表过如何才能做好管理工作的观点。“最好的办法是对我所说的管理机器作一研究……它必须包含：调查、计划、报告和统计资料，会议记录，还有组织图表……调查是关系到每项事业和事业的每一部分的工作。它必须说明目前、过去和大致的将来情况”①。显然，他是对做好管理工作而言的，同时未尝不是对管理知识形成而言的。

在管理学诞生以来的100年间，可以讲案例调查一直是管理学理论形成的主要渠道之一。卡尔森采用问卷法调查了10名瑞典经理的工作情况，于1951年发表了《经理的行为》。古德纳对半农业地区的一家小型石膏厂进行了实地调查，于1955年发表了《自发罢工》一书。罗奇调查了245名办公室负责人的工作情况，在1956年撰写了有关论文。马丁采用问卷法调查了美国一家大公司各级管理者的工作，于1956年发表了《工厂管理中的不同决策》。伯恩斯考察了6家苏格兰中型企业的76个管理者，让他们做3～5周的自我记录（有关工作活动的日记），经整理、分析后，于1957年发表了《行动中的管理》。达尔顿在美国的4家企业工作期间，花了10年工夫调查管理活动，于1959年发表了《管理者》。汉费尔用问卷法调查了5家美国大企业的93个经理人员，于1959年发表了《经理人员的工作描述》。与此同期，凯利调查了74个管理者，分析了他们自述的691件“关键活动”；威廉斯用同样方法

① 法约尔：《工业管理与一般管理》（英文本序），第8～9页。

研究了 742 位管理者自述的3 500件活动。

进入 20 世纪 60 年代以来，这方面的研究依然不少。例如：科普曼等人用“时间调查表”收集了英国 58 个经理人员的工作材料，1963 年发表了《经理人员如何支配其时间》。布利沃等人对英国 6 家企业的高级管理人员作了调查，1964 年发表了《管理者的工作日》。杜宾等人考察了美国 5 个公司的 8 名经理人员的活动，1964 年发表了《经理行为与相互作用》。凯利研究了苏格兰一家公司的管理活动，于 1964 年发表了《采用活动抽样法研究经理行为》；同年，塞利斯发表了有名的《管理的行为》一书。霍尼等人在研究英国 66 名中级管理者的自我记录基础上，1965 年发表了《中级管理者的工作》。菲西基于上述汉费尔的研究，进一步调查了英国 96 位管理者的活动，1972 年发表了《中级管理者的活动》。切尔德等人采用问卷法考察了英国 787 名管理者的工作情况，1973 年发表了《管理角色类别的预见》。福利彻对英国一家中型企业 75 名中级管理者的工作，进行了亲自观察，1973 年发表了《管理的终结》一书。西尔沃曼等人通过访谈、录音和观察，研究了政府机构和公共管理部门的管理活动，1976 年发表了《组织的工作》。尼科尔斯等人通过实际观察和访谈，研究了英国一家大化工厂的管理工作，1977 年发表了《资本主义制度下的生活》。斯图亚特在进一步深入实际的基础上，1980 年发表了《卫生部的各种行政管理者》，1982 年发表了《管理者的抉择》。管理学领域中的调查研究工作至今长盛不衰。[①]

4. 归纳、演绎方法　归纳和演绎是两种不同的推理和认识事物的科学方法。有人曾形象地将培根的《新工具》和笛卡尔的《方法论》喻为近代科学前进的双翼，寓指归纳推理和演绎推理在科学理论建构中的巨大作用。归纳推理从经验观察

① 参见杨砾：《当代西方管理学》，第 339～341 页。

出发，通过对大量客观现象的描述，概括出现象的共同特征或一般属性，由此建立理论，说明事物之间必然的和本质的联系。正如穆勒所说："归纳可以定义为发展和证明一般命题的操作。"①归纳过程，体现着由个别到一般、具体到抽象、特殊到普遍的过程。

归纳推理在科学研究中有其重要的作用。它可以客观地描述事物的状况，为理论建设提供事实依据，更重要的是，它可以使人们从一些新的事实或偶然发现中得到启发，由此产生新的思想和概念，从而推进理论的创新和发展。归纳推理是在直接经验的基础上进行概括，因此它具有一定的可靠性。但归纳法也有它的局限，它得出的结论可能是错的，它很难建立起一种具有普遍意义的、高度概括的理论。

演绎推理是从一般理论或普遍性原则出发，依据这一理论推导出一些具体的结论，然后将它们应用于具体的现象和事物，并在应用过程中对理论进行检验。演绎过程是从理性认识再返回到感性认识，由一般到个别，由抽象到具体，由普遍到特殊。

演绎推理的作用表现在可以用一般原理或理论来指导社会研究，可以由抽象的理论推导出具体的、未知的现象，同时还可以帮助我们论证或反驳某一理论。当然，演绎推理也有其局限性，由于一般理论和大前提有可能是错的，那么，由它推导出的结论也可能是错的，这样的结论不可能有效地解释具体现象；此外，由单纯的演绎推理不可能发现一般理论中的错误，所以社会研究中，常常将演绎推理与观察结合起来，通过观察的事例来发现理论的错误之处。

现代管理学的研究主要是从特殊到一般的研究，因此必然要运用归纳推理法。但是，归纳和演绎在实际推理过程中

---

① 转引自陈波等:《社会科学方法论》,第 247 页。

是密不可分、相辅相成的。正如毛泽东同志在《矛盾论》中所指出的那样：人类的认识运动(思维运动)，就是由个别、特殊到一般，再由一般到特殊和个别，不断循环、不断深化的过程。归纳和演绎在认识过程中的统一，是客观现实中个性和共性、矛盾的特殊性和普遍性的对立统一的反映。为此，在现代管理学的研究中，不能仅仅用归纳推理的方法，还心须要与演绎推理的方法相结合。这一方面是因为现代管理学对于一般管理原理的归纳，首先是从搜集大量个别的实际资料开始的，而在搜集资料的过程中，必须要有一定的理论和思想作指导，否则就是盲目的，这实际上就是演绎推理方法在起作用。另一方面，由归纳推理所得出的结论，也需要再由演绎推理来作修正和补充。实际上，在实际的管理理论研究中，特别是在一般管理原理的研究中，都要通过归纳推理和演绎推理的过程进行反复论证。只有这样，才能使所得出的结论全面、可靠，并能经得住实践的检验。否则，如果只有归纳没有演绎，那么所得出的结论就可能是片面的或不具有一般性；而如果只有演绎没有归纳，演绎就既没有前提，也不会得出正确的结论。

作为实证科学的管理学，在其建构理论的过程中，归纳方法的运用非常之普遍。他们常常从观察管理实践的某个方面开始，以求发现具有普遍意义的模式。这在不同的历史发展阶段都有运用，并形成了一系列比较著名的管理论。这里仅以赫茨伯格“双因素”为例加以说明。20 世纪 50 年代末期，赫茨伯格等人进行了一项大规模的调查研究，探究企业中的人性，希望形成有针对性的管理理论。调查研究的对象是美国匹茨堡地区各行各业的 200 名工程师和会计师，调查人员与他们逐个面谈，调查了解他们对待工作的态度。在谈话过程中，要求每个人回忆起工作中的一件或几件当时特别令人感到满意的事；还要求每个人解释当时为什么会感到满意，说明这种满意感是否影响到他的工作表现、与其他人的关系以

及个人幸福。然后，再要求每个人回忆起工作中令人感到特别不快的事。所有这些事件都必须是具体的，有时间、地点和情节的，并且与工作直接相关。调查研究的结果是，让职工感到满意的往往是 5 种因素：成就、赞赏、工作本身、责任和进步。最容易导致职工不满的也有 5 种因素：公司政策、管理方式、上级监督、工资、人际关系和工作条件。这些因素的概括还不能视为规律本身，只能视为规律性的现象。为什么这些因素能对职工的满意度和不满意度产生影响，赫茨伯格等人深入地研究了这些因素背后的深层原因。他们发现，包含不满因素的事件之所以让人们对工作不满，是因为人具有避免痛苦的本能，而包含满意因素的事件之所以让人们对工作满意，是因为人在精神上具有成长和自我实现的需要。据此，他们把满意的因素称为“激励因素”，把不满因素称为“保健因素”（得不到保证就会产生不满，得到不足以产生激励），进而提出管理学中风靡一时的“双因素”理论，即依据企业中职工的双重人性，采取管理措施，调控职工的行为。①

演绎法在管理理论建构中也是常用的方法。主要是从一般原理或理论出发，推演出相关的理论命题或通过推理解释具体的事件与现象。比如，行为科学的许多命题就是由心理学理论推出的。心理学认为，人性需要是普遍的，人的不同需要在现实中表现为不同的动机，而对动机的满足的探索，形成林林总总的行为科学理论。

5. 假设检验法　由著名的科学哲学家波普尔提出，他认为科学知识的起源是从各种“问题”开始的，问题引起人们的思索、探究，促使人们作出各种假设式的回答，然后通过事实证伪而形成知识。波普尔的思想精髓就是其著名的假设检验法或称“试错法”。

---

① 参见封新建、肖云：《世界管理学名著速读手册》，第 236～238 页。

波普尔提出的假设检验法是由归纳和演绎两种推理构成的，它有助于克服单纯演绎或单纯归纳的局限性。假设演绎法就是从问题出发，为解答问题而提出尝试性的假说或理论解释，然后通过观察来检验假设，假设如被证实就可以对被观察对象作出有效的理论解释；假设如被证伪，就要对理论作出修正或推翻原有理论，发展新理论。

人群关系理论就是尝试假设检验法的产物。以泰罗和法约尔为代表的古典学派，反映了大机器生产和大型管理组织出现后的客观要求，明显地促进了生产的发展。但是，随着时代发展，仅仅依靠工程师的科学设计、依靠奖金刺激、依靠等级分明的指挥系统，并不可能给资本主义带来持久的活力。相反，紧张而单调的劳动和日益严重的资本主义剥削，越来越激起工人们有组织的反抗。物质刺激导致效率提高法则的失灵，酝酿着管理学研究转向的风暴。影响作业效率的决定因素到底是什么的问题，开始盘旋在研究人员的心头。在管理学上极其著名并被誉为社会学诞生标志的霍桑试验，承担起了这一历史性的任务。围绕探究效率决定因素这个问题，最初认为灯光强度可能与工作效率有关，在“照明试验”中，研究人员把一个女工生产组划分为两个小组，分别安排在两间厂房中工作。试验组调整了照明度，对比组则维持原有照明度。试验结果是两个小组的生产率均有一定的提高。这个试验说明照明强度与生产效率没有直接关系。假设被证伪后，于是提出新的假设，即认为休息时间、作业时间、工资形态等作业条件，可能与作业效率有关，于是进行了“继电器装配室实验”。实验分 13 期进行，依次改变上述的作业条件，结果产量一直持续上升。具有社会学、心理学和生理学知识的梅奥由此得出了一个重要的结论：工人生产率与工作条件的变化没有直接联系，试验过程中之所以有所提高，是因为研究人员指导的试验小组中创造了比较自由和愉快的工作气氛。他们感到职工的情绪可能对作业效率更有影响。为了验证职工情绪影响职工作业效率的假设，梅奥决定实施一项“访谈计划”，以证实自己的假设。他开始时是对工人进行事先设计好的“问答式访谈”；后来又改为“无指示性访谈”，即由工人自由地向研究人员发表他们的看法和建议，两年中进行的自由访谈达两万多人次。通过访谈，使工人们有机会发泄胸中的不满和提出自己改进工作的建议。这就使他们产生了自己能够参与经营的满足感，从而一变过去的被动的劳动态度，作业效率也由于情绪的改变而提高。梅奥由此提出他的“社会人”假设，即认为人是独一无二的社会动物，不仅有“纯物质要求”，更重要的是有社会和心理的需要，诸如人与人之间的友情、相互爱戴以及互相尊重和安全感等等，并且在这个假设基础上，推出了“人群关系理论”，开行为科学研究之滥觞。[①]

6. 比较研究方法　这是管理学研究中最常见的方法之一。所谓比较研究方法，就是认识和描述不同组织结构中的基本相同之处，对这些相同点进行搜集和分析，从中得出一些能够更好预测和应用于类似情景的一般结论。比较研究将管理原则与经验进行比较，同时对不同组织的管理经验进行比较，以鉴别一般管理原则的正确性，并总结出适用于类似情形的管理方针。比较研究一般采取六个步骤，即选定课题—搜集资料—分析资料—提出比较“假说”(解释)—检验“假说”—得出比较研究的结论。比较研究方法在20世纪80年代初风行一时，直接催生了比较管理学的兴起，出版了《日本成功的秘密》、《日本名列第一》、《日本企业管理艺术》以及《Z理论》等一大批美日两国管理模式比较的管理学著作。其中《Z理论》最为著名，该书是大内教授对日、美各12家典型企业作了深入调查写成的。由于所选企业都分别在本国及对方国土上

① 参见孙耀君主编:《西方管理学名著提要》,第107～117页。

设有工厂或子公司，因而可比性强，提出的一些论点较有说服力。大内把典型的美国传统的管理方式称为A型组织，把典型的日本管理方式称为J型组织。在对两种模式加以对比分析的基础上，提出了Z理论。他认为，Z理论是既符合美国国情，又吸收J型组织优点的一种企业管理理论。

德鲁克不仅运用比较方法对企业进行研究，而且为比较研究立定了一个方法论框架。他认为更要掌握成功的企业和“伟大的组织者”（皮埃尔·杜邦、艾尔弗雷德·斯隆等人）的经验，就要用比较的方法来研究组织，发现并描述各种不同组织结构的“基本类似点”。把这些基本类似点搜集起来并予以分析，就可得出某些一般结论。为了使对组织的比较研究更有效，他独具匠心地给出了比较研究方法的一系列原则。

(1) 建立一个概念的框架。研究者必须选择在不同情况下进行观察的各种变数，这些变数可以是多种多样的。如按巴纳德提出的经理人员工作的过程来划分：做工作的地点、时间、人和工作的对象、方法或程序，如苏纳·卡尔逊教授在1951年出版的《经理人员行为》一书中就对不同公司中的12位主要经理人员作了这样的分析比较，用定量方法衡量了他们的工作效率和有关的成果。也可像埃里契·弗洛姆1947年在《为自己的人》一书中那样的归类方法，把经理人员分成容忍型、榨取型、销售型、贮藏型和生产型五种类型进行比较。

(2) 注意事物的可比较性。在对不同组织的类似点进行描述和比较时，也必须考虑到它们之间的差异，因为其间的差异可能很大，以致比较变成没有什么意义了。只有在两个进行比较的事物之间存在着基本类似点的情况下，比较才有价值。

(3) 明确地表述目标。只有明确地表述了研究的组织、目标和目的以后，才能对它们进行比较并评价其效果。这种目标可能是利润最大化、权力、士气、员工幸福或以上各项的

结合。一般讲来，目标明确的人比目标不明确的人易于成功。有的人成功地实现了他确定的目标，却被一些并不明确表述自己目标的人所攻击。

(4) 比较和结论必须恰当。对组织进行的比较和得出的结论，必须符合原来提出的假设和条件。如果得出的结论带有限制性或不能令人信服，那也不足为怪。因为可能随着资料的增加和分析的深入，会得出更加令人信服的结论和扩大适用的范围。①

7. 历史文献方法　历史文献方法关注历史事实，主张通过和研究记录历史事实的资料和文献，归纳出有价值的理论和观点，也就是通常所说的"论由史出"。二战后，历史文献方法为许多学科学者所鉴取和运用。在一些重视历史文献方法的学者心目中，过去的生活与过去的社会体制，与现行的生活和现行社会体制之间具有因果联系。过去包容着现在，是理解现实的关键。② 历史学家哈瓦德・贝克指出：理解现实需要充分的有关资料，这些资料记录过去，是理解现实不可或缺的条件；具体地说，这些资料包括日记、回忆录、忏悔录、自传、秘密档案、外交协议、统计资料和其他无数的文献。历史文献的作用是：联系过去与现在；建构现实的社会过程；追溯现实的根源；解释社会现实，获得历史知识和现实概念。③ 管理学领域中，运用历史文献方法最为娴熟自觉的是钱德勒。钱德勒是美国著名的企业史学家，其名著《战略与结构》(1962)、《皮尔・杜邦和现代公司的创建》(1971)、《看得见的手》(1977)、《规模与范围》(1990)都体现了他惯用的历史文献法，

① 参见世界著名管理学家：《管理法则全书》，中国致公出版社，1998 年版，第 750～752 页。

②、③ Young, Pauline V. (1960). Scientific Social Surveys and Research: An Introduction to the background, Content, Methods, Principles, and Analysis of Social Studies. Englewood Cliffs: Prentice—Hall. P139, 130～140.

尤其以《看得见的手》和《规模与范围》最为典型。在《看得见的手》中，钱德勒对美国工业从1790年到1968年进行了长跨度的研究。通过对美国食品工业、烟草工业、化学工业、橡胶工业、石油工业、机器制造业和肉类加工业的大量史料研究，他指出凡是进行大批量生产和大批量分配相结合并在流程中可以协调的那些工业，必然会产生现代的那种工商企业，因为管理协调的“看得见的手”，比斯密所谓的市场协调的“看不见的手”更能有效地促进经济的发展。同时他还论证了管理层级制是现代工商企业的必然结构，认为管理层级制一旦形成并有效地实现了它的协调作用后，层级制本身也就变成了持久性的权利和持续成长的源泉。① 在《规模经济与范围经济》一书中，钱德勒通过对19世纪50年代以来美英德的比较研究发现：推动现代工业企业不断发展的核心力量是组织能力——设备与技能，这种能力主要是产生于资本密集型产业，企业在制造、销售和管理方面进行的相互关联的投资形成组织能力，构成强大的竞争优势。特别难能可贵的是，钱德勒以历史学家的智慧，揭示了技术条件与生产方式变革对企业组织的影响，并前瞻性地喊出“环境决定战略，战略决定结构”的响亮口号。他指出新的挑战呼唤新的结构，在规模经济与复杂性的情况下，借助发达的通讯技术和标准化生产，产生M型组织和分权制的经营方式，诸如联邦制组织、多公司合并与虚拟组织。②

8. 系统分析方法　一般系统论最初由贝塔朗菲提出，在《一般系统理论的基础、发展和应用》一书中，他把系统作为科学研究的对象，全面地阐述了动态的开放系统理论。一般系

① 钱德勒：《看得见的手——美国企业的管理革命》，商务印书馆，1987年版，第1～8页。

② 参见周三多、邹统钎：《战略管理思想史》，第243页。

统论的基本假定是：世界上任何事物都是由要素构成的系统；由于要素之间存在着复杂的非线性关系，系统必然具有要素所不具有的新特性，因此不能用要素在孤立状态时的性质和规律来解释系统整体的性质和规律，而应立足于整体来认识要素之间的关系；并且以整体功能的最优化为最高目标。

一般系统论建立以后很快就被运用到企业工商管理。被誉为“现代管理之父”的巴纳德与把系统论引进社会学的生物化学家亨德林过从甚密。受其影响，他最早用系统的方法研究管理问题，并第一次把企业组织看成是物质的、生物的、个人的和社会的等方面要素组成的“协作系统”。在此基础上，他提出了协作系统的三要素：即协作的意愿、共同的目标和信息的沟通，并给出了协作系统在共同目标下组织的结构关系。当然，巴纳德以系统的眼光看待组织，还主要局限于组织内部。他认为“人们在正式组织进行的是有意识的、有计划的、有目的的协作”。而组织则是“有意识地协调两个以上的人的活动或力量的一个体系”①。西蒙在继承巴纳德理论的基础上，更把系统眼光超越于组织之外，认为决策贯穿于组织的全过程，尽管决策有程序和非程序之分，但一切决策的基础都是对知识和信息进行系统分析。而到了以系统论研究管理问题的集大成著作《组织与管理》出世时，则标志着系统管理理论的成熟。卡斯特和罗森茨韦克明确指出：组织就是一个系统，内部又包含许多小的系统，同时组织又是社会经济总体结构的一个小零件，整个社会的经济结构就是由不同层次的系统组成的。他们认为组织包括目标和价值子系统、技术子系统、组织结构子系统、社会心理子系统和管理子系统。管理作为协调组织中各个子系统以及个人之间关系使之达到和谐的一种手段，它就是要使组织内部以及组织与外部环境关系达

① 巴纳德：《经理人员的职能》，中国社会科学出版社，1997年版，第2页。

到最大的一致性。

9. 数理分析方法　战后由运筹学发展起来的现代管理科学理论曾风行一时，尽管有学者认为“不能把数学工具的应用作为一个独立的管理学派”，[①]“管理科学是科学管理一词的倒置，它与其说是探求管理的科学，不如说是努力把科学用于管理之中”[②]。然而，不可否认它仍是当代的一种重要的管理理论，在促进管理学的定量化、条理化和科学化方面作了大量探索，并在解决某些管理问题方面有其独到的贡献。该学派认为，只要管理、组织、计划和决策都是一个逻辑过程，就能用数学符号和运算关系来予以表示并形成数学模型和程序系统。因而，管理就是制定用于管理决策的数学模式和程序的系统，并将其通过电子计算机应用于企业管理，以期求出最优的解答，达到企业预定的目标。该理论应用的科学方法，如盈亏平衡分析、库存控制模型、决策理论、计划评审法、线性规划、运输方法、动态规划、马尔可夫分析、排队论、模拟、对策论、概率论、整数规划以及目标规划等等，大都与数学方法有关。其运用的工具，电子计算机和管理信息系统，更是以数学作为其知识基础。

10. 协同研究方法　如前所述，现代管理学作为一门学科，它有很强的综合性、一般性、边缘性和适用性。适应这些特点，对于这门学科的研究，就需要运用各种知识（包括自然科学、社会科学和思维科学的各种知识），组织各方面的专家（包括管理学家、自然科学家、社会科学家和心理学家）进行协同研究。这就是我们所说的协同研究法。当然，在实际中，这种协同研究可以采取不同形式，比如可以是有组织的，也可以是分散的，还可以是临时或定期组织的。但最重要的一条是

---

① 参见封新建、肖云：《世界管理学名著速读手册》，第 182 页。

② 雷恩：《管理思想的演变》，第 511 页。

要经常的思想交流，允许各种不同学术观点的争鸣。这才是我们所说的真正意义上的协同。但是，仅仅是以上这种协同，还远远不够。为了进一步检验所研究的理论成果是否真正具有科学性、普遍性和适用性，还必须通过多方面的管理实践来检验。这就需要另一方面的协同，即科研部门、科研人员与实际管理部门的协同。为此，进行管理理论研究，最好也要像进行某些自然科学研究一样，建立“科研—教学—实践三位一体”的研究系统，使他们能够相互配合，协同作战。只有这样，才能真正做到理论联系实际，保证管理理论研究成果的科学性和适用性。巴纳德以最高经营者的经验为基础，反复地对组织及管理问题进行思索，通过引进社会学和系统论，创立了综合性的管理理论——现代管理论。

此外，还有直觉思维方式。直觉思维与逻辑思维一样，是人类认识世界的主要工具，它们是两种不同的人类思维方式。逻辑思维是建立在左脑功能基础上的分析性思维，具有准确性、系统性、逻辑性、抽象性等特点。而直觉思维是建立在右脑功能基础上的综合性思维。它不受逻辑推理的约束，能直接把握事物的本质，洞察问题的实质。从信息加工角度看，逻辑思维处理抽象的概念信息，如颜色、形状、线条、图式、符号等，有的甚至还是一些现实中根本不存在的幻影和情节。从思维程序上看，逻辑思维一般严格地遵循一定的顺序和规则，直觉思维则不一样，而是跳跃乃至顿悟性的。

当今世界正步入信息化时代和全球化时代，这使得企业面临的环境错综复杂，形势瞬息万变，战略管理特别是高层战略决策，越来越受到重视。因为高层管理在考虑众多变数进行复杂决策时，并不是任何时候都有一个可遵循的固定模式，相反，更多的时候面对的是无先例、无程式的情势，也就更多地需要借助过去的经验，依靠直觉思维，对复杂环境进行一种创造性的综合判断，也就是通常所说的直觉决策。由明茨伯格的管理者角色理论可知，越往上层的管理者，他们的工作性质与直觉决策的适用情况越易相符，他们所面临的问题越有可能是结构不良问题，他们的决策越可能非程序化。一些研究结果表明，企业高层管理者在处理问题时并不是利用逻辑而行动，而是凭借敏锐的洞察力发现问题，创造性地提出解决问题的办法，在直觉思维和一些理性分析下快速删除不良方案。

最早注意到直觉思维在管理中作用的是巴纳德。他认为，管理者的决策思维包括两种基本的思考过程。其一是“逻辑过程”，指能够用语言或符号表示的自觉思考过程，也就是推理过程。其二是“非逻辑过程”，指不能用语言表达的判断过程；这种过程难以表示为推理，通常表现为快速的直觉反应。真正把直觉作为一种方法论，自觉地运用到决策科学中来的是西蒙。他既是管理学家，又是心理学家。他通过现代认知心理学的研究，为人们提供了培养直觉本领的知识基础，以及直觉本领“机械化”的有力工具——计算机专家系统。从20世纪50年代中期开始，西蒙将主要精力用于决策思维研究，至今已和同事们一起建立起了认知科学。西蒙认为，对直觉不能就事论事，必须从人的认知过程上去理解。人们在思考问题时总离不开两种基本过程：一是推理或分析，从前提推出结论；二是通过联想线索，把已经储存在头脑中的知识提取出来。我们可以把前者称为推理过程，把后者称为检索过程。思考问题的全过程，就是这两种基本过程的组合。我们记住的知识是以所谓“组块”的形式，同识别它们的线索一起存在头脑里。组块本身既可以是一组数据（如人名），也可以是一种“程序”（如“当天气转暖时，脱去棉衣”）。这后一种组块叫作“产生式”。显然，产生式本身通常也可以体现“推理”。经过大量的实践和学习，我们的头脑中就积累了许许多多体现“推理”的具体的产生式。利用它们，就能大大节省一步步推

进的时间了。西蒙认为，直觉思维就是根据一定线索，快速地利用现成的相关信息进行推理。运用直觉必须准备三个方面的条件：一是必须有信息存储，有表示知识和经验的组块；二是必须有快速识别和检索的过程；三是必须有控制注意力的机制。对于任何一个严肃的决策问题，管理者的思考过程都不会是纯粹的直觉思维，相反，直觉和分析两者乃是有效决策系统的不可缺少的互补部分。[①] 西蒙不仅高度地强调了直觉思维在管理决策中的重要性，他还利用认知科学的成果，把直觉思维方法运用到管理决策的辅助系统，为设计和完善“管理信息系统”和“决策支持系统”提供了帮助，为解决决策中的非结构性、非程序化的问题提供了帮助。

现在直觉在管理中的作用已为越来越多的人重视，并成为管理学研究中非常热门的一个研究课题。

① 参见杨砾：《当代西方管理学》，第 186～188 页。

主 要 参 考 书 目

中文书目

1. 丹尼尔·雷恩:《管理思想的演变》,中国社会科学出版社,1986年版。

2. 林德尔·福恩斯·厄威克:《管理备要》,中国社会科学出版社,1994年版。

3. 弗雷德里克·温斯洛·泰罗:《科学管理原理》,中国社会科学出版社,1984年版。

5. 亨利·法约尔:《工业管理和一般管理》,中国社会科学出版社,1988年版。

6. 罗伯特·罗杰斯·布莱克、简·穆顿:《新管理方格》,中国社会科学出版社,1986年版。

7. 威廉·乔治·大内:《Z理论:美国企业界怎样迎接日本的挑战》,中国社会科学出版社,1984年版。

8. 切斯特·巴纳德:《经理人员的职能》与《组织与管理》,中国社会科学出版社,1997年版。

9. 彼得·德鲁克:《管理:任务、责任、实践》,中国社会科学出版社,1987年版。

10. 欧内斯特·戴尔:《伟大的组织者》,中国社会科学出版社,1991年版。

11. 弗里蒙特·卡斯特、詹姆斯·罗森茨韦克:《组织与管理——系统与权变的观点》,中国社会科学出版社,1985年版。

12. 埃尔伍德·斯潘塞·伯法:《生产管理基础》,中国社会科学出版社,1981年版。

13. 亨利·明茨伯格:《经理工作的性质》,团结出版社,1999年版。

14. 克劳德·小乔治:《管理思想史》,商务印书馆,1985年版。
15. 约翰·P. 科特:《变革的力量:领导与管理的差异》,华夏出版社,1997年版。
16. 布雷德福等著:《追求卓越的管理》,中国友谊出版社,1985年版。
17. 罗伯特·艾克尔斯等:《超越管理精髓:重新审视管理本质》,经济管理出版社,2003年版。
18. 亨利·明茨伯格等:《战略历程:纵览战略学派》,机械工业出版社,2002年版。
19. 迈克尔·T. 麦特森等:《管理与组织行为经典文选》,机械工业出版社,2000年版。
20. 小詹姆斯·I. 卡什等:《创建信息时代的组织、结构、控制与信息技术》,东北财经大学出版社,2000年版。
21. 托马斯·S. 贝特曼等:《管理学:构建竞争优势》,北京大学出版社,2001年版。
22. 乔·L. 皮尔斯等:《管理宝典:开创管理新纪元的36部经典著作集粹》,东北财经大学出版社,1998年版。
23. 三户公著:《管理学与现代社会》,经济科学出版社,2000年版。
24. 孙耀君:《西方管理思想史》,山西人民出版社,1987年版。
25. 名和太郎:《经济与文化》,中国经济出版社,1987年版。
26. 杜维明:《新加坡的挑战——新儒家伦理与企业精神》,三联书店,1989年版。
27. 林毓生:《中国传统的创造性转化》,三联书店,1988年版。
28. 成中英:《文化·伦理与管理》,贵州人民出版社,1991年版。
29. 邓肯:《伟大的管理思想》,贵州人民出版社,1999年版。

30. 伯纳德·本恩斯:《变革时的管理》,云南出版社,2001年版。
31. 斯图尔特·克雷纳:《管理大师50人》,海南出版社,2000年版。
32. 阿·D. 小钱德勒:《管理学历史与现状》,东北财经大学出版社,2001年版。
33. 陈荣耀:《比较文化与管理》,上海社会科学院出版社,1999年版。
34. 彼得·德鲁克:《九十年代的管理》,上海译文出版社,1999年版。
35. 罗贝尔·萨蒙:《管理的未来》,上海译文出版社,1998年版。
36. 乔治·洛奇:《全球化的管理》,上海译文出版社,1998年版。
37. 罗恩·雷布森:《现代管理大师思想精粹》,经济管理出版社,2002年版。
38. 曹世潮:《文化战略》,上海文化出版社,2001年版。
39. 安·胡克金:《管理宗师》,东北财经大学出版社,1998年版。
40. 斯蒂芬·P. 罗斯:《管理学》,中国人民大学出版社,1997年版。
41. 赵文明等编著:《百年管理思想精要》,中华工商联合出版社,2003年版。

外文书目

1. Shein, E. H., Organizational Psychology, Englewood: Prentice－Hall,1965.
2. Tannenbaum,R. and Schimidt,W. H.,How to Choose a Leadership Pattern, Harvard Business Review, March－A-

pril 1958.

3. Morse, J. and Lorsch, J. W., Beyond Theory Y, Harvard Business Review, May—June 1970.

4. Ouchi, William G., Theory Z, New York: Avon Books, 1982.

5. Peters, T. J. and Waterman, Jr., R. H., In Search of Excellence, New York: Harper & Row, 1982.

6. Pascale, R. T. and Athors, A. G., The Art of Japanese Management, New York: Simon and Shuster, 1981.

7. Deal, T. L. and Kennedy, A. A., Corporate Cultures, Reading, Mass: Addison—Wedley, 1982.

8. Sheldon, Oleve, The Philosophy of Management, London: Pitman & Sons, 1923.

9. Hodgkinson, Christopher: The Philosophy of Leadership, Oxford: Basil Blackwell, 1983.

10. Carla S. O'Delll, etc.: If Only We Knew What We Know: the Transfer of Internal Knowledge and best Practice. Free press, 1998.

11. Ikujiro Nonaka etc.: The Knowledge Creating Company. Oxford Press, 1995.

12. Peter Drucker: Management Challenge for the 21st Century. Tsai Fong Books, Inc, 2000.

13. Kenneth C. Laudon & Jane P. Laudon: Management Information Systems: Organization and Technology in the Networked Enterprise(6th ed., 英文影印版). 高等教育出版社, 2001 年版。

14. Nigel Holden: Cross-Cultural Management: A Knowledge management Perspective. Finacial Times Management, 2002.

附录一：已发表相关论文目录

1.《TQC：构建企业文化的新思路——“阿里山”崛起的启示》，《苏州大学学报》，1990 年研究生论文专辑。

2.《当前企业文化研究的误区及其缺憾》，《镇江学刊》，1990 年第 3 期。

3.《评管理哲学研究中的“三部曲”》，《苏州大学学报》，1991 年第 4 期。

4.《管理哲学研究对象的比较研究》，《苏州大学学报》，1991 年研究生论文专辑。

5.《试论管理哲学诸历史形态演进的内在逻辑》，《江海学刊》，1993 年第 5 期。

6.《市场经济观念谈》，《企业家天地》，1993 年第 8 期。

7.《实行政资分开是转换企业经营机制的前提》，《江苏改革》，1993 年第 9 期。

8.《“管理者必须成为哲学家”——企业家的哲学素养漫议》，《重庆社会科学》，1994 年第 2 期。

9.《浅议企业家的哲学素养》，《东方企业家》，1994 年第 4 期。

10.《试论管理哲学的历史形态》，《苏州大学学报》，1994 年第 4 期。

11.《渴求科学文化的布施》，《中国人才》，1994 年第 5 期。

12.《发展规模经济应把握好十个重要方面》，《中国党政干部论坛》，1995 年第 5 期。

13.《授权工业主管局经营国有资产的几点思考》，《唯实》，1996 年第 1 期。

14.《赴嘉兴、绍兴、湖州考察报告》、《文化是明天的经济》，《创新之路》，江苏人民出版社，1996 年版。

15.《企业内部应有充分的民主》,《学习·研究·参考》,1997 年第 5 期。

16.《沪宁高速公路开通与镇江经济发展》,《江苏经济》,1997 年第 6 期。

17.《组建企业集团的几种形式》,《企业活力》,1997 年第 11 期。

18.《发展港口型经济的构想与实践》(第一篇第一、三章;第二篇第四章),江苏人民出版社,1997 年版。

19.《镇江在江河交汇处升起》(第五章),江苏人民出版社,1998 年版。

20.《管理哲学研究的创新力作——评李兰芬、崔绪治著〈管理文化——管理哲学的新视野〉》,《苏州大学学报》,2000 年第 3 期。

21.《应用哲学研究何以可能——兼论管理哲学的建构》,《学海》,2001 年第 2 期。

22.《从管理思想史的视角建构管理哲学的尝试》,《镇江师专学报》,2001 年第 3 期。

23.《哲学视域中的管理思想演变论纲》,《江海学刊》,2002 年第 2 期。

24.《试论管理哲学的三重研究向度》,《苏州大学学报》,2002 年第 2 期。

25.《试论古典管理理论的思想前孕》,《华东船舶工业学院学报》,2003 年第 3 卷第 1 期。

26.《后现代管理：主体回归的创新哲学》,《江苏大学学报》,2003 年第 5 卷第 1 期。

27.《知识经济三题》,《镇江高专学报》,2003 年第 2 期。

28.《方法论谱系中的管理学：一种哲学话语研究》,《江苏社会科学》,2003 年第 5 期。

附录二　已发表相关论文选录

应用哲学研究何以可能——兼论管理哲学的建构

在20世纪90年代中期，学术界普遍感叹人文精神失落之时，哲学就已遭受冷遇。改革开放之初，在检验真理标准的大讨论中，哲学发出过自己嘹亮的声音，对开启中国现代化进程作出了独特贡献，之后哲学就日趋边缘化，对现实的影响日渐式微。这固然有从全民学哲学的狂热恢复常态的反拨的原因，也有哲学作为“更高的即更远离物质经济基础的意识形态”[①]的学科特点等原因。但是有一个不争的事实，那就是哲学还远未发挥应有的作用。造成哲学贫困的境况与目前哲学自身研究的观念、取向、形式和方法又有着很大关系。否则，我们就很难理解为什么哲学研究总体的冷寂与局部（即以部门哲学、中介哲学为表征的专门化趋向）的热烈，何以形成那么明显的反差。

笔者以为，对火热实践的关注，对自然科学

① 《马克思恩格斯选集》第4卷，人民出版社，1972年版，第249页。

和社会科学最新成果的追踪与反思，将会为哲学更好地发挥指导人们科学认识活动起巨大作用，同时部门哲学的健康发展，也会为哲学寻回应有的学科尊严，找到哲学在当代发展与创新的现实途径。当然，这种肯定与乐观不是没有前提的，最重要的是取决于我们能否根据哲学的本性去研究应用哲学。本文拟就此谈三点粗浅看法。

一、能否存在：对哲学本性的完整理解

由于部门哲学研究者大都是以“应用”为旗帜的，对此不少学者提出哲学应用是哲学品格的下降和理论思维的倒退，会导致哲学简单化、庸俗化，甚至认为应用无哲学。我们认为，这种担心作为一种提醒是必要的，但作为一种反对意见却是片面的。

首先，哲学从来不定于一尊，而是流动不居、历史变化着的。不同时代的哲学有不同的存在形态。在以古希腊为代表的古代哲学阶段，那时哲学与科学浑然未开，是以“知识总汇”的形态存在的。一切在哲学中是人类早期哲学的最显著特点。近代哲学是作为“全部知识的基础”，即“科学之科学”而凌驾于一切科学之上的。这种哲学思想的集大成者是黑格尔，他企图建立一个压在一切科学之上的哲学宫殿。但他努力的最终结果却是一幅如恩格斯所揭示的凄凉图景，在以往的哲学中除了思维及其规律的学说以外，“其他一切都归到关于自然和历史的实证科学中去了”①。也就是说，科学纷纷脱离哲学，一切不在哲学中是这个阶段哲学命运的真实写照。究其原因，既如恩格斯在《反杜林论》一书中所指出的：“一旦

① 《马克思恩格斯选集》第3卷，第65页。

对每一门科学都提出了要求，要它弄清它在事物以及关于事物的知识的总联系中的地位，关于总联系的任何特殊科学就是多余的了。于是，在以往全部哲学中还仍旧独立存在的，就只有关于思维及其规律的学说——形式逻辑和辩证法。”①也如理查·罗蒂所说：“作为一门学科的哲学，把自己看成是对由科学、道德、艺术或宗教所提出的知识主张加以认可或揭穿的企图”，即把哲学视为“一门有关再现表象的一般理论”，又把哲学当作所谓的“一级真理”看待的原因。② 超越旧哲学的迷途，马克思哲学是在对黑格尔哲学乃至整个近代哲学“扬弃”的基础上发展起来的。他们对哲学的研究取向与传统哲学是大相异趣的。德国古典哲学的终结在某种意义上实际上就是传统哲学形式体系的终结。《资本论》的研究可以说开了应用哲学研究的先河，正如列宁所说：马克思的《资本论》是一部把“逻辑、辩证法和唯物主义的认识论”“都应用于同一门科学”的“大写字母”的“逻辑”③。在这个意义上，《资本论》就是马克思的经济哲学。20 世纪西方现代哲学，无论是否认哲学是关于知识体系的人本主义，还是强调哲学是知识体系的科学主义，都不再以“科学之科学”自居，特别是唯物主义，他们认为现代哲学必须而且只能作为“科学的副产品”，即对科学命题进行逻辑分析的方式而存在。哲学失去了“王者之尊”。晚近崛起的后现代主义哲学，甚至明确要求取消科学分类上的深度模式，各个学科在同一个平台上，哲学与科学以及一切非科学形态具有同等地位。哲学已被“放逐”在各种具体科学中，成为边缘化的、撒播的哲学状态。正如有的学者所说：“随着‘哲学’被‘驱逐’出了它的全部‘世袭领地’，因此，正是在现

① 《马克思恩格斯选集》第 4 卷，第 253 页。

② 罗蒂：《哲学和自然之镜》，三联书店，1987 年版，第 1 页。

③ 《列宁全集》第 38 卷，第 357 页。

代哲学中,关于'世界'的'思想'真正成为'反思'的对象,哲学也以'无家可归'的形式而真正地实现了'四海为家'。"①

其次,对哲学本性应该有辩证的把握,哲学从来是最高的科学抽象和最丰富的具体的统一。应用哲学虽然成为当代哲学研究中的显支,认同、支持者甚众,但反对之声也不绝于耳。反对声音集中起来最主要的就是:既然哲学以研究、概括世界最一般、最普遍的本质关系为对象,那么,应用哲学再以局部事物和特定对象中的普遍本质关系为研究对象,就是一种矛盾,是恢复旧哲学的倒退。的确,在哲学演进的历程中,其研究对象的内容呈现出一个逐渐排除实证内容,日益凸显思维与存在关系问题的趋向。但是这不能成为反对应用哲学研究的理由。因为,一方面大千世界是多层面的,哲学研究对象的普遍性绝不是抽象的普遍性,而是包含具体多样的普遍性。因而普遍对象也是可以,事实上也正是分层次的。研究具体、个别中的一般关系,不是违背哲学本性,不是对哲学思辨的破坏,相反是哲学之树生命长青、不断发展的保证。哲学固然是最高抽象的科学思维,但最高的科学抽象,应该和最丰富的具体相统一。在这个问题上连最晦涩、抽象的黑格尔也反复强调具体是比抽象更高的层次,并留下"哲学是最敌视抽象的,它引导我们回复到具体"②的名言。可见,应用哲学揭示特定对象中的普遍本质,正是一般在具体中的再现,使哲学普遍性回到具体的有效形式。不仅渗透于各门具体学科的哲学思维、方法能对各门具体科学发展发挥更为具体的理论指导作用,而且充分发挥哲学追寻智慧、审视批判的作用,哲学思想的穿透力将更强、辐射面将更宽,哲学自身的研究也就能更自由、更深入、更科学。一种涵盖最新科学发展的新型哲学也将

① 孙正聿:《哲学通论》,辽宁人民出版社,1998年版,第156页。

② 黑格尔:《哲学史讲演录》第1卷,商务印书馆,1983年版,第29页。

由此创生。从来哲学的变革都不是先验的理念创新，而恰好是在各门应用哲学之上的概括和总结。

第三，应用哲学研究也是哲学研究创新的重要途径。哲学从"万能论"沦落到"无用论"，原因固然很多，但哲学固守几条原理、几对范畴，以不变应万变的抱残守缺是非常重要的原因，更可怕的是处于困境而不自知。哲学要想成为"时代精神的精华"和"文明之活的灵魂"，必须与自然科学、社会科学和思维科学建立更为紧密具体的内在联系。也即马克思所说的，"哲学不仅从内部就其内容来说，而且从外部即就其形式来说，都要和自己时代的现实世界接触并相互作用。"①与之相反，片面坚持哲学是"更高地悬浮于空中的思想领域"，②僵化地对待哲学的变化，而不去联系实际，把哲学变成精神贵族清谈的奢侈品，哲学研究之路就会越来越窄。当前，特别要警惕有些人盲目趋附西方学术潮流，片面强调价值理性功能，反对工具理性。西方发达国家大多已进入后现代社会，在哲学中崇奉价值理性还有一定合理性，但我们不能离开中国所处的特定时代，离开我们正在做的事情。中国虽然处于全球后现代化的包围之中，但现代化、工业化历史使命远没有完成，发展这个主题就不能回避，不能不优先考虑。因而其主导性哲学不可能没有强烈的工具理性色彩。而工具理性作用的充分发挥，也就要求哲学必须回答时代提出的问题。这可以说是当代哲学的安身立命之本。

二、如何存在：用哲学特有的方式把握

哲学特有的方式就是反思的思维方式。黑格尔认为，哲学思维的特殊性在于"以思想的本身为内容，力求思想自觉其

---

① 《马克思恩格斯全集》第 1 卷，第 121 页。

② 《马克思恩格斯选集》第 4 卷，第 484 页。

为思想”，也就是“对思想的思想，对认识的认识”①。应用哲学能否发挥其独特的学科价值，可以说最主要的取决于我们能否按照哲学的本性，运用哲学思维方式反思具体科学。据此，反观目前林林总总应用哲学研究，可以归纳为层次高下不一的三种形式。

一是非哲学的存在。最为典型的有两种：一种表现为用哲学的一般原理、观点来“套”具体学科的学说和理论，为观点找例证，用例证对观点。马克思主义哲学提出物质是运动的，物质和运动是不可分的，事物在自我否定中发展，而发展是前进性与曲折性的统一，有人就由此提出运动是企业的根本属性，企业和运动是不可分割的，企业在经营管理过程中要不断自我否定，从而才能在曲折性中发展和前进，等等。明眼人一看就明白，这是把马克思主义哲学体系简单、庸俗地平移到具体科学，这种做法没有、也不可能丰富人们对具体科学的认识，因为只要掌握马克思主义哲学的常识，就理所当然能推导出来，因此不仅没有任何建设性可言，而且这样的“应用哲学”只能是对哲学声誉的破坏。显然，这种做法，是受一种“分一杯羹”的心理驱动，因为经济学、管理学是“显学”。繁荣哲学指望这样的应用哲学只能适得其反。另一种情况是与实证科学的脐带还没有割断，所谓的“应用哲学”体系中许多内容还停留在具体实证科学的层次上，表现为套用、沿袭一些现有具体学科的体系、范畴和方法，缺乏哲学的相应概括、抽象和提升。其主体内容更多的还是停留在“如何做”的操作层面上，而不是对实证科学的反思，形成对科学认识的再认识。比如，有的同志在管理哲学的研究中，将决策纳入管理哲学，但探讨的内容却还是如何进行决策，显然这与管理科学的决策理论位于同一层次，没有站在更高的层面、体现哲学特点进行研

① 黑格尔：《小逻辑》，商务印书馆，1980年版，第38～39页。

究。对这种“抢地盘”的做法，从事实证科学的人是不会买账，也不可能接受的。同样对决策的研究，张尚仁教授从认识论与决策的关系角度展开研究，应该说这就与具体研究决策的实证层次有了明显的区别，虽然其观照、探讨的对象仍然是决策，但研究的方式是哲学的，而成果和结论也丰富了人们对决策理论的认识，对具体研究决策科学不无启发。这样的研究也才有存在的意义。①

二是泛哲学的存在。有些同志对应用哲学的研究非常之关注和热情，但是对应用哲学的对象界定和内容涵盖缺乏深入的思考，在具体研究中，实际是把探讨某一具体领域实践活动、认识活动与哲学相关的一切学问都作为应用哲学的内容。这虽然对于形成研究声势，丰富、拓展人们对具体学科认识有一定作用，但由于视角过于宽泛，对于研究的深化，特别是建构独立的具体部门哲学体系却意义不大。类似这样的应用哲学研究很多，既有把具体学科中的哲学问题加以指认和界说作为应用哲学的内容，如有人把管理中的逻辑问题、美学问题和道德问题以及系统论、信息论等运用到管理科学的研究，都作为管理哲学；也有从哲学的角度提出所谓的哲学思考，如国有企业改革的哲学思考、精神文明建设的哲学思考、地区社会发展战略问题的哲学思考等；还有人把一些具体领域成功人士，如松下幸之助、艾柯卡等人的管理经验艺术当作管理哲学加以界说。毫无疑问，泛哲学的研究，对应用哲学的建设有其拓宽视野的价值，也能为应用哲学研究提供丰富的养料，但这些带有哲学色彩本身的研究显然还不是应用哲学本身，而只能作为泛哲学存在。虽然其包容面很大，但它只是向人们显示出一个各种素材和见解纷然杂陈的研究领域。只要人们停

---

① 参见张尚仁：《认识论与决策科学》，云南人民出版社，1985年版，第1～5页。

留在这个宽泛的层面上，就很难在应用哲学的研究上获得真知灼见。

三是哲学的存在。就是按照哲学反思的本性，展开对具体科学的哲学考察。反思什么？笔者以为，至少应包括以下几个方面。

其一，前提批判，即对构成一门具体学科的根据和原则的反思。运用哲学思维对各门科学的各种科学前提而不是思想内容的批判。这个前提是构成思想的根据，推演思想的支点，评价思想的尺度。这种构成思想的根据，是思想得以形成的前提。它是哲学反思的真实对象，因而哲学的反思具有“前提批判的性质”。

其二，研究具体科学的认识论和方法论，主要是通过对具体科学研究成果的反思，对构成思想的活动及构成思想的方法反思，回答具体科学知识的性质，并且思考这些知识是依靠什么方法如何获得的，以及具体科学在何种意义上是一门科学。比如，经济哲学在20世纪30年代就曾讨论过”经济学是如何和应当是如何的”以及“经济学是否和能否是科学的”课题。概括起来说，就是哲学应该专门回答那个关于自然界是如何的科学知识“何以是可能”的问题。当代最著名的管理思想史专家丹尼尔·雷恩在阐述哲学对管理学的功用时也曾说，“哲学应该用来使知识条理化。提供价值和前提，并对‘我们怎样能知道?’这个问题提供一种认识论或一个解答。”[①]具体说，包括研究具体知识的性质、理论结构以及理论检验的标准等。这些问题可以通过分析具体科学的对象、方法和知识三个层次全面展开。

其三，揭示具体科学发展的内在逻辑。黑格尔在《哲学史讲演录》中提出，由许许多多哲学家参与创造的哲学史，是一

① 雷恩:《管理思想的演变》，中国社会科学出版社，1986年版，第451页。

个具有内在逻辑的发展进程，进而深刻地指出："哲学是认识具体事物发展的科学。"①因此，哲学对科学反思的一个重要内容，是反思科学发展的逻辑，并通过这种研究获取对知识增长模式的洞察。

其四，对具体科学的逻辑语义分析。这是现代西方哲学中逻辑实证主义重要的方向，即通过"对科学概念、命题、证明、理论作逻辑分析"形成所谓"科学的哲学"。由于"科学的哲学"所分析的是"科学命题"，因而它是科学的哲学而不是传统哲学。在某种意义上哲学变成了科学的"副产品"，它最主要的旨趣不是扩大关于事实知识领域，而主要增加对事实以及对事实知识的理解。

三、存在的样态：以管理哲学为例

管理哲学的研究内容非常宏富，这里只能挂一漏万并且也是最扼要地加以论述。

1. 管理科学的前提考察。管理科学的发展，也同样体现了通过管理理论前提的变革而推动自身的不断嬗变。对管理科学而言，不同人性假设是不同阶段管理科学的理论前提。前泰罗时期，资本主义处于原始积累时期，资本家主要通过"血汗工厂"的方式榨取工人的剩余价值。工人对他们而言是和资本、厂房设备一样的追求利润的手段。管理对他们而言就是严格监督工人，让他们像机械一样不断运转；手段是饥饿、皮鞭和开除。管理主体就是资本家和大小监工，他们完全凭主观意愿办事，对工人颐指气使，工人作为管理对象就像被动的工具一样接受命令。管理主客体是完全对立的。泰罗科学管理的诞生，首先是对"机械人"的颠覆。泰罗援引古典经济学的经济人思想，提出资本家和工人从事企业生产经营的

---

① 雷恩：《管理思想的演变》，中国社会科学出版社，1986 年版，第 451 页。

目的都是为了经济利益。经济动机是人们从事一切活动的唯一动机。劳资双方都有追求经济利益的欲望，都是“经济动物”。依据“经济人”的人性观，泰罗提出了包括“任务管理制”和“职能组织论”等一系列理论板块在内的科学管理理论，使管理从经验上升到科学。而行为科学是在批判古典科学管理理论基础上产生的，这种批判最初的突破口就是“泰罗制”的逻辑支撑点——“经济人”。人际关系及其以后的行为科学都认为企业中的人是社会人，它建基于团体主义之上。他们认为人不是“单子”式的存在，企业中的人都是生活于组织关系网络之中，特别是小群体的人际氛围对人工作效率影响最大。人有依附、归属集体的内在需要，这种社会动机较之经济动机更为强烈，因而人是社会人，不是经济人，满足这种动机是管理的任务。但由于社会人假设其所指认的社会性还只是寓于组织，尤其是非正式组织，没有上升到“人是社会关系总和”的思想高度把握，这种片面性导致其理论内在的不可调和性，“决策人”由此应运而生。“决策人”是现代管理论阶段较有影响的人性观，体现了对“经济人”和“社会人”的综合。“决策人”信奉：组织中无论是管理主体还是管理客体都是问题的解决者、决策者。这种既有决策自由又有选择自由的“决策人”假设表明“决策人”重新回到了个人主义价值观立场上，与古典管理论有相通之处，但抛弃他们贬抑人的自主性、创造性的弊端。同时，它依旧承认社会人关于非经济的、社会动机比经济动机重要的思想，保留了“社会人”观点中的合理成分。正是对管理理论的逻辑前提和基础的不断批判，管理理论实现着自身的不断跃迁。

2. 管理科学发展的内在逻辑。伊·拉卡托斯在《科学研究纲领方法论》一书中阐述过这样的思想：科学哲学要研究一种科学理论何以能够取代另一种科学理论的逻辑关系。为了理清管理知识的增长模式，管理哲学研究的一个重要任务就是揭示前后相继的管理科学取代另一种管理科学的哲学线索，一种管理观演化为另一种管理观的内在逻辑。这里所讲的内在逻辑主要是指一门理论由于本身所内蕴的缺失和偏颇导致后继理论对其超越发展的线索。

（1）行为科学替代古典科学管理理论的内在逻辑。以“泰罗制”为主体的古典科学管理理论的诞生，标志着科学开始代替随意，理性放逐经验，管理学堂而皇之跻身于科学的殿堂。但由于科学理性被推崇到无以复加的地步，在推行过程中很快就暴露出一些致命的弱点，埋下了必然被后继理论超越的伏笔。丹尼尔·贝尔批评“泰罗学说造成一种‘社会物理学’，把人的社会面降为纯粹的物理定律和决定要素”①，“科学管理建立了一种单面的人和组织的机器式模型”②。由于他们的管理理论旨趣对管理对象和客体的过分倾斜，随着“见物不见人”的弊端日渐凸显，这种一切导向工作效率，以为只要将管理诉诸于科学理性，只要简单地满足人们的物质需求就可以实现高效率的片面、浅薄的管理哲学，终于伴随着社会财富的不断增长以及理性主义在20世纪的最后式微而不可避免地为以人际协调、人的激励特征的行为科学所取代。

（2）现代管理科学取代行为科学的逻辑。人群关系论及其延长线上的行为科学，是以对“泰罗制”进行反动和纠拨面貌出现的，是一种针锋相对的对峙。所以它在为管理学说的研究开辟了一个新的方向的同时，也暴露出该理论自身的偏忽和不足。其一，他们所研究的人，一般还只是限于个体或非正式团体的层次上，即使涉及到正式组织中的人群关系也仍然是囿于狭隘的心理关系，强调的是个人对群体的心理依赖、归属，忽略了企业人文与生产两大分支系统的整体分析，未能将人文导向与效率导向、理性与人性有机地协调起来，丹

①、② 雷恩：《管理思想的演变》，第409、411页。

尼尔·贝尔等人指责行为科学是“福音主义”和“神秘主义”的不恰当结合。“缺少一种我们经济制度的大结构框架的观点，而正是在这种框架之中，这些关系才得以产生并具有意义。”[①]也就是说忽视了企业中经济、技术系统对职工的影响。正由于此，它不能彻底有效地克服古典科学管理理论的不足。其二，更为严重的是，忽视了社会外部环境对企业的影响，而二战之后科学的突飞猛进在有力地推动了资本主义经济发展的同时，也使企业的外部竞争更加激烈，生存环境愈加险恶，对企业的战略规划和科学经营决策要求也随之提高，电子计算机成为相当重要的管理手段。显然，以行为科学为底蕴的管理理论对此不能说完全无能为力，起码显得力不从心。正是上述不足导致了“理性主义复活”，迎来了主客体相统一的现代管理学阶段。

（3）企业文化理论取代现代管理科学理论的逻辑。现代管理理论既是对古典管理理论与行为科学的综合，又是顺应“战略制胜”的时代需求而产生和发展起来的。科学管理与行为科学结合，只能使管理理论比较全面，但并不能就此克服行为科学固有的不足，“工人仍旧被看作是达到工业生产率这一目标的一种手段。社会技能是新的手段，目标仍是对工人进行操纵。人际关系并没有恢复做工的骄傲和减轻无目的性，只是代之以工人的精神发泄，并没有从根本上解决问题，即改变工作本身的性质。”[②]，把人当作本身，“人是目的”，给工作导入意义，这是企业文化理论的重要特色。它对现代管理理论的超越在于：第一，企业文化理论是对泰罗科学管理运动以来丰富的管理学成果的扬弃，它汲取了现代科学管理阶段的系统论，形成了以价值观为内核，物质、行为、制度和价值观三

---

① 雷恩：《管理思想的演变》，第405页。

② 黑格尔：《哲学史讲演录》第1卷，商务印书馆，1983年版，第32页。

个理论层面紧密相连、浑然一体的有机系统，重新扬起行为科学的“人的旗帜”，但又是以对企业内部员工整体的研究代替个体的研究，突出组织整体功能的意义；第二，企业文化理论对企业管理的探讨，其内蕴的科学与艺术的统一由着重探讨管理硬技术，转移到软硬结合的管理艺术上；第三，注重从传统文化中汲取菁华并容纳时代精神，主张把历史、现状和未来用一种“文化惯性”联系起来，利用“文化力”的功能来克服现代工业文明对人性的贬抑，消弥职工的紧张感和压力感，试图恢复员工自主劳动的轻松感和愉快感，使“单向度”的人成为全面发展的人。

3. 管理理论的理论结构。(1) 古典科学管理理论是客体至上论的理论。从 19 世纪末泰罗的“科学管理运动”到 20 世纪 20 年代的“霍桑试验”，管理被视为追求效率的手段。管理学的研究视角主要聚焦于管理客体、物，也即相对于管理主体认识和实践活动对象或载体的东西，如工作量的测定、工资形式的探讨和组织结构的设计；机械设备、原料以及工作条件的标准化问题研究。即使涉及到人，也是将主体的人当作客体——“被动的生产工具”、“机器的附属物”——加以观视的。应该说这个阶段的管理论其实践论、技术论的印记很明显，还是把作业作为主要认识对象，停留在解决如何干的操作论层次上。

(2) 行为科学是主体至上论理论。20 世纪 20 年代末，通过霍桑试验，梅奥提出“社会人”的观点，公然举起反对科学管理运动的叛旗，标志着管理学研究重心开始向人回归，尤其是经过行为科学学派的承传和拓掘，人性、个体行为、小群体行为、组织行为以及领导行为得到了深入、广泛的系统探讨，以致巴纳德不无武断地说管理就是研究组织中人的行为，行为成为当时具有“范式”意义的核心范畴，对人尤其是人的行为研究成为 20 世纪中叶管理学的时代主旋律。“人的太阳”终

于穿过科学管理“见物不见人”的茫茫夜幕冉冉升起。应该说，这种对人的研究还是在社会心理学层面上展开的，旨在解决如何肯干的问题，没有逼近到文化价值深层。

(3) 现代科学管理是主客体统一论的理论。管理学发展的第一个阶段主要侧重于研究客体、物，留意事实，带有很重的技术论倾向。管理学发展的第二个阶段偏向于主体、行为的研究，具有浓郁的人文主义色彩。进入20世纪60年代，开始出现一种将二者调和、综合起来的趋势。既重视管理中的科学理性，又倾听人的呼声；既研究个体的人和群体、组织的关系，也关注组织和宏观社会环境的关系。把人和环境构成的系统作为管理研究的核心内容。

20世纪80年代初开始风靡全球的企业文化理论尽管面貌上有较大变化，但实质上是在系统管理理论的基础上合乎逻辑的进一步发展。不仅继承了前者将管理主体和管理客体统一起来的思路，而且在此基础上迈进了一步，提出文化环境是影响人和组织行为更为深刻的因素。德鲁克关于“管理不仅是一门学问，还应该是一种文化，即有它自己的价值观、信仰、工具和语言的一种文化”的思想，就能很好地说明这一点。

4. 思考管理哲学上升到大哲学的高度。就是说，要把管理作为思维的原点，运用现代管理和管理学的眼光重新审视哲学的基本概念，在这里，作为确定性的前提出现的是管理和管理学中的基本事实和概念，作为变数出现的则是哲学中的一些基本概念和观念，通过哲学和管理学联姻，力求管理事实和管理学中的一些重要观念也在哲学上获得普遍意义。比如，马克思正是把经济事实和经济关系人类生存的根本性的维度引入到哲学思考之中，导致了哲学领域里的一场划时代的革命。我们进行管理哲学研究时也应有这样的理论胸襟和追求。要能通过管理哲学的研究，不仅把具体管理科学成果转化为哲学理论，而且要推动哲学自我超越。这样包括管理哲学在内的部门哲学研究的境界就能更高远，天地才能更广阔，从而对哲学发展作出更大的贡献。

从管理思想史的视角建构管理哲学的尝试

20世纪80年代中叶伴随着管理学研究的不断深入和强化哲学应用研究呼声的日益高涨，一门新兴交叉学科——管理哲学应运而生。由于该学科特殊的理论价值和现实意义，很快引起理论界、实业界的广泛关注和极大兴趣，成为哲学应用研究中的一大热点和显支，先后发表数十部专著和大量学术论文，形成管理哲学研究的若干不同模式。本文正是在考察林林总总的模式之后，提出自己关于管理哲学学科建设的看法。

一、问题的提出

管理哲学在我国的研究虽然进展较快，但也出现了一些不足和偏颇。其中最为典型的有两种：一种是还没有冲破原理的樊篱，表现为用哲学的一般原理、观念来“套”具体管理学说、管理案例，即先找到管理中的问题，然后用现成的哲学原理、规律加以解说。这种简单化的做法容易形成哲学与管理的“杂拌”，是一种拼盘式的管理哲学，它无法体现出作为相对独立的管理哲学学科的功能和价值，也就不能称作管理哲学。另一种情况是与实证的管理科学的脐带没有割断。这种管理哲学体系中许多内容还停留在具体实证管理学的层面上，表现为套用、沿袭现有的管理学的体系、范畴和方法，缺乏相应的哲学概括和提升。这种抢地盘式的管理哲学难免局限于具体的管理之中研究管理。其理论重心不在于如何看待、评估管理，而是怎样管理。上述倾向造成两个极端，沿着这两条路径走，很难建立起符合该学科特有品格的、相对独立的管理哲学体系。

即使是遵循哲学的本性研究——它的思维焦点不滞留在仅仅揭示现代管理实践活动的一般规律，回答怎样管理的问题，而是将管理理论作为再认识的对象，对其进行哲学的透视和反思——但这毕竟是一种静态的横断研究。它的贡献在于通过对现代管理的各个要素、环节、过程、规律和方法的观照和反思，提出了极其丰富的关于现代管理的总体看法，这些管理观对人们从事管理实践活动和认识活动具有相当的启迪和指导意义，但同时，这种共时态研究取向决定了其不可能从发生学、发展学的角度去思考管理哲学建设；并且纳入哲学框架反思的管理学理论大多是各个孤立的理论或命题，而不是相互联系、具有严密内在结构的理论系统。例如，这种管理哲学研究模式形成的管理组织论，一般包括组织的本质、组织的结构、组织的辩证法等几大板块，无疑这些阐述深化了人们对组织的认识，但它却不能告诉我们，在泰罗的科学管理法体系中，其组织论地位、其组织论与后继人际关系学派、决策学派等的组织论之间的相互关系；更不可能说明古典科学管理论、行为科学、现代管理理论和企业文化理论在管理哲学体系中所处的环节和地位以及这些学派演进的内在逻辑。

公允地说，这已超出了静态研究模式的范围。但是，这块理论的空白区域却是需要加以填补的，本文希望通过对管理思想史的考察，使管理哲学的研究筑基于史的基础上。

二、管理哲学的研究对象及其依据

明确一门学科的研究对象既是建立该学科的立足点，也在一定程度上决定着一门学科的特殊内容和性质。康德对此曾有深刻的阐述："如果想要把一种知识建立成为科学，那就必须首先能够准确地规定出没有任何一种别的科学与之有共同之处的，它所特有的不同之点；否则各种科学之间的界线就分不清楚，各种科学的任何一种就不能彻底地按其性质来对待了。"①

管理哲学的研究，当然也应该按照哲学的本性要求，体现哲学的思维特点。正因为此，笔者认同那种依循哲学本性来研究和建立管理哲学的做法——通过揭示现代管理活动的本质和特点及其规律体系，研究人们关于现代管理活动的根本观点和方法论的原则，并且加以理论化和系统化，从而为人们提供从事现代管理的科学的哲学理论和方法②——这显然是从哲学特性出发研究管理认识活动了，即它的内容是关于管理的，而它的研究方法和理论形态却是哲学的。应该说，这种对管理哲学研究对象的选择以及围绕此所作的努力是卓有成效的。然而，由于它只立足于现代管理活动的评估反思，毕竟是一种静态透析和横断研究，更多关心的是静止状态理论的逻辑结构，对于解决管理知识发现和增加的问题，就有些力所不逮了。如果说，管理哲学的体系是一张网的话，它只提供了纬线向度的认识成果。建构完整的管理哲学体系还需要一种纵向的历史的考察，即经线向度的努力。康德有句名言："没有科学史的科学哲学是空洞的；没有科学哲学的科学史是盲

---

① 康德：《未来形而上学导论》，商务印书馆，1978年版，第17页。

② 崔绪治，徐厚德：《现代管理哲学概论》，安徽人民出版社，1986年版，第4页。

目的。”①同样，管理哲学的研究也应与管理思想结合起来，通过对整个管理思想史的流贯把握，概括出特定阶段管理哲学的历史形态，缕析其内在结构，并梳理出其演进的内在逻辑。套用西方科学哲学的一个术语，这种工作实际上就是管理思想史的“合理重建”。

这样，管理哲学的研究不仅不能游离、独立于管理思想史之外，而且一定意义上甚至可以说，可改称管理史的本质为管理哲学。当然，它不是杂乱无章、人名和书名堆集的管理史。这种“合理重建”起码包括以下几个方面：

第一，概括出某一特定历史阶段其主导管理学派的根本管理观——管理哲学。指出这门管理学派内部分支理论如何围绕这个核心，或者说，根本管理观是如何统摄各分支理论并缕清其分支理论在总的理论体系中的地位功能以及它们之间的相互关系的。

第二，在前面“定点透视”的基础上，从历史发生、发展的角度，揭示前后相继管理科学取代另一种管理科学的哲学线索，一种管理观演化为另一种管理观的内在逻辑。这里有一点需要阐明，正如科学发展不仅是自身逻辑的批判和继承问题，它还要受到时代的经济、政治和社会等文化因素影响一样，管理思想也不可能是单纯的自我运动。但本文主要是从“内部史”角度，即管理理论自身发展的角度来考察管理思想嬗变的内在逻辑。至于“内部史”以外的各种因素对管理思想发生影响的历史——“外部史”，本文就不作专门考察了。因为，“外部史”对于重建管理思想史的工作而言，毕竟只是起次要和补充的作用，而且外部因素主要涉及的是社会、经济和政治因素，这些就超出了哲学考察的范围。

① I.拉卡托斯:《科学研究纲领方法论》，译文出版社，1986年版，第141页。

第三，通过对整个管理思想史的鸟瞰、剖析和抽象，提炼出管理哲学的基本范畴。这些基本范畴表征着管理思想史各个特定阶段的思维方式，具有库恩所说的“范式”意味，同时，这些基本范畴作为对各个阶段管理的凝炼，又有机地构成管理哲学理论体系的各个环节，通过这些范畴的流转可以导致管理思想的“具体的再现”。

可见，“合理重建”的过程，就是管理哲学的研究过程，“合理重建”的成果就是管理哲学本身。本文将管理哲学的研究对象一定程度上界说为管理思想史，并非主观臆想，而是有着思想史的依据的。黑格尔在《哲学史讲演录》一书中多次阐述过哲学史就是哲学的思想。他说：“同时这个导言虽只涉及哲学史，但所说的话也同样适用于哲学本身。”①在考察哲学史性质时，他更加明确地说：“我们将要特别藉此对于哲学史同哲学这门科学本身的关系有所认识，这将是最有兴趣的一点。这就是说，哲学史将不只是表示它内容的外在的偶然的事实，而乃是昭示这内容——那看来好像只属于历史的内容——本身就是属于哲学这门科学。换言之，哲学史的本身就是科学的，因而本质上它就是哲学这门科学。”②所谓有“属于哲学这门科学”，是指哲学史不应是庞杂资料的汇编，而是“一个有机的进展的全体，一个理性的联系，唯有这样，哲学史才会达到科学的尊严。[哲学是理性的知识，它的发展史本身应当是合理的，哲学史本身就应当是哲学的]”③。黑格尔撰写他的《哲学史讲演录》时，的确是将之作为哲学著作看待的，通过恪守和运用“发展”与“具体”两个原则，来实现“哲学史本身就应当是哲学的”这个设想的。所谓“发展”，在黑格尔那儿是理念的自我运动，而“具体”是指理念的内容，即作为自我发展的理念

① 黑格尔：《哲学史讲演录》，商务印书馆，1983年版，第6页。

②、③ 黑格尔：《哲学史讲演录》，第12～13页。

“乃是一个有机的系统，一个全体，包含很多的阶段和环节在它自身内。”基于这种认识黑格尔进而深刻地指出：“哲学是认识具体事物发展的科学。”①总之，黑格尔认为在数千年的人类认识发展过程中，由许许多多哲学家参与创造的哲学史，是一个具有内在逻辑的发展进程，并且他勾勒了这个进程，尽管是唯心主义的。

黑格尔对哲学史与哲学关系的阐释，不仅为我们关于管理思想史在一定意义上就是管理哲学的论断提供了有力的佐证，而且在对他的唯心主义作唯物主义的颠倒之后，这些论述有着相当的方法论价值，是一笔丰厚的理论遗产。

仅仅论证了哲学史本质上就是哲学，似乎还不能逻辑地推演出管理思想史本质上就是管理哲学。因为人们会提出，哲学史毕竟是关于整个认识的历史，它与哲学有着很大的共同之处，管理思想史称之管理哲学的依据，相形之下就显得有点不足。

这实际上还是一个哲学观的问题。如果只是因为黑格尔提出过哲学史和哲学是统一的思想，就推断管理思想史就是管理哲学，那么，不无牵强之处。

关键在于黑格尔不仅陈述这一思想，而且身体力行地做了示范，他没有将哲学史写成人名和书名的历史，而是从揭示整个哲学史的内在逻辑和自身规律的角度撰写哲学史的，并且取得了一定成果，尽管本质上是唯心主义的。这样，他就有资格骄傲地宣称《哲学史讲演录》就是哲学著作。“在哲学史里我们所研究的就是哲学本身。”②

在这里黑格尔表达了这样一个思想，是不是哲学，不仅在于它研究的对象，而且也在于它研究的方法，把握对象的方式。这是有相当价值的思想，它昭示我们研究管理思想时，只

①、②　黑格尔：《哲学史讲演录》，第12～13页、第24页。

要不是简单地介绍管理学家的生平、著作和他们的体系观点，而是力图概括出各个历史阶段的独特风貌以及这些图景变迁的内在逻辑，我们就有理由认为我们关于管理思想史的研究就是管理哲学的研究。

事实上这种思想并非黑格尔独有。经典作家们也是认同甚至自觉运用的，并且不囿于哲学史。马克思正是扬弃了黑格尔唯心辩证法而代之以唯物辩证法，并且将这种方法贯彻到经济学的研究中才写成具有划时代意义的名著——《资本论》。尽管在《资本论》中，他是通过"商品"、"货币"、"资本"等经济范畴体系及其辩证运动来概括、揭示资本主义经济关系的矛盾运动的客观过程，也就是说他研究的是经济活动及其规律。但是，列宁却是把《资本论》看作辩证唯物论的逻辑学，他指出："虽说马克思没有遗留下'逻辑'（大写字母的），但他遗留下'资本论'的逻辑。应当充分利用这种逻辑来解决当前的问题。在'资本论'中，逻辑、辩证法和唯物主义的认识论（不必要三个词：它们是同一个东西）都应用于同一门科学。"①

再也明白不过了，列宁这里是把《资本论》作为马克思的哲学著作看待的，而且是以十分赞许和推崇的口吻讲这一番话的。现在越来越多的学者不仅将《资本论》看作经济学著作，更把它看作经济哲学著作。

毛泽东同志的《论持久战》和《论十大关系》阐述的内容是关于军事和政治的，但是由于分析、把握问题的方法体现着哲学的特点，因而同时也被看作军事哲学和政治哲学著作。

这些都一再表明，能否称为哲学不仅在于它研究什么，还在于它怎样研究。当然对于社会活动某一领域、层次、侧面的哲学研究，不是元哲学，而是部门哲学。

---

① 《列宁全集》第38卷，人民出版社1959年版，第357页。

此外，就管理思想史自身而言，任何管理理论都不是凭空从天而降的，没有赤裸裸的理论，理论都存在于历史之中。管理理论不是从开天辟地以来就是如此和将来也会永远如此的，它们都有发生发展的过程。这个过程就是具体管理理论现成结构的生成或建构过程及其本质属性形成的过程。而具有一定结构和特点的管理理论，则是这个过程的结果。因此，可以说，任何管理理论都是历史的东西，而历史这里是指管理理论乃是它的发生发展的过程和作为这个发生发展过程的结果的统一。这种统一本身又是变动不居的。因而管理学自从它诞生以来，虽然不逾百年，但不断发生“革命”和“创新”。管理思想史也颇像黑格尔描绘哲学史那样“全部哲学史这样就成了一个战场，堆满着死人的骨骼。它是一个死人的王国，这王国不仅充满着肉体死亡了的个人，而且充满着已经推翻了和精神上死亡了的系统，在这里面，每一个杀死了另一个，并且埋葬了另一个”①。

管理思想史的情形并不好多少，所谓“管理理论的丛林”就是它的写照。管理思想史是一泓四处横溢的水，还是沿着河道汩汩流动的河呢？它是一条流动不停的河，当然有许多叉道和支流，管理思想史演进的内在逻辑就是我们要寻觅的主河道。

不仅管理思想史是一条变动不居的河，而且任何管理思想、管理理论都有其内核——管理观，管理理论是管理观的展开和具体化。每个管理学说都有一个以管理观为核心的逻辑结构，根本管理观发生变化，管理理论、管理思想必然随之发生嬗变，不可能有脱离哲学的管理理论。恩格斯在《反杜林论》二版序言中讲过，“如果自然科学不忘记，那些把它的经验概括起来的结论是一些概念，而运用这些概念的艺术不是天

① 黑格尔：《哲学史讲演录》，商务印书馆1983年版，第21～22页。

生的，也不是和普通的日常意识一起得来的。而是要求有真实的思维。”①这里“真实的思维”，恩格斯明确指出就是“二千五百年来的哲学发展所达到的成果。”②泰罗在《科学管理原理》中也指出：“科学管理包括着某种主要的普遍原则，是一种能以各种方法运用的哲学观。”③

由上我们完全有理由认为，管理思想史本质上就是管理哲学，而“合理重建”管理思想史的工作就是管理哲学的研究内容，“合理重建”的结果就是管理哲学本身。

三、管理哲学的研究方法

研究对象决定着研究方法。探讨研究方法将有助于我们深化对研究对象的认识，并更有效地抓住研究对象，达到研究目的，建立较为科学的理论体系。

鉴于本文的研究取向主要是通过管理思想史的研究而建构管理哲学，因而主要运用历史与逻辑相统一的研究方法。

历史与逻辑一致的思想，是由黑格尔最初提出来的。他在说明绝对理念的运动和自我认识的过程时说：“这种具体的运动，乃是一系列的发展，并非像一条直线抽象地向着无穷发展，必须认作像一个圆圈那样，乃是回复到自身的发展，这个圆圈又是许多圆圈所构成；而那整体乃是许多回复到自己的发展过程所构成的。”④他不仅描述了理念按圆圈发展的历史，而且论证了圆圈发展的逻辑，并断言二者的内在统一。当然，他的历史与逻辑统一的原则还是从客观唯心主义立场上阐释的。经过马克思主义创始人和经典作家的批判改造，将

---

①、② 《马克思恩格斯选集》第 3 卷，人民出版社 1972 年版，第 54 页、第 55 页。

③ 泰罗：《科学管理原理》，上海科技出版社 1984 年版，第 16 页。

④ 黑格尔：《哲学史讲演录》商务印书馆 1983 年版，第 31～32 页。

黑格尔对二者关系所作的唯心主义颠倒再颠倒过来，从而使历史和逻辑相统一的原则，成为人们科学研究所必须遵守的辩证方法。

对于管理哲学而言，思维在再现各管理学派具体整体的时候，通过各种思维形式的联系，反映某一具体管理学派其根本管理观对于各分支理论的统摄关系，各分支理论在总的体系的地位及其相互关系，形成一定的逻辑结构。这就是逻辑的东西，逻辑的东西是作为发生发展过程结果的具体而整体的现成方式及由它所规定的本质属性的逻辑表现，它不仅仅是再现过程的结果。当它以逻辑的方式建构各具体管理学说的分支理论、原则之间相互联系的时候，也必然再现具体而整体现成结构的生成或建构过程和本质属性的形成过程，即必然再现历史的东西。管理哲学所讲的历史是指整个管理思想史。管理学诞生以前，人类管理实践的规模比较小，对管理的认识相应的也就肤浅盲目和零散，因而没有形成具有较为严密系统的管理科学，也就不能提炼管理哲学的逻辑结构，只有管理哲学的胚胎、萌芽和片层。因而，本文没有将之作为管理哲学本身，而是作为形成管理哲学的养料和台阶来把握。

本文运用并且强调这个方法，目的就是按照思想史的材料和人类认识的逻辑来揭示真实的管理历史和逻辑的一致，从而“合理重建”管理思想史，建构管理哲学体系。

管理思想运动的实际历程，就是从管理客体入手进而回复到管理主体，最后达到主体和客体统一的圆圈。这在整个管理思想史中是一个大圆圈。总的说来，古典科学管理时期，偏重研究管理活动的对象，在经济管理理论中是机器或“机械”，在行政管理理论中是“机构”或“机关”，人际关系-行为科学阶段，则将研究触角伸向人，研究人的行为、人性、组织以及个人和组织的关系；而现代管理科学阶段表现为对前面阶段的综合，管理开始把人和人的活动对象统一起来，纳入研究视

野。在这个大圆圈中的每一个发展阶段上，同样地又是管理客体-管理主体-管理主客体统一的小圆圈。例如，现代科学管理阶段各管理理论尽管都强调系统研究管理，但又各有偏重，条件理论着重管理客体——环境，组织行为理论偏重管理主体——人，而系统管理学派比较全面地研究二者统一所构成的系统。

以上分析说明，管理思想的一般的逻辑进程，就是管理客体-管理主体-管理主体和管理客体统一的圆圈。这个圆圈在管理思想进程中表现为螺旋式的上升运动。当然，这只是管理思想运动的一般进程。所谓一般进程，就是说，它是对管理思想发展过程的一般的逻辑概括。管理思想的实际过程要曲折和复杂得多。提炼管理哲学不能离开历史材料，但又必须对历史材料进行抽象概括。恩格斯说："历史从哪里开始，思想进程也应当从哪里开始。而思想进程的进一步发展不过是历史过程在抽象的、理论上前后一贯的形式上的反映；这种反映是经过修正的，然而是按照现实的历史过程本身的规律修正的。这时，每一个要素可以在它完全成熟而具有典范形式的发展点上加以考察。"①管理思想史的材料是极其丰富的，如果我们将管理思想史的具体材料和管理哲学相对照，在有的地方就可能会发现管理思想超越管理哲学的跳跃，在有的地方又可能发现管理思想史落后于管理哲学要求的曲折，在许多地方还可能会发现和管理哲学无关或关系不大的材料。如果过分拘泥于管理思想史的材料，处处被它牵引，那么就难以从思想史的材料中发现管理哲学。相反，如果仅按照管理哲学，又势必变成从外面强加到管理思想史中去的抽象的片面的东西，在处理历史和逻辑的关系时，我们应当以历史为基础，以逻辑为主线，达到历史和逻辑的一致。正如恩格斯所指

① 《马克思恩格斯选集》第2卷，人民出版社，1972年版，第122页。

出的："逻辑的研究方式是唯一适用的方式。但是，实际上这种方式无非是历史的研究方式，不过摆脱了历史的形式以及起扰乱作用的偶然性而已。"[①]这就告诉我们，为了说明管理思想史和管理哲学的一致，在考察管理思想史的内容时，应当确定对思维的逻辑规律来说具有典型形式的发展点，排除起扰乱作用的偶然性因素，这样才能达到历史和逻辑的一致。

本文在运用历史与逻辑相统一的方法时，特别注目于努力建立一个科学的逻辑结构。对于上述对象的整体性研究，必然要求着研究主体论述中的整体性。这种主体论述中的整体性，其实就是一种对于叙述逻辑的要求。因为对于研究对象的总貌的把握势必导向一种结构的处理。结构处理的实质，乃在于寻找一种最为恰当的逻辑方式，来表达事物的辩证运动。列宁曾经从矛盾的"细胞"形态中揭示出"一切矛盾的胚芽"，称为"一般辩证法的阐述（以及研究）方法"[②]。因此，我觉得管理思想的发展进程，可以而且也应该归结为一个辩证的基始矛盾，"从前进着的各种对立中发展起来的过程"[③]。这种"具有内在的行进"的"认识"[④]，其实是具有内在矛盾性的客观事物自我运动在观念上的清晰化了的显现。

在管理思想的演进中，矛盾的"细胞"形态无疑是管理。历史的起点，也就是逻辑的起点，无论远溯远古洪荒时代还是近抚管理科学诞生以来，管理应是管理哲学理论体系大厦中的第一块砖。因为，管理可以逻辑地推演出管理哲学的其他基本范畴。逻辑起点的确定，对于本文确立自己的管理哲学体系具有关键的意义。因为只有从正确的逻辑起点出发，历

---

① 《马克思恩格斯选集》第2卷，人民出版社，1972年版，第122页。

② 《列宁全集》第38卷，人民出版社1959年版，第409页。

③ 《马克思恩格斯选集》第3卷，人民出版社，1972年版，第531页。

④ 黑格尔：《逻辑学》下卷，商务印书馆，1981年版，第489页。

史运动的内在逻辑才能得到辩证的展开。

逻辑起点的确定，乃是研究的结果，是事物运动的内在结构被认识清楚了的结果。在叙述上表现为开头的东西，在研究中乃属于一种结果。马克思说："在形式上，叙述方法必须与研究方法不同。研究必须充分地占有材料，分析它的各种发展形式，探寻这些形式的内在联系，只有这项工作完成以后，现实的运动才能适当地叙述出来。这点一旦做到，材料的生命一旦观念地反映出来，呈现在我们面前的就好像是一个先验的结构了。"①历史从哪儿开始，逻辑的起点仍应该在哪儿。管理哲学范畴体系的逻辑起点无疑应是管理，然而对于这一逻辑起点的认识是必须以对整个管理思想流变历程的分析研究为基础的，必须把"完整的表象蒸发为抽象的规定"，这些"抽象的规定"要能"在思维行程中导致具体的再现"②。通过细致剖析，咀嚼管理思想史的材料，我从整个管理思想中"蒸发"出管理、人、组织、行为、决策和价值几个范畴，这几个抽象的规定在全文的论述中可以导致自科学管理迄今以来整个管理思想发展阶段的"具体的再现"。

---

① 《马克思恩格斯全集》第23卷，人民出版社，1972年版，第23～24页。

② 《马克思恩格斯选集》第2卷，人民出版社，1972年版，第103页。

管理哲学研究对象的比较研究

在我国，管理哲学作为一门新兴的交叉、中介、应用学科的研究发轫于20世纪80年代中期。虽然时间不长，却已先后发表近10部专著和大量学术论文，观点众说纷纭，甚至大相异趣，呈现出一派繁荣景观。在学科草创阶段，这种现象无疑是正常的，也有益于学科的建设，但从管理哲学长远发展和对管理实践指导角度考虑，则必须梳理出一条走出这“模式丛林”的途径。因此，有必要对当前林林总总的管理哲学体系在总体把握的基础上进行比较研究，而首要的起点工作则是对管理哲学得以成立的基本前提和条件作较为深入的考察和分析。近几年来管理哲学研究的初步成果为比较研究提供了可能，本文拟就此作些探索。

一、管理哲学研究对象比较研究的意义

笔者提出研究对象比较研究这项论题，是基于以下两方面的思考。

其一是理论研究自身的要求。首先，明确界定一门学科的研究对象决定着这门学科能否成立。康德对此曾有深刻的阐述，在《未来形而上学导论》前言中开宗明义地说：“如果想要把

一种知识建立成为科学，那就必须首先能够明确地规定出没有任何一种别的科学与之共同之处、它所特有的不同之点，否则各种学科之间的界线就分不清楚，各种科学的任何一种就不能彻底地按其性质对待了。”①的确，界定一门学科的研究对象既是建立该学科的立足点，也在一定程度上决定着一门学科的特殊内容和性质。严密的理论体系，翔实的学科内容也无非是研究对象的具体化、丰富化、逻辑化和系统化。其次，学科急剧分化，具有综合性、边缘性、交叉性的新型学科不断涌现，启迪我们对任何社会实践的特定领域可以从多向度、多层次进行观照、探讨和研究。作为最基本的人类社会实践之一的管理实践，当然也可以成为众多学科研究的客体，从而形成管理科学的各种层次不同、视角相异的学科和学派，如管理社会学、管理心理学、行政管理学、科研管理学和管理思想史等。一定的领域，客体可以由众多学科分别或共同研究，却不等于说各分支学科的研究对象可以混淆、模糊，允许没有特定的研究对象。各具体分支学科之所以有存在的价值是因为它们从各自的特定层次、角度，运用自己学科的知识、原则、方法，探讨了这一领域的特殊的方面，丰富了原来母体学科的知识容量，推进了其研究的深度。对于这个问题，毛泽东同志在《矛盾论》中有过专门论述：“科学研究的区分，就是根据对象所具有的特殊的矛盾性。因此，对于某一现象的领域所特有的某一种矛盾的研究，就构成某一门科学的对象。”②换句话说，一门独立学科其研究的对象必须是针对某一领域特殊的矛盾，否则就无从发挥特定的学科功能，也就丧失了该学科存在的理由和发展的可能。就管理哲学而言，由于它处于管理学与哲学的交叉区域，既是哲学的应用研究的分支，又是管理

① 康德：《未来形而上学导论》，商务印书馆，1982 年版，第 17 页。

② 《毛泽东选集》(合订本)，人民出版社，1964 年版，第 284 页。

学的最高理论层次，兼具思辨和应用的两重属性，涉及众多学科的知识、方法，且担负着指导管理实践活动的功能，处理好学科之间的划界问题实属不易，正因为其既是重点，又是难点，因而也有必要通过比较研究加以探讨。

其二是实际研究状况使然。正如前述，管理哲学在我国研究虽然进展较快，但也出现了一些缺憾，其中最为典型的有两种情况。一种是还没有冲破原理的樊篱，用哲学的一般原理、观点来"套"具体管理学说、管理案例，等等。这种简单化的做法容易形成哲学与管理的"杂拌"，很难称作管理哲学，也无法体现出作为相对独立的管理哲学学科的功能和价值。另一种情况是与实证的管理学科的脐带没有割断。这种"管理哲学"体系中许多内容还停留在具体实证管理学的层面上，表现为套用、沿用一些管理学的体系、范畴和方法，缺乏哲学概括和提升。这就难免陷在管理之中研究管理，其理论重心不在于如何看待管理，而是怎样管理。这与上述倾向适成两个极端，沿着这两条路子走，很难建立相对独立的管理哲学体系。

总之，学科独立的理论原则和现实研究状况的阙失，都展示了这一课题研究的重要和必要。

二、管理哲学若干研究对象的述评

对于管理哲学研究对象的界说，学术界是见智见仁、莫衷一是。本文仅对其中较有代表性和较有影响的几种观点进行概略的述评。

崔绪治教授、徐厚德副教授自 1986 年出版第一部管理哲学专著《现代管理哲学概论》以来，5 年内一气呵成推出了现代管理哲学研究的"三部曲"，他们对管理哲学研究对象的规范基本上一以贯之，认为现代管理哲学"是通过揭示现代化管理活动的本质和特点及其规律体系，研究人们关于现代管理

活动的根本观点(可称为“现代管理观”)和方法论的原则,并且加以理论化和系统化,从而为人们提供从事现代管理的科学哲学理论和方法”,这是将研究途径、范围和目的统一起来而下的定义。其核心在于“它是关于现代管理观和方法论的学问”①。著者既能站在管理之外,又循着哲学本性来观照、探究管理的实践和认识活动,所以,其思维焦点既非滞留在仅仅揭示现代管理实践的本质、特征及其规律体系(这是理论管理学研究的重点内容),也不是从某一角度或侧面来研究管理,揭示相应现象的特殊本质和规律,而是从总体上(管理活动的总体以及管理中各要素、环节、过程、规律和方法的总体),从人们对待现代管理的根本指导思想的视角来研究和把握现代管理。例如,他们对管理一般的总体研究,形成管理本质论、管理实践论等;对管理具体的要素、环节、环境等的总体研究,形成管理主客体论、管理介质论、管理环境论等;对管理操作的总体研究,就形成管理劳动论、管理组织论、管理决策论等;对管理文化的总体研究,形成管理价值论、管理道德论和管理语言论等。这些理论就其研究的内容来说都是针对管理的不同要素、规模和层次的,而理论形态却都是哲学的,它提供的是对管理实践活动、管理认识活动的根本看法,而不是具体操作的管理技术、管理方法乃至管理原则。方法论融化在诸多的管理观中,这些观点对管理实践有指导意义,对管理理论研究有启发价值,体现了其方法论的功用。可见这种根本观点的指导是最一般的,也是最高的、最重要的指导,它为人们提供的是管理的价值观念,是如何管理的思维方式。根本管理观发生了变化,管理方式和管理理论也随之发生重大而相应的嬗变,这已为管理学发展的历程一再证明。应该说,

① 崔绪治、徐厚德:《现代管理哲学概论》,安徽人民出版社,1986年版,第34页。

这种对管理哲学研究对象的选择以及围绕此所作的努力是卓有成效的。

张尚仁教授在《管理、管理学与管理哲学》一书中谈了对管理哲学的特定理解："管理哲学则主要在于探讨管理中的哲学问题。"[①]基于此，他进而提出"管理的基本范畴，管理中包含的基本矛盾及解决矛盾的基本方法，这些就是管理哲学研究的主要对象"[②]。这样的研究视角的提出，表明作者试图在管理哲学研究中另辟蹊径，即理论旨趣不在于运用哲学的一般观点、立场、原则阐述与分析管理，不是从哲学向管理学"俯冲"、"投射"，而是力图从管理中发现、提炼隐藏管理本质的基本范畴，并揭示这些范畴之间的相互关系。由于管理中千头万绪的关系，错综复杂的矛盾就是这些基本范畴及其关系的展开和外现，因此从纷繁复杂的管理中提炼出基本范畴，过滤出基本关系，也就揭示了管理的基本矛盾，找到解决这些矛盾的最一般的方法。显然，这种方法的系统化就是带有普遍、一般意义的管理哲学的方法论，它完全有别于解决管理中某一领域、侧面的特殊方法论，如行为科学的方法、数理统计方法等。基于这样的研究角度，著者透过管理活动的云雾，从管理学说的烟海中提炼出管理人、组织、行为、目的和控制 6 个基本范畴，并把这些范畴都跃升到管理哲学的层次上，如"人"的范畴已不是在关心如何通过管理发挥人的作用的管理技术层次理解，也不是在考察影响人积极性发挥的各因素的管理理论层面上理解，而是从管理角度去回答"人是什么"这样的问题。对于其他范畴的揭示也都进逼到深层的本质层面。无疑，这种尝试的成功之处在于形成了管理哲学的相对独立的方法论理论形态。

①、② 张尚仁：《管理·管理学·管理哲学》，云南人民出版社，1987 年版，第 162 页、第 164 页。

齐振海教授在主编的《管理哲学》在“管理哲学的研究对象”一节中指出，“管理哲学研究的问题是很多的。但是概括起来说，它所研究的问题，都是围绕着管理主体和管理客体的关系而开展的，都是管理主体和管理客体关系的不同侧面的表现。”①本书基于这样的研究角度，必然使得管理主体与管理客体的关系成为全书的思维焦点，全书也正是围绕这根轴心运动与旋转的；管理决策论是对管理主体与管理客体认识关系思考、研究的产物，管理组织论是对如何从管理认识向管理实践过渡问题沉思的产物，管理控制论是研究管理主体对管理客体的改造即两者实践关系而形成的，以上三块构成本书的管理认识论。研究管理主体对管理客体的作用方式、途径形成了管理方法论。阐述管理客体对于管理主体的效用关系而形成管理价值论。不难看出，这是一种哲学分析框架在管理中的投射。由于“管理主体与管理客体”的关系也为一般管理学和许多分支管理学所研究，所以提出这样的研究对象，其独特性尚嫌不够。诚然，管理主体与管理客体中有些方面，如价值关系，的确只能从哲学角度研究，但却不是管理中所有的相互关系，如认识关系、控制关系，都必须且只能由哲学研究，尽管哲学的视野可以控制它们，但哲学把握它们的方式与具体实证科学是不同的。正因如此，该书部分章节存在着实证色彩过浓的侧向，未能与实证管理科学完全廓清界限。

三、管理哲学研究对象之我见

笔者较倾向于管理哲学研究的重心不在于从管理实践活动中概括出管理的特殊本质特征及规律体系，而应在此基础上进行哲学的思辨分析，并升华成一般管理观；不在于简单搬

① 齐振海主编:《管理哲学》，中国社会科学出版社，1988 年版，第 10 页～11 页。

用哲学原理注释、论证具体管理实践，而是提炼包蕴管理本质和基本矛盾的范畴，揭示管理中最基本的关系和矛盾，形成最具有一般意义的方法论。然而仅如此似乎还不够，正如哲学是系统化、理论化的世界观一样，管理哲学也应是系统化、逻辑化的管理观。要使研究对象呈现系统化理论的特征，则必须从诸多管理观中提炼出管理观结构，并揭示其嬗变的内在逻辑脉络，即从发生、发展的动态角度，在管理思想的流变中把握管理观演进的内在联系，达到历史与逻辑的统一。拉卡托斯曾说过：科学哲学要研究一种科学何以能够代替另一种科学的逻辑联系。同样，管理哲学研究对象也不妨定义为研究一种管理科学取代另一种管理科学的哲学线索，揭示一种管理观演化另一种管理观的内在逻辑，唯有如此才能充分发挥管理哲学对管理认识活动和实践活动的指导作用，而不仅仅停留于反思和注释的功能。

“管理者必须成为哲学家”

——企业家的哲学素养漫议

20 世纪 70 年代，当代卓越的管理大师松下幸之助远离尘事，潜心著述，将自己毕生的经营之道撰写成书，他为那部充满商战谋略和人生智慧的书起名为《企业经营哲学》。几乎在同一时期，英国著名管理学家克·霍金森在他名噪一时的《领导哲学》中讲了一段近乎格言的话：“倘若哲学家不能成为管理者，那么管理者必须成为哲学家。”在管理实践和管理理论两条不同路径上响起的同一声音是耐人寻味的。

当代社会已进入或正步入一个企业家的时代。企业家在为世人瞩目和称誉的同时，社会与时代也对“隐藏在增长要素背后的国王”——企业家提出越来越高的要求。其中，一定的哲学修养已成为企业家尤其是大企业家不可或缺的素质。这种哲学素质在不同的层次上可以表现为求真的哲学思维，求善的哲学心肠和求美的哲学境界。

一、理性求真层面的哲学思维，是指人们从总体上科学认识客观事物本质的最一般的能力。如何透过错综复杂的管理实践的表象，把握事物的本质规律，如何从众说纷纭的“丛林”般西方管理理论中科学地汲取其合理内核，并能权变地加以利用，这些都需要企业家具有一定的哲学思维。一般包括：(1) 逻辑思维能力。逻辑思维是企业家提高企业管理水平的基本工具，它渗透于企业活动的方方面面，小至日常的汇报发言、讨论谈判，大到企业的计划、组织和市场预测。尤其是企业的科学决策更离不开种种逻辑规律，需要遵守逻辑法则。因为决策过程本身就是对占有信息的分析、判断和推理，而这是需要通过逻辑基本规律的同一律、矛盾律、排中律等单独和交叉运用实现的。实践证明，逻辑思维的自觉训练和运用对于克服小生产者的偏狭眼光和经验哲学，对于管理者整体思维水准的提高善莫大焉，它能使“人人心中所有，笔下所无”的思绪、意向确定化、清晰化。(2) 辩证思维能力。辩证法是马克思主义哲学活的灵魂，掌握了辩证思维就能避免“非此即彼”、“非白即黑”的形而上学的片面性，懂得全面、具体、发展和历史地看问题。譬如，管理工作经常笼罩在矛盾之网中，这就需要领导者能分清轻重缓急环节，抓住主要矛盾，并兼及其余。又如西方管理论各有侧重，甚至大相径庭，我们在借鉴时，就要从自己的国情、行情以及企业的实际出发，创造性地加以运用。绝不能机械照搬，这方面我们有过令人扼腕的教训。相反，战后日本经济奇迹的取得，就在于他们充分吸纳了欧美管理科学的精华，并将之与本民族文化心理有机地化合，从而形成了既有时代气息又有民族气派的管理模式。甚至，即使是同一理论体现在应用时我们也应加以区别。企业文化是当前西方独领风骚的最新管理模式，我们可以，也应该借鉴，但学习的是借用文化力量更有效地实施管理，而不能在具体的企业价值观、企业目标上亦步亦趋，须立足企业特殊性，或倡导创新，或信奉精益求精。这方面应是“水无常形，兵无常势”，因势利导。再如，西方管理学说忽而强调科学理性，把人视作机械的零

件;忽而又拒斥理性,“见人不见物”,应该说,无论哪一种偏失症都是由于缺乏辩证思维所致。辩证思维启迪我们:应把理性发展的科学性原则和人的本质发展主体性原则结合起来。(3)系统思维能力。现代企业管理的有机性、系统性越来越强。现代企业效率不仅受制于企业内部各要素、环节的影响,而且与企业外环境关联很大。作为管理对象的企业组织,它是由人、财、物、信息和其他资源在一定的目标下构成的系统。企业外环境是由政府、银行、原材料供应者、协作单位、销售者竞争对手、消费者、周围居民、市场等构成的系统。因而企业管理活动唯有充分地把握对象系统及其环境系统的普遍规律,运用系统方法进行控制和组织,才能得心应手,实现管理最优化。而这是断断离不开系统思维的。(4)超常思维能力。如果说,逻辑思维、辩证思维和系统思维是管理者处理日常生产、管理事务必须具备的素质的话,那么要出奇求新、异军突起就要借助于超常思维的神奇了。第一,要有求异性思维。一方面,要勇于和善于对现有事实进行质疑。重大科学发现常常都是从问号开始的,所以爱因斯坦认为,提出一个新问题往往比解决一个问题更有意义。对人们司空见惯或认为完美无缺的事物提出疑问,往往能发现新问题,找到新办法,取得新突破。另一方面,又要能从与众不同、“离经叛道”的角度构想问题。现代社会越来越追求个性,只有个性化的东西才能从大工业机械模件中脱颖而出,赢得社会青睐。而这是与因循守旧、循规蹈矩的传统思维格格不入的。美国企业界巨子福特对此深有感触地说,“人总是受着沿袭已久的陈规旧习的支配,这在生活中是允许的,但在工业企业中是必须排除的恶习。”①企业管理者不使自己恪守传统的经营法则和管理

① 杨沛霆等著:《领导与科学》,山东人民出版社,1985年第11版,第110页。

习惯，而是敢于向传统和习惯挑战，摆脱思维惰性，才能创见迭出，形成自己的管理特色，创造出异乎寻常的经营奇迹。第二，要懂得运用逆反性思维。有些事情顺理成章，按照逻辑程式的单向思维往往绞尽脑汁，仍是百思不得其解，而如果把思路倒转，溯流而上，则常能收到“蓦然回首”，那人却在灯火阑珊处的奇效。第三，要会捕捉灵感思维。灵感是新思想、新观点的突然闪现和顿悟，因而它是一种可能带来创造性成果的非逻辑思维方式。灵感思维并不只为艺术家和科学家所独占，企业家也需要灵感思维。拒绝灵感的帮忙，会使即将到手的思维成果功亏一篑。有意识地借助灵感思维，能更好地开发思维资源，取得更丰硕的创造成果。哲学思维能力的提高，除了养成勤于思考的习惯外，一个最直接、有效的方法就是学习经典作家的哲学著作，恩格斯说过，“这种能力必须加以发展和锻炼，而为了进行这种锻炼，除了学习以往的哲学，直到现在，还没有别的手段”①。

二、伦理求善层面的哲学心肠。所谓哲学心肠是指管理者在处理个人与自我、与他人、与社会和自然关系时所呈现出的哲人节操和情怀。首先，企业家要克服私欲对自己的挑战。其一，物欲。“认识你自己”固然不易，而在“天下熙熙，皆为利来”的时代，在约束机制不很健全的情况下，面对私欲的诱惑，可以“动”而不动就更加不易了。因为管理者所从事的岗位使他有更多的机会和可能被物欲俘虏，许多“能人兼罪人”往往缺乏的也就是这点修心养性的功夫和“万物于吾无动矣”的哲人风范。我国向来以“道德立国”著称，文化传统中很注重伦理道德的评价，因而对管理者私德要求很高，除了必要的管理技术、管理手段外，个人的人格魅力已成为管理成功的重要因素。当代的中西方管理实践都表明：伦理道德不再仅仅意味

① 恩格斯：《自然辩证法》，人民出版社，1971 年版，第 27 页。

着单纯地对管理者的约束，而是激发企业活力的一种无形的积极推动力量。孔子说“其身正，不令而行；其身不正，虽令不从”①，揭示的正是这个道理。日本企业界相当普遍地运用这种管理模式，并沾沾自喜地称之为“《论语》加算盘”。其二，权欲。权力是行使管理的基础，权力又是双刃剑，处理不好，会伤人误己。当前，我国各项民主政治制度正逐步建立，职工参与意识、议政能力也有待加强，在这样的情形下，管理者对于权力就更须谨慎了。绝不能在企业内“一言堂”，“顺我者昌，逆我者亡”，对职工“爱之欲其生，恶之欲其死”，管理者要警惕滥用权力，自觉接受民主制度的制衡和监督。否则谁也不能逃脱“绝对没有制约的权力，绝对走向腐败”（阿克顿语）这铁的规律的惩罚。这方面的案例现实中比比皆是，历史的教训更是殷鉴不远。

其次，企业家在企业管理中要树立起人本思想，做到：知人，即善于发现人才，延揽人才；爱人，即懂得理解职工，尊重职工，维护职工各方面正当权益；用人，即无私培养职工，大胆使用职工。总之，要使职工在生产实践中主体性高度弘扬，人性尽可能拓展，价值充分实现。圣经中有句很富哲理的话：“你们愿意别人怎样对待你们，你们也应该那样对待别人”，它同样适用于企业。我们在社会主义条件下，不仅要学习资本主义国家的人本管理方法，而且要超过他们，即真正以人为本，爱人不是更艺术地榨取职工剩余价值的手段，而是目的。唯有如此，职工主人翁意识才会最大程度地发挥，职工与企业利益共同体、命运共同体的关系也才能真正建立。

再次；企业家要建立起符合社会公德，顺应时代潮流的行业道德。要以自己的诚实、高品质服务招徕天下客，赚“阳光下的利润”，广告绝不能是消费者的陷阱，否则最终落入陷

① 见《论语》，黄山书社，2001年版，第5页。

阱的将是他自己。骗人一时，有用也有效，但终究有限。所以，松下幸之助反复强调道德对商业企业的意义，“我们在做买卖时，不能只顾物质的充裕，还要考虑如何使精神生活充实”①。“做生意不仅要提供丰富的物质，而且对提高精神方面的层次也负有不可逃避的责任”。“比如建立正确的商业习惯及商业道德，并且躬亲实践，才是努力的方向”②。他还说：“它不仅对于个人精神方面会有所增益，就是对社会和个人物质方面，也能带来实际的利益。所以我们应该培养适合潮流而又正确的道德观念，加强推广的决心，使人类生活各以道德为基础，推己及人，必然创造出一个安详祥和的社会”③。

到了企业家也该“灿烂群星，位我上空；道德律令，在我心中”（康德语）的时候了！否则，21 世纪的经济巨人必将与中国无缘！

最后，管理者要在调节人自关系中发挥积极作用。现代工业文明发展所带来的环境污染、生态危机动摇了地球上一切生命的根基。“我们只有一个地球”！便是针对这种情状的凄凉呐喊。作为工业文明浪潮的领潮人——企业家应该对此扪心自问、深刻反思，升腾起对人类生于斯、长于斯这个蔚蓝色星球的刻骨铭心地眷恋，坚定人类与自然同生共长的信仰。企业家对人类安身立命的生态环境有无可推卸的责任！

三、意义价值层面的哲学境界。如果说，哲学思维的训练是把握客观规律的需要，更多地体现着“立功”的色彩，如果说，哲学心肠的熏育是为了和谐地处理人际关系、人与自然的关系，更多地带有“立德”意味，那么，哲学境界的修炼则是企

①、②　松下幸之助：《经营人生》，中国建设出版社 1988 年版，第 111 页、116 页。

③　转引自强宗源主编：《企业文化概论》，四川大学出版社，1989 年版，第 303 页。

业家超越功利，战胜自我，成为一代管理大师的需求。进入这个层次的企业家们，首先，企业对他们来说不再是赚钱的机器，而是实现富国强民的手段。松下幸之助称这类企业家为有“诗心”的人，“如此一来，器量自生，不会斤斤计较，凡事都着眼于远处”[1]。我国早期著名实业家卢作孚就是这样的人，他终身倡导“以个人影响事业，以事业影响环境，以环境影响社会，以社会影响国家”[2]的“民生”精神，期望通过兴办实业实现强国强民的宏愿。像这样的企业家，他们既是企业家，又不局限于厂矿商务，而是冲破了单纯职业身份的樊篱，自觉充当社会良心，可以为国家的独立、自主九死不悔，为社会的正义、公平奔走呼号，乐而不倦。甚至超越狭隘的民族、国家观念，为人类的命运和未来牵肠挂肚。大哲学家罗素 80 高龄之际，为了抗议“越战”，在美国驻法大使馆门前静坐示威，爱因斯坦为抗议法西斯迫害犹太人，不惜背井离乡，艾科卡、松下幸之助等大企业家自觉充当社会的“牛氓”，针砭时弊，鞭挞丑恶。在这一点上，大科学家、大艺术家、大企业家和大哲学家心性是相通的，都充满了哲人的悲天悯人。第二，管理对他们来说不再是枯燥的职业，而是臻于完美的艺术，他们对之有着惊人的执着和痴迷，不断追求卓越和完美化为他们内在的基质。艾科卡为这群人画的素描是“他们把我的事业视作乐事，即使事情本身毫无兴趣，他们亦矢志不渝。他们有着一种基本的气质，即内在的力量”[3]。的确，此时他们已处于“明其道，不计其功，朝闻道，夕死可矣”的化境，尘世的万物，人生的得失荣辱，已不萦绕于胸，为了社会效益，为了穷究管理的学

① 转引自强宗源主编：《企业文化概论》，四川大学出版社，1989 年版，第 105 页。

② 民生公司档案：《公司章程》。

③ 汪明编：《当代管理箴言录》，上海人民出版社，1988 年版，第 10 页。

理，可以牺牲眼前的物质利益，其情形有点类似日本围棋界的名士大竹英雄，为了棋形的完美，有时他宁可走出输棋的软着。这些企业家全身都激荡着追求尽善尽美的冲动。第三，管理对他们来说，已不是聚积财富的科学方法，或是掠取尘世浮名的资本，而是悟道参禅、探究人生意义的通径，构筑安身立命、怡然自得的精神家园的渠道。这时他们兴办企业、实施管理的方式也已是“宠辱不惊看庭前花开叶落，去留无意望碧空风卷云舒”，目的则是参悟人生之“大道”，回答“人活着究竟意味着什么”这类古老的哲学问题。

当然，进入哲人境界，任何一个时代，无论哪个行业的人都不会太多，一定程度上甚至是可遇不可求，但又决非可望而不可及。有志于管理史上留名的大企业家们都可以朝这方面孜孜努力。

管理哲学研究的创新力作
——评李兰芬、崔绪治著《管理文化——管理哲学的新视野》

李兰芬、崔绪治两位教授的新著《管理文化——管理哲学的新视野》(苏州大学出版社1999年版)立意新颖,创见迭出,在管理哲学研究领域中有诸多突破。著者感受到当今世界管理科学发展所面临的新转折,即以科学技术为核心内容的单纯工具理性已不能满足后工业社会对人文精神的渴望和要求,继续把人的管理合并和融化到物的管理系统中去的旧管理模式已与时代发展相悖,世纪之交的管理学又将何去何从?该书通过对世界哲学研究文化位移的考察,对管理思想史文化肌理的分析,对管理现代化时代责任的反思,令人信服地提出"管理文化"就是世纪之交人类必须为自己的管理世界重新设计的"灵魂"寓所,也是走向新世纪管理哲学研究的新视野和新形态,从而开创了从管理文化视野研究管理哲学的先河,推动了管理哲学研究的创新。

该书以文化为思考原点,以管理文化变迁为线索,展开全书九章近40万字的庞大构架。

管理文化既是思维方式，又是研究对象。一而二、二而一的致思取向，使该书立意非同凡响。其中尤以第二、三、五章引人注目。

该书第二章着力点是对管理文化的变迁考察。首先，按照不同历史阶段管理思想主流所体现的基本特点，概括了五个不同阶段的管理文化倾向：前管理阶段管理文化的特点是“无人”；科学管理的管理文化是“冷漠无情”；行为科学的管理文化是“温情脉脉”；现代管理科学的管理文化是理性主义复活；企业文化学派则是企业与人共同发展。在静态定点透视的同时，著者研究了管理文化变革的动力机制，也可以说是管理知识增长的“动力学”。一是对管理者的主体文化品格审视。著者认为管理者的知识素质是管理文化变迁的能动性力量，管理者的理念是管理文化变迁的灵魂，管理者的非智力因素是管理文化变迁的辅助器。上述研究虽然是面对管理学的研究，然而其结论却具有哲学意味。二是对特定时代客体文化背景的考察。这实际上类似于科学哲学进行的“外史”研究。著名科学哲学家拉卡托斯曾经说过，科学史的“合理重建”，可以说内部历史是首要的，但理性方式把握历史毕竟还有许多非理性因素包容不了，需要外部历史提供非理性的说明，即当历史与其合理重建有出入时，对为什么产生出入提供一种经验的说明。借鉴这种哲学思维，著者通过对管理所处的宏观社会——经济、政治、文化的多维考察，探究了作为“底板”的社会大文化背景的切换对管理思想嬗变的影响。三是对特定阶段管理文化偏失的指认。著者在史料梳理上下了很大功夫，其学术创获是清晰地揭示了管理思想演变的内在逻辑，亦即一门理论由于自身所内蕴的阙失和偏颇导致后继理论对其超越的哲学线索。这对将管理思想史的研究从“人名书名”的汇集状态上升到科学的形态，具有较大的理论价值。

第三章“现代管理的文化特征”，实际上是在对管理思想演进历史考察之后进行的哲学反思，亦即黑格尔所说的“对思想的思想”、“对认识的认识”。著者通过对管理文化演变的完整把握，提出现代管理是以市场经济、民主政治、高科技发展为文化大背景的。所谓现代管理的文化特征，主要是指受现代市场经济、民主政治、高新科技发展等社会文化系统规约和影响的现代管理主体、管理组织、管理行为在管理信仰、价值观念、敬业精神、行为标准、交往准则等方面表现出来的管理行为倾向和价值目标追求。管理的文化倾向或者说文化对管理的规范要素主要表现为管理价值观、管理态度和管理行为三个方面。其中管理价值观构成管理文化的核心。而现代管理文化的全新特质是管理主体全员化、管理行为市场化、管理组织团队化、管理机构中介化和管理能力资本化。这些论述显然都是在文化层面展开的对管理学的研究。

第五章“管理系统文化”，是对管理文化的结构透析。著者认为管理文化在某种程度上是由要素文化、职能文化、过程文化三部分组成的一个有机文化系统。该书从管理主体的资质、角色和素质等方面分析了现代管理主体的文化品位；从自然资源资产化、人力资源资本化、客体系统信息化等层次考察了现代管理客体的文化特性；从组织与人、组织与环境关系的角度论述了现代管理职能的组织文化；从决策主体与决策权、决策行为及其自由与责任、目的与手段、动机与效果诸多层面阐述了现代管理职能的决策文化；从领导的行为特征、领导方式的比较、领导权威的构成等方面讨论了现代管理职能的领导文化；从激励的人性基础、激励的人性目标、激励的文化原则（包括满足需要原则、调动积极性原则、增强团体凝聚力原则）等方面全方位地揭示了现代管理的激励文化；从管理过程的功能、运动属性、逻辑程序等方面动态地探索了现代管理职能的过程文化。这些从文化视角的切入和探索，丰富和深化了人们对管理活动的认识。

作为一本探索之作，该书也还存在一些不足，比较突出的感觉是对最新热点问题追踪过多而消化不够。当然这些不尽人意之处，或许正是后来者挥洒才智、进行学术创造的空间。

评管理哲学研究中的“三部曲”

伴随着管理理论研究的不断深入和强化哲学应用研究呼声的日益高涨，一门崭新的边缘学科——管理哲学应运而生。该学科特殊的理论价值和现实意义引起哲学界、管理学界乃至企业界的广泛关注，成为哲学应用研究中的一大热点。崔绪治教授和徐厚德副教授合撰的《现代管理哲学概论》、《现代管理哲学纲要》、《现代管理哲学研究》（以下分别简称《概论》、《纲要》、《研究》）三部专著在众多的研究著作中颇具特色，被称为管理哲学研究探索中的“三部曲”。

《概论》是“三部曲”中的奠基之作，该书的特色主要体现于以下几方面。第一，关于管理哲学学科地位的阐释。“管理哲学是一种部门哲学。”作者认为：“完整的哲学体系应该由基础哲学理论、应用哲学理论、部门哲学理论这样三个既相互独立又相互联系的基本层次构成”，现代管理哲学是马克思主义的管理哲学，是以马克思主义哲学的世界观、历史观、认识论和方法论为理论基础的。它的建立是对马克思关于“哲学世界化”和“世界哲学化”设想的尝试。同时，该书作者又指出：“现代管理哲学是从现代

管理理论中相对独立出来的一门学科”，是现代管理理论日益分化的必然产物，正如普通管理学不断生发出诸如管理组织学、管理心理学等分支学科一样；但是管理哲学同这些分支学科又有区别，它与这些分支学科的关系是一种“哲学和实证科学之间”的关系。这就明确了现代管理哲学的哲学特性，即它的思维焦点不滞留在仅仅揭示现代管理实践活动的一般规律，回答怎样管理的问题，而是将管理理论作为基石、入门的途径和手段。站在具体管理之外，站在管理理论的肩上，对其进行哲学的透视、反思、概括和升华。第二，关于研究对象的科学界定。该书作者提出现代管理哲学是“通过揭示现代管理活动的本质和特点及其规律体系，研究人们关于现代管理活动的根本观点（简称为‘现代管理观’）和方法论原则，并且加以理论化和系统化，从而为人们提供从事现代管理的科学哲学理论和方法”。将管理哲学研究对象界定为关于现代管理观和方法论，逻辑地避免了那种一般哲学原理加管理案例的“拼盒式”管理哲学和简单套用、沿袭管理学范畴、体系的那种“抢地盘式”的管理哲学的弊端。同时，又使得现代管理哲学的研究符合、体现哲学本性，即从现代管理活动的总体上而不是某种侧面、从人们对待现代管理活动的根本性思想上而不是从实证的具体管理方法或操作技术方面研究管理活动，它的研究内容是关于管理的，而它研究的思维方式、其形成的理论形态则是哲学的。它以管理观和方法论发挥其指导功能，这样就将管理哲学与各种实证管理科学从质上区别开来，形成相对独立的理论形态，发挥特定的学科功能。第三，理论体系的初步确立。著者通过对管理哲学孕育和流变的历史考察，昭示了建立现代管理哲学的历史必然性，通过对管理哲学学科地位和对象的深入研究论证了管理哲学赖以成立的前提和基本条件，通过对管理哲学与其相关学科关系的揭示，阐明了管理哲学的特点和功能。尔后以管理实践为全书的逻辑起点，对管理价值、管理实践、管理意识、管理艺术、管理教育等重大管理问题进行了哲学的深入考察、分析和概括，得出了不乏启迪意义的观点和思想。然而，创业艰难，建立马克思主义的管理哲学毕竟是一项崭新的开创性工作，仅就《概论》一书而言，有些管理问题未能纳入研究视野，有些管理问题也未及充分展开而以“浓缩”的形态出现，以致有单薄和仓促之嫌。

《纲要》既体现着著者在管理哲学探索上的进一步努力，也是对《概论》一书的拓展和补充。该书不仅扩展了现代管理哲学的基本范畴，丰富了前书未及充分展开的内容，而且调整了体系结构。

《纲要》对原来包含于《概论》某些章节中一些未能展开论述的范畴另立章节，加以充实和深化。如《纲要》中“管理本质论”一章是对《概论》“管理价值论”一章中第二节的扩充；“管理客体论”、“管理主体论”两章则是对《概论》“管理实践论”中管理实践的客体系统和主体系统两节的丰富。除去拓展而外，《纲要》还增加了《概论》所没有触及的诸多内容，对管理活动在更加宏大的视野内进行了哲学的观照与升华，颇多创见和概括，如管理过程论、管理效率论、管理组织论、管理规律论等。著者在管理过程论中运用马克思主义哲学观点，首先对西方管理过程理论和学派作了评估，指出其优劣得失所在，进而提出“管理实践是一个管理主体和管理客体相互作用的过程”，揭示了这个过程的“辩证性”、“双向性”、“回归性”等特征，进而指出应以之为根据对管理过程进行系统开发，以便不断完善、改进乃至更新管理过程，从而不断提高管理效率和推动管理实践发展。这样，管理哲学的理论性与指导性得到了统一，方法论的指导意义寓于管理观之中了。著者在“管理规律论”中指出，管理活动的规律是有体系的，既有“基本规律”，又有“非基本规律”。所谓基本规律就是“管理主体和管理客体的系统协调”；所谓“非基本规律”则是“管理活动及相应的管理过程构成因素的规律”、“管理活动及相应的管理过程构成层次或方面的规律”、“一定的管理活动及相应管理过程同外部环境相互作用的规律”等。它们的有机结合和统一构成管理规律体系总体。因此，人们运用管理规律就不能只见树而不见林，要从系统的角度认识和把握规律体系，注意规律之间的协调、配合以及基本规律与非基本规律之间的辩证关系。诸如此类富有启发意义的真知灼见，同样见于管理结构、管理效率论等章节中。显然，这些内容与观点已远远超越了实证管理学的范围和思维方式。《纲要》由于过多地考虑了对《概论》的拾遗补缺，而忽视了对自身体系的完整和丰满，或者说将之放到次要地位，这大概就是该书的美中不足。

《研究》是“三部曲”的压轴之作，既体现了著者对其他管理哲学研究成果的广泛借鉴和吸收，又展示了对前两本书研究成果的进一步拓深和综合，具有集大成的教程性质。《研究》一书对管理哲学的建设具有重要意义。

其一，管理哲学基本范畴的进一步确定和规范化。首先是对管理学范畴的筛选、概括、抽象和升华，从而赋予其哲学意义，如管理决策、管理组织、管理行为、管理教育、管理心理等。这些范畴在实证管理科学中也有专门探讨，但大都侧重于如何进行科学决策，优化组织结构，怎样依照人的心理管理人的行为，怎样训练、培养职工。而在《研究》中则是力图对之进行哲学的反思，透过这些实证科学层面，揭示其内蕴的本质及诸范畴之间的相互关系。如著者认为管理组织是“指人们为着行使一定的管理职能（包括权力和职责）而形成一定的管理关系，且具有一定结构形态的系统及其所展开的协调活动和过程，”并将管理决策、管理组织都视为管理劳动而列入管理操作篇，同时指出了二者的关系：管理组织是管理决策的主体，管理决策是管理组织的功能。书中有些范畴是从哲学范畴中借鉴、引用、演化而来的，但对这些范畴已从管理哲学的角度加以界定。如管理本体、管理本质、管理意识、管理主体、管理客体和管理规律等，将本体、本质、主客体等哲学范畴恰当地投射、移用到管理学领域，深化了对管理活动的研究。《研究》指出“管理本质是管理关系的内在规定性”，“管理本质是管理二重性(技术性和社会性)的统一。”无疑，这样的理论深度是一般管理科学思维触角无法触及的。还有一些范畴则是著者通过对大量管理学、哲学著作的研究和对管理实践的考察而创造性地发掘、提炼出来的，如管理文化、管理语言、管理介质、管理劳动等。这些范畴既有对特定的管理现象的反思，也有对管理理论的认识即对“认识的再认识”。显然，管理哲学基本范畴的确定，既为其逻辑体系的建立提供了基石，也大大拓展了我国管理哲学研究的视角和容量。

其二，理论体系的成熟和完善。对于《概论》中提出的管理哲学研究对象，《纲要》和《研究》基本上是一以贯之，而且进一步加强了对管理观的系统化、理论化研究。《研究》针对管理哲学的特定研究对象，以管理实践这一最高和最普遍的核心范畴作为管理哲学的逻辑起点、支撑基石和归宿，从动态与静态两维向度展开自己的探讨，一方面对管理实践、管理过程作了动态把握，另一方面对管理本体作了静态剖析，并揭示了相互作用的介质、桥梁和机制，从而形成了该书五篇数十章庞大而新颖的构架体系。最后，祝愿管理哲学在这三部著作的推动下进一步繁荣。管理哲学将给管理现代化寻找灵魂，插上翅膀。哲学不应该是只到黄昏才起飞的猫头鹰，而将会通过管理哲学等诸多形式，充分发挥指导人们认识世界与改造世界的伟大作用。

TQC:构建企业文化的新思路*
——“阿里山”崛起的启示

20世纪80年代初,在现代管理学的故乡,在美国管理理论的“丛林”中,一株新苗——企业文化破土而出,且很快播及日本、中国等地。追求现代化的需要与持续不退的文化热无疑为企业文化在中国生长准备了适宜的气候。文章、译著时有所见,然而大都尚停留在介绍特征、功能、扣名词概念阶段,尤其对企业运用何种方式孕育企业文化涉猎甚少,偶有论及也只是宏观地泛泛而谈,缺乏切实可行的操作措施。而事实上,企业文化不仅是一门管理理论,更是实践色彩很浓的学说。笔者最近在常熟的一些企业特别是阳桥食品厂的调研,颇受启迪,觉得企业文化的建设能够也必须放眼于企业的生产实践之中。下面就此谈一点粗陋之见,以作引玉之砖。

众所周知,尽管理论界对文化的界定尚存疑歧,然而能为更多的人接受的还是文化结构的三层面说。此说认为外层是器物部分,即马

---

* TQC系英语 Total Quality Control 的字头缩写,意为全面质量管理。

克思讲的“第二自然”，对象化了的劳动；中间层是心物相合的部分，包括自然和社会的理论、社会制度、行为方式等；核心层是心的部分，即心理状态，包括价值取向、思维方式、审美趣味、道德情操等。与此相对应，作为亚文化的企业文化大致也包括以下几层含义：企业工作环境、厂训、厂歌、厂服等作为企业的物质层面为企业文化的表层结构；企业的行为准则、管理制度作为体制层面是企业文化的中层结构；企业精神、企业的经营哲学、价值取向、审美趣味、职工道德情操为企业文化的晶核和灵魂，属深层结构。确定了企业文化的大致轮廓后，摆在我们面前的是如何解决用一种方式把三个层面的企业文化建设纳入到同一轨道中，以避免重抱以前政治思想工作和经济建设脱钩而形成“二张皮”的缺憾。阳桥食品厂以实践的方式提供了成功的示范。他们解开这个斯芬克思之谜的金钥匙就是 TQC。

常熟阳桥食品厂建于 1984 年，开始时是 15 人集资 15 000元办的作坊式的企业，那时“傻子”瓜子等已风行一时，竞争对手众多且强大。为了求得企业的生命力和产品的竞争力，他们狠攻质量关，刻意追求“阿里山”瓜子质量优势的风格，并随着企业的发展在生产中逐步推行全面质量管理。

首先，领导层形成这样的共识，全面质量管理的终极目的无非是确保企业的质量，从而扩大企业的美誉度和知名度，进而在社会上树立起企业的良好形象，赢得客源，取得效益。而要实现上述目标，就必须自觉在经营哲学、价值取向、审美趣味上割断与传统小生产习俗相连的脐带，逐步培育充满时代气息的企业文化的核心，“信誉至上，质量至上”的阿里山精神。

其次，他们运用 TQC 的一整套方法，从瓜子的选材、配料、加工到包装所有工序和环节都进行严格的质量管理，比如通过质量跟踪卡可以很快查明责任的当事人及班组，对于偷工减料、不合操作程序、违反卫生要求的现象在哪道工序上出现，就在哪里解决。因此重复劳动的工时不付报酬，材料费自付，如果连续一月持续达到质量合格要求，可获得质量奖。正是通过奖罚严明的制度，使“努力为下道工序服务”、“质量是产品的生命”这样的观念化为职工的内在自觉，于是又孕育了企业的协作精神、竞争意识。而要有效地对每道工序进行严格把关，显然需要明确责任制度、管理制度、奖惩措施和考核方法，没有这种制度上的保障，TQC 成为一句空话。事实上阳桥食品厂正是凭着“信誉至上，质量至上”的企业精神，才形成有口皆碑的“阿里山”风格，击败了“傻子”、“好吃来”等瓜子，成为全国炒货家族中的上品。1988 年日生产能力达 45 吨，年产量15 000吨，占全国总量的 60% 以上。实现产值 4000 万元，利润达 220 万，并在“88 长城杯”消费之最食品大赛中荣获特等奖。

再次，TQC 的实施，要求熔专业知识、数量统计、经营学、计算机运用于一炉，迫使企业领导不断接受新观念、学习现代科学管理方法，同时要求科学技术人员更新、调整知识结构，突破传统工艺，大胆创新，踏着现代科学技术发展的节奏，追踪广大消费者的消费口径，也使得广大职工视提高业务知识、熟练操作技能为份内之事。全厂上下沐浴在这样的求知、奋进的文化氛围内，对企业文化的建设之有利可想而知。阳桥食品厂厂级领导每年外出到先进企业考察、学习的时间达半个月以上，并利用业余时间学习经营战略、市场预测等管理经营知识。对于财会审计人员、质量管理人员定期让他们外出系统地进修学习，提高业务水平，对于运用各种形式，如办职工业余学校等方法提高本厂职工的文化素质、技术技能更是不惜血本。自 1986 年始，此项开支平均每年在七八万元。

基于上述可知，阳桥食品厂正是运用 TQC 这种在企业中涵盖面极广的管理手段，将全厂上下各个层面、生产线的各

道工序都纳入到管理的网络中,企业文化的精神层面和制度层面就是在生产实践的动态运行中构建成的。

最后,当企业文化的精神、制度两层面构建完毕,良好的经济效益显然是伴生之物,滚滚而来的财源又为优化工作环境、搞文化艺术节、添置厂服之类奠定了雄厚的物质基础。阳桥食品厂抽出巨资办了“三川”杯大型省级足球赛,主办了“虞山之春”文化艺术节。吸引周围十几个乡众多的企事业单位和群众参加、观摩,既扩大了企业的知名度,又丰富了职工业余文化活动,激发了他们的自豪感,强化了他们与企业的“命运共同体”意识。“命运共同体”这样的意识,极大地增强企业的向心力、凝聚力,并初步尝试了用充满时代精神的先进企业文化辐射乡村,推动农村社会的工业化、城市化进程。这一点就具有了深远的历史意义。阳桥食品厂园林般的厂貌、职工整洁的厂服标志着企业文化器物层的完满构建。

当然,企业文化,无论是理论的研究,还是实践的尝试,在我国都是刚刚发轫,“小荷才露尖尖角”,漫漫的征途有待于我们企业界和理论界的同仁们上下求索。这或许就是企业文化之花在“阿里山”怒放给我们的一点启示吧。

当前企业文化研究的误区及其缺憾

20 世纪 80 年代中期以来，伴随着“文化热”探讨的深化和我国企业界学习与借鉴西方管理学说、方法热潮的高涨，企业文化的研究日趋成为理论界和企业界共同关注的热点，并且取得了一定成果。这表现在：一方面介绍和传播了这门学说的基本内容；另一方面也通过企业实践的初步尝试积累了一定经验。然而坦率地讲，目前我国企业文化的研究状况不仅还处于入门的初级阶段，而且由于研究者对西方企业文化理论认识存有偏狭和误解，从而导致了理论的误区，并由此引发了一些值得关注的问题。

目前，大多数研究者视企业文化为西方管理科学发展历程中第四块里程碑，认为企业文化的勃兴将为现代管理寻找到活的灵魂。企业文化理论的确是一门先进、高级的崭新管理学说，但是应该看到它的先进性和高级性在于它一方面矫拨了泰罗制现代科学管理的所谓“理性的偏失”，即“见物不见人”的弊端，克服了行为科学过分重视个人、小团体而忽视企业整体的缺陷；另一方面又是对泰罗以来一系列管理科学优秀成果的承袭和发展，从而能够在理性与情感、个体与整体、员工与企业、企业的经济目标与社会责任之间找到最佳熔点，因而能在激发每个职工劳动积极性的基础上，使企业迸发出巨大的整体效能，尤其还表现在其理论的触角进逼到探究企业的物质经济基础、管理行为制度与企业的灵魂——企业精神、价值观的内在辩证关系，也即从系统、整体、辩证这个意义上表现了这门理论的先进、高深。可是，作为企业文化的“晶核”和“磐石”之企业价值观却不仅可以因不同国度、行业殊异，而且也有明晰可辨的高下之差，并非企业的目标、宗旨在初始便很高级、先进，事实是企业的价值观体系中主导观念在不同发展阶段略有侧重，且企业价值观念是随着企业的发展而逐步嬗变的，是一个变动不居的观念体系。遗憾的是不少同志正是对此存有误解，导致了直接后果。

其一，企业文化研究缺乏动态视角和历史感。将企业文化仅限定在静态解剖和分析的框架内，满足于讨论企业文化的基本概念和规定、一般结构和要素，罗列现象和事实，企图寻找到一种一劳永逸的“普遍适用”的企业文化模式，以这种静态和抽象的形而上学方法观研究企业文化，必然忽视企业文化作为一个活的有机体自然有的其发生、发展和不断嬗变的历史，以及不停息运动变化的过程。在这一过程中，从内在的要素到要素的相互作用关系，乃至整个企业文化模式（包括本质、属性、特征和形态）都处于不断变化之中，模式是不断转型的。显然，如果我们只满足于抽象地讨论和规定“一般”企业文化应如何如何，势必将不断变化发展的诸多模式“挤压”成统一的模件，这在理论上是不能正确地反映现实运动的企业文化历程的，在实践中也有损于根据企业发展不同阶段建构相应的企业文化。

其二，企业文化研究缺乏民族化、中国化。基于上述认识的偏狭，一些研究者往往只注重将发育成熟或已成典范的现代企业文化纳入视野，故而我国企业文化研究大多以城市大中企业为蓝本。事实上城市大中企业大多长期受苏联模式影响，还有东南沿海一部分新兴的合资、三资、独资企业则欧美文化色彩浓郁，可以说尽管中国文化的片层色彩有之，但整体上讲民族化、中国化浓度不够，囿于城市企业文化研究的做法，一定意义上暴露出我们对文化的体悟还较肤浅。文化在一定程度上构成了一个民族的特色，文化中诸如伦理道德、风俗习惯等因民族之异而呈"江桔淮枳"之差，企业文化作为一种经济文化、管理文化，应该研究企业管理、经营如何适应职工和顾客的心态、习俗，而职工、顾客作为本民族的人，文化的传统自然潜移默化地积淀到他们的心理构架中。所以企业文化理论源于西方发达国家，研究之初当以引进、介绍为主。但是，引进是为了消化、吸收，必须考虑我国吸收外来理论成果的母体文化状况，并且注重在理论与实践的结合上探索具有中国文化优秀基质的独特企业文化。纵览当今世界，大凡有生命力的企业文化都是民族文化的结晶。在这方面美国企业文化的创建对我国应有启发。20 世纪 80 年代初，美日经济盛衰互易，美国人发现日本经济迅速崛起很大程度上得力于日本独特的管理方法，即欧美现代科学管理与本民族传统习俗的有机结合，然而美国管理人员不是立刻照搬日本那一套"终身雇佣制"、"年功序列工资"等方法，而是从中得到启发，在调研了本国许多成功企业的基础上，得到企业的管理不能单纯依赖科学、严格的管理制度，而是必须同时运用文化的手段，至于文化内容。他们完全从本民族传统出发，创立了以卓越、竞争、创造、正直等为主旋律的美国企业文化。显然，中国企业文化研究的基本目标和导向应当界定在"探索和建设现代化的中国特色的企业文化"这一主题上。

其三，缺乏宏观考察与微观分析的结合意识。在目前的研究中，人们只偏重于企业自身文化结构的孤立考察。事实

上，企业文化只是社会文化大系统中的一个小系统，从社会文化（包括民族文化和社区文化）土壤中孕育诞生。它的要素和形态、性质和结构，都脱胎于社会文化的母体，并在发展演变中始终受其辐射、影响、规约、掣肘（自然这种作用是双向度的），保持着密切的血肉联系。企业文化要想脱离既定的社会文化场，就像拔着自己的头发离开地球一样，是不可能的。因此，企业文化像细胞一样，具有全息性，它以浓缩的形态凝聚着社会文化躯体的内容和结构，因而必须将对企业文化的微观分析与社会文化的宏观考察结合起来，才能真正理解和诠释企业文化的奥秘；企业文化对社会的现代化进程也才能起积极的推动作用。

耐人寻味的是：对于企业文化问题的误解及其引发的缺陷却导致了一个共同的结果，即忽略了对本民族企业文化的发生、发展的研究，从而形成了理论上的盲点。然而，也正是在企业文化研究发生困惑、偏颇和问题的地方为我们建构新理论提供了生长点，探索中国特色企业文化模式发生、发展和演变的过程，就成为理论研究的新领域。

后　　记

依稀记得也是在这样细雨沙沙的春夜，在雅秀宁谧的东吴园，我伏案赶写硕士论文的后记，当时言说的内容早已全然忘却，但东方欲晓、投笔掷地那一刻的轻松，却长久地留在记忆的深处。

弹指一挥十年，少年豪情不再。同样是在搁笔完稿之际，心头殊无兴奋之感，更多的是惶恐和不安，还有长时间两方面"作战"所带来的心力交瘁。

惶恐和不安是因为自己的眼高手低。做史论文章，从来都是既吃功夫又讲慧根的苦差。我天性愚钝，且无学院工作之便利，竟然选了这么一个让方家咋舌、让自己痛苦的题目。但倒也并非完全是不知就里，不自量力，而是这个论题的价值和开创性对我有极大的吸引力。后来，这个选题得到国家社科基金项目的资助，核心章节在一些刊物上陆续公开发表，应该说，都是对我当初裁断和眼光的肯定，理应给我以自信，然而始终无法自信。那么细究起来，真正忐忑不安的原因，怨不得"眼高"，而只能是"手低"，是自己的"活"还做得不够精细到位。由于时间匆迫，有那么多的文献未及仔细消化；由于学养功力不深，不少立论有待进一步斟酌；特别是原先比较宏大的写作计划未曾完成，一些章节恐怕要永久地付诸阙如，诚为憾事。构思论文之初，我曾设想将论文分为上下两部分，上篇主要着意通过高层次范畴变迁来把握管理思想的辩证运动，以论带史，将史凝结在论中；下篇则通过对一个个代表学派和人物的评判，展现管理思想实在的历史进程，史中见论，论凝结在史中，上下篇互为补充，史与论璧合。但由于学位攻读方向以及时间等多方面的原因，最后成稿的只是上篇部分，好在已初步完成了管理思想史理论化的主要学术目标，并且也能自成一体。这本书是以我的博士论文为主体的，而博士论文一般总是要成书的，这在现今学界似乎是个惯例。通过答辩至今转瞬又是一年，一年来主要忙于公文写作，加上在复旦大学攻读经济学博士后，学术研究的方向也有所偏转。故管理思想史的论题并没有更多的创获，只是为了体系完整，新写了《管理学的方法论研究》一章和增补了第五章的两节。

正如书的后面大都有后记，后记总也免不了表达谢意，但只要感谢是从心里流泻出来的真诚，就不算随俗。这里，我首先要深深地感谢具有真正学者风度和开明精神的崔绪治导师，是他将我由一个懵懂少年一步步引领进学术的殿堂，不仅长学问，而且增道义；同时感谢塑造我以现代哲学眼光看世界、看人生的任平教授；感谢李兰芬、王金福、狄仁昆等师长的传道授业解惑；感谢赵康博士、许庆豫博士的无私帮助；感谢乡贤王钟陵教授以其独特的科研经验对我的悉心指点；还要特别感谢给予我宽厚评价和宝贵指点的论文评阅人以及答辩委员会成员孙伯鍨、刘奔、余源培、陆德明、胡福明、朱永新、成志明等诸位先生。也感谢苏州大学出版社的高敏社长、陈长荣副总编，他们为本

书的编辑出版付出了辛勤劳动。感谢我的家人对我读博所给予的精神上的支持和家务上的体谅。

最后，不能不提及我始终怀有深深感激之情的一个人和一个地方。这个人就是黑格尔，他不仅培养了我最初对哲学的兴趣，也教授了我研究哲学的方法；这个地方就是东吴园，在这里我整整学习和生活了10年，苏州大学给了我能够给予的一切。唯一能报答万一的只能以这样的形式，将先哲黑格尔的头像和我热爱的苏大的钟楼，作为我第一部学术著作的边眉，以志感念。

尹卫东

2003年4月